두 얼굴의 신기술 : AI 딜레마

The AI Conundrum: Harnessing the Power of AI for Your Organization-Profitably and Safely by Caleb Briggs, Rex Briggs
Copyright ⓒ 2024 by Caleb Briggs, Rex Briggs All rights reserved.
This Korean edition was published by ACORN-ON Co., Ltd. in 2025 by arrangement with The MIT Press through
KCC(Korea Copyright Center Inc.), Seoul.

이 책은 (주)한국저작권센터(KCC)를 통한 저작권자와의 독점계약으로 주식회사 에이콘온에서 출간되었습니다.
저작권법에 의해 한국 내에서 보호를 받는 저작물이므로 무단전재와 복제를 금합니다.

수익과 안전, 두 마리 토끼를 잡는 AI 활용법

AI CONUNDRUM

두 얼굴의 신기술 : AI 딜레마

케일럽 브릭스, 렉스 브릭스 지음　김상현 옮김

에이콘

카멜,
당신의 응원과 믿음이
우리에게 큰 힘이 됩니다.

지은이 소개

케일럽 브릭스 Caleb Briggs

열 살때 코딩을, 열네 살때 AI를 개발하기 시작했다. 또한 여러 AI 응용 프로그램을 맨 처음부터 만들면서 유전적 알고리듬, 머신 비전, 자연어 등의 분야에서 경험을 쌓았다. 현재 오리건 주 포틀랜드에 소재한 리드 칼리지에서 순수 수학과 컴퓨터 과학을 공부하고 있다.

렉스 브릭스 Rex Briggs

AI와 데이터 전문가로 다섯 개의 특허를 보유하고 있으며, 여러 AI 비즈니스를 구축하는 데 도움을 줬다. 현재 마케팅 무역 협회인 MMA 글로벌에서 AI 분야의 전문가로 활동하고 있다. 『What Sticks』(Kaplan Publishing, 2006)의 공동 저자이며 『SIRFs-Up』(CreateSpace Independent Publishing Platform, 2012)의 저자이다.

감사의 말

시라큐스 대학의 베스 이건^{Beth Egan} 교수는 이 책의 초고를 자신의 강의 '광고 300, 당신의 데이터는 누구인가?^{Advertising 300: Who's Your Data?}'에서 교재로 채택하고, 실제 수업 경험을 토대로 귀중한 피드백을 제공해 줬다. 또한 MMA 글로벌 CEO인 그렉 스튜어트^{Greg Stuart}, 국가안보포럼 모린 매카시^{Maureen McCarthy} 국장과 국가안보포럼 회장 겸 이사회 의장 케빈 샬러^{Kevin Schaller}, 네바다 주 와슈 카운티^{Washoe County} 다린 발람^{Darin Balaam} 보안관, 그리고 브라운대학교 정보 미래 연구소^{Information Futures Lab} 스테파니 프리드호프^{Stefanie Friedhoff} 국장이 정책 관련 의견을 제시해 줬다.

이 책을 꼼꼼히 검토하고 피드백을 준 모든 분께 감사드린다. 하비 머드 칼리지^{Harvey Mudd College}의 조슬린 골드파인^{Jocelyn Goldfein} 이사는 소셜 미디어와 양극화 현상에 관해 조언을 제공해 줬다. 또한 바스 바코풀로스^{Vas Bakopoulos}, 레이 페팃^{Ray Pettit}, 나타샤 이코니코프 하우스홀더^{Natasha Ikonnikow Householder}, 브레넌 데이비스^{Brennan Davis}, 마크 핑글^{Mark Pingle}, 비비안 릴^{Vivian Leal}, 대니얼 멘데즈^{Daniel Mendez}, 엘렌 오펜하임^{Ellen Oppenheim}, 존 실링스^{John Sillings}, 샘 오즈니안^{Sam Ouzounian}, 자레드 브릭스^{Jared Briggs}가 이 책의 전반적인 구성에 도움을 줬다. MIT 출판부의 익명의 편집자들이 이 책의 완성도를 높이는 데 크게 기여했다.

아츠AI^{ArtsAI}의 에릭 룬드버그^{Erik Lundberg}는 AI 개인화 역량을 검토하고 그 내부 메커니즘을 더 깊이 이해할 수 있도록 도움을 줬다. AI를 활용해 생명을 구하는 데 기여한 광고위원회^{Ad Council}에도 감사를 전한다. 크로거Kroger의 톰 던컨Tom Duncan, 케이 비전Kay Vizon, 마리사 크랜스윅Marisa Cranswick은 AI 개인화 연구를 반복 수행하고, 우리의 자가 진단 평가에 참여했으며, 이 책을 기업 교육의 기반으로 삼아줬다. 이들의 선구적인 리더십은 우리에게 큰 영감이 됐다. 2017년 노던 캘리포니아 AI 이벤트에 초청해 준 MIT 코퍼레이션의 마크 고렌버그Mark Gorenberg 의장에게 특별한 감사를 전한다. 이 이벤트를 통해 케일럽이 이 책의 집필에 참여하게 됐다. 또한 학생들에게 논문 작성을 과제로 내준 세이지 리지 스쿨Sage Ridge School에도 감사드린다. 그 과제가 이 책의 주제로 이어졌기 때문이다.

케일럽의 논문에 관심을 보여준 옌스 피터 클라우센Jens Peter Clausen에게 깊은 감사를 표한다. 구글과 테슬라에서의 경력을 가진 그가 케일럽이 AI의 약점을 누구보다 잘 설명했다고 칭찬한 것은, AI의 장단점을 더 널리 알리고자 하는 우리의 목표에 중요한 동기가 됐다. 개발 편집자 리사 핀토Lisa Pinto, 발행인 캐서린 우즈Catherine Woods, MIT 출판부 편집자 지니 크로스만Ginny Crossman에게 감사를 전한다. 케일럽의 집필을 지원해 준 리드 칼리지Reed College에도 감사의 마음을 전한다.

이 책에는 수많은 AI 전문가와 논문들이 귀중한 정보를 제공했다. 참고자료 목록은 www.AI-conundrum.com에서 확인할 수 있으며, 이 논문들은 우리에게 큰 영감을 줬다.

이 책은 아버지와 아들의 협업으로 탄생했다.

나의 아버지 렉스께,
이 프로젝트는 작은 선물로 시작돼 그 이상의 값진 결실을 맺었습니다. 함께 작업할 수 있었던 시간을 영원히 소중하게 간직하겠습니다.

내 아들 케일럽에게,
너의 지적 호기심과 연구에 대한 열정이 이 책을 완성하는 원동력이 됐다. 네게서 많은 것을 배웠고, 네 나이를 훌쩍 뛰어넘는 지혜에 감탄했단다. 네 아이디어를 더 많은 사람과 나눌 수 있도록 도울 수 있어서 영광이다.

옮긴이 소개

김상현

캐나다에서 정보공개 및 프라이버시 전문가로 일하고 있다. 토론토 대학교, 앨버타 대학교, 요크 대학교에서 개인정보보호와 프라이버시 법규, 사이버보안을 공부했다. 캐나다 온타리오 주 정부와 앨버타 주 정부, 브리티시 컬럼비아BC 주의 의료서비스 기관 FNHA, 밴쿠버 아일랜드의 수도권청Capital Regional District 등을 거쳐 지금은 캘리언 그룹Calian Group의 프라이버시 디렉터로 일하고 있다.

저서로 『AI와 프라이버시』(커뮤니케이션북스, 2024), 『디지털의 흔적을 찾아서』(방송통신위원회, 2020), 『유럽연합의 개인정보보호법, GDPR』(커뮤니케이션북스, 2018), 『디지털 프라이버시』(커뮤니케이션북스, 2018), 『인터넷의 거품을 걷어라』(미래 M&B, 2000)가 있고, 번역서로는 에이콘출판사에서 출간한 『통계의 함정』(2024), 『해커의 심리』(2024), 『어둠 속의 추적자들』(2023), 『공익을 위한 데이터』(2023), 『인류의 종말은 사이버로부터 온다』(2022), 『프라이버시 중심 디자인은 어떻게 하는가』(2021), 『마크 저커버그의 배신』(2020), 『에브리데이 크립토그래피 2/e』(2019), 『보이지 않게, 아무도 몰래, 흔적도 없이』(2017), 『보안의 미학』(2015), 『똑똑한 정보 밥상』(2012), 『불편한 인터넷』(2012), 『디지털 휴머니즘』(2011) 등이 있다.

옮긴이의 말

얼마 전, 소설가 황석영 씨가 TV의 한 인터뷰에 출연해 이런 말을 했다.
"(챗GPT를 써보니까) 박사 학위 10명 정도를 두고 일하는 것 같다."
그 말을 듣고 대뜸 든 생각은 'AI가 10명의 일자리를 대체할 수 있다는 뜻이구나'였다. 그러나 AI가 과연 그렇게 대단할까? 박사 학위 소지자는 그만두고라도, 단순히 10명의 인력을 감당할 만한 능력을 갖췄을까?
대답은 예스 앤 노, 그럴 수도 있고 그렇지 않을 수도 있다. 어느 부문에서는 10명을 대체할 만한 역량을 발휘할 수 있지만, 다른 부문에서는 그렇지 못하기 때문이다. 아니, 그렇지 못할 뿐 아니라 매우 위험한 사태를 초래할 수도 있다. 이 책 『두 얼굴의 신기술: AI 딜레마』는 바로 그 지점, 어디에서 유용하고, 어디에서 그렇지 못한지를 명쾌하게 알려준다.
바야흐로 AI 열풍이다. 2022년 오픈AI가 챗GPT를 선보인 이후, 전문가의 영역, 전문 산업 분야의 애플리케이션 정도로 여겨졌던 AI는 돌연 대중 속으로 들어왔다. 또한, 오픈AI에 100억 달러를 투자하며 한발 앞서 시장에 진출한 마이크로소프트를 비롯해 구글, 아마존, 앤트로픽 등 내로라 하는 IT 기업들이 더 지능적인 AI 개발과 시장 선점을 놓고 투자 경쟁, 데이터 수집 경쟁을 벌이고 있다. 그러나 AI 열풍이 기세를 더할수록, AI가 깊숙이 대중 속으로 들어올수록, 대중은 불안하다. 아니, 직장인은 불안하다. AI가 더 똑똑해지고, 더 크게 생산성을 높이고, 더 뛰어난 효율성을 보장한다는 말은, 바꿔 말하면 AI의 인력 대체 역량도 그만큼 더 커지고, 따라서 실직의 위험성도 더 높아진다는 뜻이기 때문이다. 실제로 향후 10년 내에 현재 직종의 50% 이상을 AI가 대체할 것이라는 전망이 돌고 있으며, 이에 따라 여러 대기업이 일찌감치 감원할 궁리에 열을 올리고 있다.

지금 서점가를 압도하는 AI 관련 서적은 개인 차원의 AI 사용법을 일러주는 매뉴얼이거나, AI의 역량과 가능성을 지나치게 과장한 'AI 전도서' 성격의 책들이다. 그런가 하면 AI가 인류의 종말을 앞당기는 '터미네이터' 구실을 할 것이라는 묵시록적 성격의 타이틀도 눈에 띈다.

하지만 이 책은 어느 쪽도 아니면서, 동시에 그 모든 요소를 아우르고 있다. 또한, 현재의 AI 기술이 가진 역량과 가능성, 산업 분야에 대한 여러 적용 사례를 살피는 가운데 어떤 위험이 도사리고 있는지 지적하고, 그 대응책을 논의한다. 그 외에도 AI 기술의 강점을 조목조목 짚는 한편, 어떤 약점이 있는지 따져보는 일을 게을리하지 않는다.

이 책의 가장 큰 장점은 AI의 가능성과 한계를 설명하며, AI의 적용 분야와 적용해서는 안 될 분야를 판별하는 기준점을 명쾌하게 제시한다는 점이다. 이는 바로 'AI 위험 관리 프레임워크'다. 아버지와 아들 관계인 두 저자가 제시하는 프레임워크는 세 가지 기준점을 제시한다.

(1) 적용하려는 업무 분야가 어느 정도의 정밀도^{precision}를 요구하는가.

(2) AI 애플리케이션은 폐쇄형 환경에서 작동되는가, 아니면 개방형 환경에서 운용되는가.

(3) AI의 결정 내용은 그 논리적 근거를 필요로 하는가, 아닌가.

저자들에 따르면 현재의 AI는 정밀도 면에서 아직 부족한 점이 많다. 따라서 고도의 정밀성을 요구하는 분야, 거의 완벽에 가깝게 정확하지 않으면 위험한 분야에는 AI를 적용해서는 안 된다고 조언한다. 예컨대 광고에 AI를 사용하는 경우, 이미지에 약간의 에러가 있어도 육안으로는 식별할 수 없는 경우가 많으므로 별로 중요하지 않지만, 개인의 신용을 평가하거나, 범죄 용의자를 찾기 위해 얼굴 인식 기술을 사용하는 경우, 정밀도가 떨어지면 무고한 인명 피해로 이어질 수 있기에 위험하다고 한다. 이것이 바로 우리가 AI를 함부로 적용해서는 안 되는 이유다.

실제로 대중이 열광하는 챗GPT나 앤트로픽의 클로드 AI 같은 챗봇은 누구나 임의로 질의문을 입력할 수 있는 개방형 환경에서 작동하지만, 그만큼 엉뚱한 대답이나 '환각' 현상이 종종 벌어진다. 하지만 은행이나 여행사가 자체 시스템 안에 설치하고 입출력 내용을 철저히 제어하는 폐쇄형 환경에서는 오류가 훨씬 더 적다. 이렇듯, AI를 어떤 환경으로 배포하고 실행할지는 적용할 산업 분야의 성격과 위험 지수에 따라 달라질 수 있다.

세 번째 기준, '논리적 근거'는 AI의 결정 내용이 사람들의 이익이나 인권에 현저한 영향을 미칠 경우 반드시 요구되는 내용이다. 앞에 언급한 개인의 신용 등급 평가, 형량이나 보석 결정 이유, MRI 스캔 분석 결과 등은 AI의 결정에 반드시 논리적 근거가 제공돼야 하는 사례들이다. 만약 논거가 제대로 뒷받침될 수 없는 블랙박스형 시스템이라면, 인권에 심각한 영향을 미치는 분야에는 AI를 적용해서는 안 될 것이다.

이 책은 정말 재미있고 유익하다. 인사치레가 아니라 번역하는 과정에서 '아하!' 하고 감탄한 적이 많았다. 정말 많이 배웠다. AI의 강점과 약점을 이보다 더 구체적으로, 손에 잡힐 것처럼 생생하게 설명할 수가 없다. 이 책은 구체적인 비즈니스 적용 사례를 들어 그런 위험 관리 프레임워크가 어떻게 적용될 수 있는지 친절하게 설명해 주며, 그냥 문제를 지적만 하는 것이 아니라 어떤 대안이 있는지, 어떤 대응책이나 완충 노력이 가능한지 매우 이해하기 쉽게 설명했다. 또한, 그래프, 그림, 도표를 적절히 배치해 독자의 이해를 높여, 독서의 재미를 돋우는 요소들을 배치했다.

모쪼록 많은 독자가 이 책을 통해 AI의 실체를 명확하게 이해할 수 있기를 기대한다. 좋은 책을 소개할 기회를 주신 에이콘출판사에 감사드린다. 그리고 언제나 내게 삶의 의미와 즐거움을 안겨주는 아내 김영신, 그리고 아들 동준, 성준에게 고맙다는 말을 전한다.

2025년 2월 21일, 빅토리아에서 역자 씀

추천 서문

우리는 이제 인공지능AI이 주도하는 시대로 접어들고 있다. AI는 마케팅과 비즈니스는 물론, 더 넓은 사회적 관계에도 큰 영향을 미칠 것으로 예상된다. 나는 구글, 메타, 아마존과 같은 빅테크 기업들과 AT&T, 우버, 유니레버, 버라이즌 같은 주요 브랜드 기업들이 회원사로 있는 MMA 글로벌 CEO로서, 미래를 전망하고 회원사들의 움직임을 파악하며 우리 AI 리더십 위원회와 긴밀히 소통해 왔다. 그 결과 모든 회원사가 AI에 주목하고 있다는 사실을 확인했다. 그 정도로 AI는 비즈니스와 그 구성원들에게 엄청난 잠재력을 지니고 있다.

내가 이 책을 추천하는 이유는, 이 책이 AI의 작동 원리와 이를 효과적이고 책임감 있게 비즈니스에 적용하는 방법을 심도 있게 다루기 때문이다. 이 책은 비즈니스 전문가들을 대상으로 AI에 대한 오해를 바로잡는 데 중점을 둔다. 또한, 실제 사례를 통해 AI의 장단점을 명확히 보여주며, 모든 데이터셋에서 패턴을 인식할 수 있는 '보편적 근사값 출력기^{approximator}'라는 AI의 복잡한 특성과 그 강력한 잠재력을 함께 논의한다. 이에 더해, AI가 진짜와 가짜 패턴을 구분하지 못할 때 왜 장점이 단점이 될 수 있는지도 설명한다.

AI는 엄청난 기회와 함께 심각한 위험도 내포하고 있어 비즈니스 전문가들의 깊은 이해가 필수적이다. AI 기술이 잘못 사용될 경우 수십억 달러의 시장 가치가 훼손될 수 있으며, 기업의 존폐마저 좌우할 수 있기 때문이다. 이때 『두 얼굴의 신기술: AI 딜레마』는 AI의 잠재력을 최대한 활용하면서도 위험을 최소화하거나 예방할 수 있는 실질적인 해결책을 제시한다.

AI 혁명은 내가 경험하는 첫 기술 혁명은 아니다. 물론 이번이 가장 큰 파급력을 가질 것으로 예상되지만 말이다. 나는 1994년 처음 인터넷을 접했던 순간을 지금도 생생히 기억한다. 당시부터 인터넷이 세상을 크게 바꿀 것이라는 확신이 들었다. 대화형광고협회IAB, Interactive Advertising Bureau*의 회장으로서, 나는 인터넷 상업화의 첫 물결을 함께한 선구자 중 한 명이었다. 나는 구글, 마이크로소프트, 야후 같은 인터넷 선도 기업들과 긴밀히 협력하며 인터넷의 잠재력을 열정적으로 알렸지만, 그럼에도 인터넷이 무역, 콘텐츠, 커뮤니티, 협업 등을 얼마나 혁신적으로 변화시킬지는 과소평가했다.

그러나 이후 인터넷은 다음 변화의 물결, 바로 스마트폰 혁명을 위한 토대를 마련했다. 2007년 아이폰 출시로 시작된 이 혁명은 인터넷 연결이 가능한 슈퍼컴퓨터를 우리 주머니 속으로 가져왔고, 이제 스마트폰은 24시간 우리와 함께하고 있다. 스마트폰은 더 저렴하고 다양한 방식으로 인터넷 접속을 가능하게 했고, 우리는 하루 종일 거의 강박적일 만큼 인터넷에 연결된 삶을 살고 있다.

모바일 접속과 함께 새로운 서비스 제공 방식도 등장했다. 은행 방문의 필요성을 줄인 모바일 뱅킹은 '진화'였지만, 우버 같은 서비스는 '혁명'이었다. 모바일폰이 처음 등장했을 때 우버 같은 서비스를 아무도 예측하지 못했듯이, 지금의 AI가 가져올 변화 역시 누구도 정확히 예측할 수 없다. 다만 한 가지 확실한 것은, 우리의 예상을 뛰어넘는 혁신이 나타날 것이라는 점이다.

MMA 글로벌은 최고마케팅책임자CMO가 주도하는 비영리 기구다. 나는 이곳의 CEO로서 크로거Kroger, ADT, 제너럴모터스와 같은 유수의 기

---

* 미국의 온라인 마케팅 표준화와 업계 간 교류를 주도하는 협회로, 인터넷 마케팅 및 광고 산업에서 핵심적인 역할을 수행한다. — 옮긴이

업들과 함께 AI 개인화 실험을 진행하고 있다. 이 실험에서 나는 기존 방식과 비교했을 때 마케팅 분야의 생산성이 150~250% 향상된 것을 확인했다. 그러나 AI가 비즈니스와 사회에 가져올 혁명적 변화는 광고 분야에만 국한되지 않는다(비록 많은 사람이 판매와 마케팅 분야가 AI의 영향을 가장 크게 받을 것이라 예측하지만 말이다).

이 변화는 고객 경험의 모든 영역으로 확장될 것이다. 인터넷과 스마트폰이 그러했듯, AI는 우리가 예상하지 못한 분야까지 변화시키며 비즈니스의 근본적인 운영 방식을 재정립할 것이다. 따라서 우리가 AI를 책임감 있게 활용하며 현명하게 사용할 기회를 포착한다면, 고객들의 만족도와 행복감은 더욱 높아질 것이며, AI가 여는 새로운 세상에서 소비자들의 다양한 요구를 더욱 효과적으로 충족시킬 수 있을 것이다.

소비자 인터넷과 스마트폰이 만든 토대 위에서 AI는 새로운 혁신의 물결을 일으키고 있지만, 이는 적지 않은 우려도 함께 불러일으키고 있다. 우리가 이 혁신의 혜택을 누리기 위해서는 AI의 기회와 위험을 정확하게 판단할 수 있는 프레임워크를 갖춘 전문가들의 조언이 필요하다. 『두 얼굴의 신기술: AI 딜레마』는 바로 이러한 기회와 위험을 명확하게 제시하고 있다.

그렉 스튜어트 Greg Stuart
MMA 글로벌 CEO[**]
'마케팅을 위한 AI 해부(Decoding AI for Marketing)'
팟캐스트를 공동 진행

[**] 주요 기업의 최고마케팅책임자들이 참여하는 비영리 협회로, 마케팅의 미래를 혁신하는 것을 목표로 한다. — 옮긴이

들어가며

AI 기술은 나날이 발전하며 우리 일상 깊숙이 자리 잡고 있기에, 그 작동 방식을 이해하는 것이 더욱 중요해졌다. 이 책의 웹사이트(www.AI-Conundrum.com)에서 제공하는 12개의 자가 진단 질문으로 당신의 이해도를 점검해 보길 바란다.* 이때 당신이 과거, 이 질문에 참여한 1천 명의 비즈니스 종사자 중 87%와 비슷한 결과가 나온다면, 당신은 살면서 수많은 AI 관련 정보를 접했음에도 불구하고 '아직 부족함' 단계에 머물러 있다는 것이며, 이 사실에 꽤 충격을 받을 수 있다. 실제로 많은 참가자가 이 자가 진단을 통해 자신의 AI 이해도가 부족한 것을 깨닫고 성찰의 기회로 삼았다고 한다.

나는 이 책을 손에 든 것만으로도 당신이 AI에 대해 호기심을 가지고 더 배우고자 하는 의지가 있음을 알 수 있다. 그렇기에 이 책을 통해 쉽게 이해할 수 있으면서도 실무에 효과적으로 적용할 수 있는 심도 있는 AI 지식을 제공할 것이다. 우리는 기술 전문가를 위한 책을 쓰려 한 것이 아니다. 코드 작성법을 가르치는 것이 아닌, 비즈니스 종사자, 정책 입안자, 학생들도 이해할 수 있는 수준에서 AI의 수학적 원리와 안전성 문제를 다루고자 한다. 이와 함께 AI의 장단점을 잘 보여주는 실제 사례들도 함께 살펴볼 것이다.

수학자들은 AI를 '보편적 근사값 출력기universal approximator'라 부르는데, 이는 AI가 주어진 어떤 데이터에서든 일정한 패턴을 인식할 수 있는

---

* 독자의 편의를 위해 웹사이트의 자가 진단 질문을 서문 뒤에 수록했다. — 옮긴이

매우 강력한 도구이기 때문이다. 하지만 AI는 완벽하지 않아서, 패턴을 찾는 과정에서 실제 패턴뿐 아니라 거짓 패턴도 찾아낼 수 있다. AI의 출력은 편향되거나 부정확할 수 있으며, 이러한 오류를 발견하기가 매우 어려울 수 있다. 이는 AI에 의존하는 조직들에 치명적인 결과를 초래할 수 있는데, AI의 딜레마는 바로 여기서 시작된다.

AI의 잠재력을 더 깊이 활용할수록 그에 따른 안전성 위험도 필연적으로 높아질 수밖에 없는 상황에서, 비즈니스 리더들은 어떻게 안전을 보장하면서도 AI의 능력을 최대한 활용할 수 있을까? 어떻게 AI의 위험 요소를 파악하고 효과적으로 줄일 수 있을까? AI를 활용해 비즈니스 수익을 높이면서도 동시에 안전성을 확보하려면 어떻게 해야 할까?

AI의 강점과 약점을 이해하기 위해서는 그 작동 방식에 대한 기본적인 이해가 필요하다. 1부에서는 이러한 기초 지식을 쉽게 설명하고, AI의 작동 원리에 대한 통찰과 함께 다양한 AI 애플리케이션의 내재적 위험을 분석하는 프레임워크를 소개한다. 이러한 기초 지식을 갖추고 나면 독자들은 AI가 때로 심각한 오류를 범하는 근본적인 이유를 이해할 수 있을 것이다.

2부에서는 AI의 다양한 적용 사례와 함께 그 한계와 문제점도 살펴볼 것이다. AI가 범하는 실수는 대부분 가벼운 수준에 그치지만, 때로는 인명과 재산에 심각한 피해를 초래할 수도 있다. 이 위험 관리 프레임워크는 마케팅이나 번역처럼 실패의 영향이 비교적 경미한 경우와, 상품 거래, 자율주행, 얼굴 인식과 같이 실패 시 위험이 큰 경우를 구분하고 분석하는 데 도움을 줄 것이다. 마지막으로는 AI의 위험성을 검토하고, 산업계가 AI에 정체성과 책임성을 부여하며 무분별한 자율적 사용을 지양해야 하는 이유를 논의해 볼 것이다.

우리는 AI의 발전 속도가 빨라지면서 세상을 크게 바꿀 수 있는 힘을 가지게 됐고, 이로 인해 어떤 AI 관련 책이든 곧 시의성을 잃을 수 있다는 점을 인정한다. 이에 우리는 독자들에게 오래도록 도움이 될 수 있도록 AI의 기본적인 작동 원리와 위험 관리 프레임워크를 중심으로 설명하고자 한다.

당신의 AI 지식 수준은?
12개의 질문으로 알아보는 자가 진단 퀴즈*

질문들:

질문 1. AI가 패턴을 분석하고 발견하는 과정에서 가중치, 편향, 함수를 어떻게 활용하는지 구체적으로 설명할 수 있는가?

질문 2. 시각, 언어, 수학 영역에서 맥락을 활용할 때 AI가 인간의 지능과 어떻게 다른지 설명할 수 있는가?

질문 3. 해법 공간에서 경사 하강법 Gradient Descent이 체계적 검색과 어떤 차이가 있는지 설명할 수 있는가?

질문 4. 정보의 차원성이 어떻게 계산되는지, 2차원, 3차원, 32차원의 해법 공간이 어떻게 다른지, 그리고 이것이 AI에서 왜 중요한지 설명할 수 있는가?

질문 5. 경사 하강법이 어떤 조건에서 잘못된 출력값을 낼 수 있는지 설명할 수 있는가?

질문 6. 압축이 차원에 어떻게 병목 현상을 일으키는지, 그리고 이 과정에서 정밀도가 상실될 위험성을 설명할 수 있는가?

질문 7. 허위 수용과 허위 기각이 AI 출력값의 정확도 측정에 어떻게 사용되는지 설명할 수 있는가? 모델 개발과 검증 과정에서 학습 데이터의 사용 시점과 시장/임상 데이터의 선택 기준을 설명할 수 있는가?

질문 8. AI 기술과 입력 측면에서, 체스나 바둑용 AI와 자율주행 AI의 차이점을 설명할 수 있는가? 또한 어느 시점에서 적대적 공격의 위험이 가장 높은지 설명할 수 있는가?

---

* https://formfacade.com/public/108812199406865791805/all/form/1FAIpQLSe8lS2ZTcfj5te_IIW8gG4-fanTd4gGFNHrJlDgz0Jci_RaAA

질문 9. AI 출력 내용의 논거 제시가 왜 어려운지, 그리고 어떤 상황에서는 논거가 중요하고 어떤 상황에서는 불필요한지 설명할 수 있는가?

질문 10. AI 관찰에서 멱법칙과 정규 분포의 차이점, 그리고 멱법칙冪法則, power law*의 어떤 부분이 AI에 문제가 되는지 설명할 수 있는가? 정규 분포된 AI 데이터에서 편향이 어떻게 발생할 수 있는지, 편향 정도를 측정하고 교정하기 위한 다양한 전략을 설명할 수 있는가?

질문 11. 정확도가 다소 떨어지더라도, AI가 기존에 사용되지 않던 분야를 대체하게 되는 상황에는 어떤 것들이 있는지 설명할 수 있는가?

질문 12. 위험한 상황에 적용된 AI 사례를 들어, AI가 어떻게 10억 달러 이상의 손실을 초래할 수 있는지, 그리고 이를 어떻게 예방할 수 있는지 설명할 수 있는가? 또한 AI가 10억 달러 이상의 가치를 창출할 수 있는 시나리오를 제시하고, 이 경우 어떤 요소들이 AI의 위험을 줄이는지 설명할 수 있는가?

답변 선택지:

12개 질문에 대한 답변은 모두 다음의 네 가지 선택지 중 하나를 고르는 형식이다.

1. 교과서나 A학점 수준의 리포트를 작성할 수 있을 만큼 잘 알고 있다. → 10점
2. 챗GPT의 도움 없이도 정확하고 그럴듯한 답변을 할 수 있다. → 5점
3. AI 관련 글을 읽어본 적이 있고 질문의 의미는 이해하지만, 교과서 수준의 답변이나 오류 없는 설명은 어렵다. → 3점
4. 대략적인 추측만 가능하다. → 1점

---

* 한 수(數)가 다른 수의 거듭제곱으로 표현되는 두 수의 함수적 관계를 나타낸다. ─ 옮긴이

차례

지은이 소개 6
감사의 말 7
옮긴이 소개 10
옮긴이의 말 11
추천 서문 15
들어가며 19
서론 25

1부 / 인공지능의 기초　　　　　　　　　　　　　　　　　　　47

1장. 인공지능은 인간 지능이 아니다 49
2장. AI는 어떻게 패턴에 맞추는가 69
3장. AI는 어떻게 경사 하강법을 사용하는가 91
4장. 경계 사례, 압축, 그리고 연관 지능의 한계 117
5장. 정밀도, 입력 제어, 그리고 의사 결정의 논거 145
6장. AI 응용 프로그램의 위험 평가 165

2부 / 기회, 위험, 대응책, 그리고 긴요한 질문　　　　　　　　　185

7장. AI의 사례 연구: 판매와 마케팅 분야에서의 AI 혁명 187
8장. AI의 사례 연구:
　　　번역, 자기공명영상법(MRI), 부정 적발, 자율주행차, 그리고 노동 213

9장. AI의 사례 연구: 시장 거래 부문에서의 AI 활용 239
10장. AI의 사례 연구: 얼굴 인식, 인력 채용, 그리고 광고 분야의 편향성 261
11장. AI라는 딜레마 287

주석 309
찾아보기 325

서론

인공지능 가속화

지난 20년간 인공지능^AI 분야는 연구와 응용, 관심도 면에서 폭발적인 성장을 이뤄왔다. 특히 최근에는 AI 활용이 더욱 가속화되며 우리 일상 곳곳에서 그 영향력을 확인할 수 있다. 이러한 급격한 발전 양상을 다음 사례들을 통해 구체적으로 살펴보도록 하자.

- 2018년 MIT는 AI의 부상에 따른 글로벌 기회를 포착하고 연구하기 위해 10억 달러 투자를 발표했다. 또한 "컴퓨팅과 AI의 힘을 MIT의 모든 연구 분야에 접목하고, 이를 통해 다양한 학문 분야의 통찰이 컴퓨팅과 AI의 미래를 형성하도록 할 것"이라고 밝혔다[1]. 이로써 AI는 MIT의 모든 학과 교육과정의 기반이 될 예정이었다.
- 벤처캐피털 동향 분석 기업 프로토콜^Protocol에 따르면, 2020년 AI 분야 벤처캐피털 투자는 280억 달러(약 39조 원)였다. 2021년에는 상반기에만 300억 달러를 기록하며 전년도 전체 투자 규모를 넘어섰다[2].
- 기술 동향 분석 기관 인터내셔널 데이터 코퍼레이션^IDC은 2020년 글로벌 AI 지출 규모를 501억 달러로 집계하고, 2024년 AI 소프트웨어와 하드웨어 투자가 1,110억 달러에 이를 것으로 전망했다[3]. 그러나 그로부터 1년 뒤인 2021년, IDC는 지출 규모가 3,418억

달러로 급증해 이미 전망치를 초과했다고 보고했다. 이에 따라 IDC는 2023년 지출 규모가 5,000억 달러를 넘어설 것으로 예측을 상향 조정했다[4].
- 2023년, 연간 매출액이 4천만 달러에 못 미치던 오픈AI는 마이크로소프트로부터 100억 달러의 투자를 유치하면서 기업 가치가 290억 달러로 급상승하는 기록을 세웠다[5].

인공지능이 빠르게 확장되는 데에는 크게 두 가지 이유가 있다. 첫째는 AI를 개발하고 활용하는 것이 점점 쉬워지고 있다는 점이고, 둘째는 AI 응용 프로그램으로 큰 수익을 낼 수 있기 때문이다. 이제는 프로그래밍을 전혀 모르는 사람도 코드를 작성하지 않고도 자신만의 AI 프로그램을 만들 수 있는 '노 코드 no code' 방식이 생겼다. 프로그래머들 역시 이미 만들어진 다양한 AI 도구들을 활용하면 복잡한 수학 지식 없이도 여러 프로그램에 AI 기능을 추가할 수 있게 됐다. 더욱이 아마존, 구글, 마이크로소프트, 오픈AI 같은 큰 기업들은 누구나 신용카드로 결제하고 몇 번만 클릭하면 자사의 클라우드에서 AI를 쉽게 사용할 수 있도록 서비스를 제공하고 있다.

한 예로, 오픈AI의 챗봇인 챗GPT는 온라인 공개 일주일 만에 백만 명의 사용자를 확보했다. 이처럼 수천 개의 스타트업이 다양한 제품과 서비스를 선보이고 있는데, 그 범위는 광고 최적화 advertising optimization 부터 동물원 관리 zoo management 까지, 혹은 자율주행 장거리 트럭 autonomous long-haul trucks 이나 팬데믹을 예측하기 위한 동물 매개 감염병 탐지 zoonotic disease detection 까지 알파벳 순으로 정리할 만큼 광범위하다. 이렇듯 연구자들은 매일 새로운 AI 기술을 개발하고 있으며, 기업과 정부 기관들은 빠른 속도로 이를 도입하고 있다.

하지만 AI는 대부분의 사람이 생각하는 것보다 훨씬 더 많은 한계를 가지고 있다. AI 활용 분야가 빠르게 늘어나고, 구글이나 마이크로소프트 같은 대형 IT 기업들이 AI의 성공을 적극적으로 홍보하는 상황에서, 우리는 AI의 장점뿐 아니라 태생적인 약점도 정확히 알아야 한다.

많은 사람은 AI가 마치 사람처럼 정보를 모으고, 나름의 판단 기준으로 생각해서 답을 내놓는다고 여기지만, 실제로는 아니다. AI가 어떤 일을 제대로 하려면 사람이 비슷한 일을 배울 때보다 수십 배, 수백 배 더 많은 '경험experience', 즉 데이터가 필요하다. 게다가 AI는 이런 데이터를 바탕으로 특정한 패턴을 찾아 답을 내놓도록 '학습learning'한 뒤에도, 자신이 다루는 정보의 실제 의미를 이해하지 못할 수 있다.

많은 경우, AI는 주어진 작업의 진정한 의미는 전혀 이해하지 못하면서도, 마치 이해하고 있는 것처럼 흉내 내는 놀라운 능력을 보여줄 수 있다. AI는 학습한 데이터에 따라 편향된 결과를 낼 수 있는데, 심지어 데이터 자체에 편향이 없더라도 AI의 수학적 알고리듬은 우리가 실제로 가르치려는 것과는 다른, 잘못된 관계를 더 쉽게 학습하도록 설계돼 있다. 하지만 이러한 한계에도 불구하고, AI는 다양한 분야에서 유용하게 활용돼 수익도 창출하고 있으며, 그 사용이 계속 늘어나고 있다.

우리는 이 책을 읽는 독자들이 AI에 대해 다음 두 가지 측면을 동시에 이해하기를 바란다.

- 경외감: "AI가 이런 일도 해낼 수 있다니 놀랍다."
- 경계심: "AI가 자신이 무엇을 하고 있는지, 왜 하는지도 모른다니 놀랍다."

이 책을 통해 궁극적으로 독자들은 현재 AI 기술의 근본적 한계를 이해함으로써, AI에 대해 더욱 포괄적이고 현실적인 지식을 갖추게 될 것이다. 또한 과장된 기대를 넘어서, 각각의 AI 응용 프로그램이 어느 영역에서 최상의 가치를 창출하면서도 위험은 최소화할 수 있는지 판단할 수 있게 될 것이다. AI의 가장 큰 강점은 어떤 데이터셋에서든 분류, 예측,

새로운 콘텐츠 생성에 활용할 수 있는 패턴을 찾아내는 능력이다. 반면 AI 학습의 주된 약점은 데이터를 패턴에 맞추려다 보니 부정확한 출력값을 만들어낼 수 있다는 점이다. 또한 AI는 개방형 환경에서 쉽게 속을 수 있고, 학습한 패턴에 대한 논리적 근거를 제시하지 못한다. 게다가 패턴 학습에 막대한 양의 데이터가 필요해 비효율적이라는 지적도 있다. 이 책은 이러한 AI의 한계를 설명하고, 연구자들이 이런 AI의 지능intelligence을 더욱 견고하게 발전시키기 위해 어떤 노력을 기울이는지 보여줄 것이다.

독자들은 1부를 통해 AI의 작동 원리와 장단점을 이해하게 될 것이며, 2부에서는 AI가 최적의 해결책이 될 수 있는 분야와 위험성 때문에 특별한 주의가 필요한 분야를 구분할 수 있게 될 것이다. 또한 AI가 편향된 결과를 내는 이유를 이해하고, (적어도 부분적으로) 그 위험을 줄일 수 있는 대응 방안도 배우게 될 것이다.

기업의 경영진과 정부 정책을 만드는 사람들은 AI를 올바르게 활용하기 위해 AI가 가진 위험을 관리하는 방법을 배우는 데 시간을 써야 한다. 현재 AI 분야에서 돈을 벌고 있는 일부 사람들은 AI의 단점을 무시하려는 경향이 있는데, AI와 관련해서는 누구도 맹목적으로 믿어서는 안 된다. 우리는 AI를 지나치게 높이 평가해서 생기는 위험은 피하면서도, 더 좋은 AI 시스템을 만들기 위해 AI가 가진 한계가 무엇인지 함께 연구해 볼 필요가 있다.

AI의 약점을 살펴보기에 앞서 먼저 그 강점부터 알아보자. 이를 위해 우리가 MIT 북부 캘리포니아 인공지능 컨퍼런스Northern California Artificial Intelligence Conference[6]에 참석했던 2017년으로 돌아가 보겠다. 우리는 중요한 후원사의 초청을 받아 한 행사에 참석했는데, 케일럽은 AI 업계 바깥에서 온 외부인이었고, 렉스는 업계 내부 사정을 잘 아는 내부인이었다. 우리는 그 행사에서 처음 만난 뒤, 여러 해 동안 각자 다른 AI 프로젝트를 진행해 왔다. 그리고 5년이 지난 후, 우리가 서로 다르게 쌓아온 경험들이 이 한 권의 책에 모이게 됐다.

우리는 각자가 어떤 AI 관련 경험을 했는지, 어떤 배경을 가졌는지, 그리고 이런 경험들이 이 책의 시각을 어떻게 만들어 냈는지 간단히 설명하고자 한다.

내부인의 시각(렉스)

나는 AI 업계 내부자로서 25년이 넘는 경험을 가지고 있다. 한 예로, 1996년에는 유명 웹사이트에 '신경망neural networks'이라는 기술을 적용해서, 각 사용자의 관심사에 맞는 맞춤형 서비스를 제공했다. 이 AI는 사람들이 웹사이트에서 어떤 행동을 하는지, 어떤 것을 클릭하는지 분석해서 다음에 어떤 내용을 읽을지 예측하는 시스템이었고, 덕분에 해당 기업은 광고 수익을 크게 늘릴 수 있었다. 감사하게도 유명 IT 잡지인 「와이어드WIRED」가 1998년 5월호에서 '일대일의 밝은 약속(러브스토리)'[7]이라는 제목으로 내 작업을 표지 기사로 다뤄줬다.

그 후 나는 AI를 마케팅과 시장 연구 응용 프로그램에 적용하는 데 깊은 관심을 기울였다. 특히 인구 조사의 편향성을 파악하고 자동으로 교정하는 일에 집중했다. 나는 마케팅 담당자들이 막연한 직감이 아닌 데이터와 머신러닝 기법으로 의사결정을 내릴 수 있도록 돕는 회사를 설립했고, 그 과정에서 유능하고 헌신적인 인재들과 함께하는 영광을 누렸다.

우리는 AI 기술로 각 사람의 성향과 관심사에 맞는 메시지를 자동으로 만들고, 소비자들의 행동 패턴에 맞는 광고를 개발했다. 또한 AI를 여러 사업 분야에 적용했는데, 그중 하나는 NBA 농구팀 뉴욕 닉스의 홈구장인 매디슨 스퀘어 가든MSG, Madison Square Garden의 관중석을 최대한 채우기 위한 프로젝트다. 이 프로젝트에서는 웹사이트 방문자 수, 도박사들의 승부 예측, 소셜미디어에서의 인기도, 경기 일정, 선수들의 부상 상태 등 32가지 요소를 분석해 관중석을 채우고자 노력했다.

분석 결과, MSG 관중석을 가장 잘 채우는 방법은 뉴욕 닉스가 경기에서 많이 이기는 것이었지만, 아쉽게도 그것은 우리가 할 수 있는 일이 아니었다. 대신 우리는 현재의 승패 기록을 가지고 AI를 활용해 마케팅 전략을 최대한 효과적으로 만드는 데 집중했다. 이외에도 우리는 자동차 회사가 광고비를 가장 효율적으로 쓸 수 있도록 돕는 AI 프로그램을 개발했으며, 한 영리한 대학원생 인턴은 TV 방송에서 브랜드 로고가 나타날 때마다 이를 찾아내는 AI를 만들어서, 광고주들이 자신들의 광고가 얼마나 효과가 있는지 더 정확하게 알 수 있게 했다.

또한, 2014년 우리 팀은 미국의 100대 광고주들이 미디어 광고에 얼마나 돈을 쓰는지 분석하고, 이를 통해 매출과 수익을 수천만 달러나 늘릴 수 있는 방법을 찾아내는 AI를 개발했다. 우리는 이 AI를 '모니카MONICA'라는 이름의 로봇에 넣었다. 이 로봇은 축제 '버닝맨Burning Man*'의 의상 디자이너가 겉모습을 디자인했고, 로봇 얼굴 부분에는 마이크로소프트 서피스Surface 태블릿을 달아서 컴퓨터로 만든 여성의 얼굴을 보여 줬다. 이 과정에서 모니카는 글자를 소리로 바꾸는 시점에 맞춰서 입술도 함께 움직였다.

우리는 이 기술을 가지고 전미광고주협회ANA, Association of National Advertisers 컨퍼런스에서 광고주들을 설득하려 했다. 특히 AI 분석으로 이미 효과가 입증된 분야에서도 왜 광고비를 더 쓰지 않는지 물어보고 싶었다. 광고 전문지 「애드버타이징 에이지Advertising Age」의 잭 네프Jack Neff 기자는 '주목 ANA: 모니카 출현'이라는 기사를 썼는데, 이 기사에서 '모니카는 여러분이 누구이고 어디에 광고비를 쓰는지 알고 있으며, 이 로봇이 컨퍼런스장을 돌아다니면서 무료로 마케팅 조언을 해준다[8]'고 소개해 줬다.

이 기사는 또한 우리 회사가 워너 브라더스와 함께 권투 영화 〈크리드Creed〉의 흥행을 위해 AI를 어떻게 활용했는지도 다뤘다. (이 비디오는 본

---

* 미국 서부 네바다 주 블랙록 사막에서 열리는 연중 행사. 1986년 하지(夏至)에 래리 하비(Larry Harvey)가 친구들과 함께 하지 기념 모닥불 파티를 열고 2.4m 크기의 나무 인형을 태운 것이 행사의 시작이다. — 옮긴이

책의 웹사이트 www.AI-Conundrum.com에서 확인할 수 있다.) 우리의 이런 노력을 인정받아 비영리 단체 '앙트러프러너스 오거나이제이션Entrepreneurs Organization'은 우리 작업을 2014년 10대 기술혁신 사례 중 하나로 선정했고, 스마트 마케팅 글로벌 협회 '아이컴I-Com'은 고객 기여도를 높이 평가해 우리에게 상을 수여했다.

이 컨퍼런스에서 모니카 로봇은 사람들에게 열광적인 반응을 이끌어냈다. ANA 컨퍼런스 주요 발표 시간에 식품 대기업 크래프트Kraft의 마케팅 총책임자가 회사 전략을 설명하고 청중의 질문을 받기 시작했을 때, 모니카 로봇이 회의장 마이크 앞으로 나가서 이런 날카로운 질문을 한 것이다. "제가 귀사의 광고비 지출 내역을 분석해보니, 디지털 미디어 쪽에 돈을 충분히 쓰고 있지 않더군요. 특히 소셜미디어에 대한 투자가 부족하며, 적정 수준보다 15.7% 낮은 지출로 인해 주주 가치가 그만큼 하락하고 있습니다. 그 이유가 무엇입니까?"

그것은 매우 특별한 순간이었다. 인간 전문가가 로봇에게 자사의 지출 내역을 설명해야 하는 상황이 벌어진 것이다. 우리는 이를 통해 사람들에게 AI에 대한 호기심을 불러일으키고, 인공지능이 가져올 혁신의 물결을 보여주고자 했다.

또한 나는 사람들에게 데이터와 기술을 새로운 관점에서 바라보도록 영감을 주고자 TED 토크에 출연했다[9]. 그리고 AI가 어떻게 사람들을 단순한 '지식 노동자'에서 더 깊이 있는 '통찰 노동자'로 발전시킬 수 있는지 설명했다. 우리가 개발한 AI 시스템은 함께 일하는 사람의 업무 특성을 파악하고, 그 사람에게 가장 잘 맞는 일하는 방식을 제안해 줄 수 있었다. 우리는 이런 혁신적인 노력을 인정받아 실리콘밸리에서 가장 뛰어난 초기 단계 AI 투자회사인 '제타 벤처스Zetta Ventures'로부터 투자를 받게 됐다. 이후 제타의 설립자가 자신들이 대표 후원사로 참여한 MIT의 AI 행사에 나를 초청했고, 나는 그때 막 AI 실험을 시작한 내 아들 케일럽과 함께 그 자리에 참석했다.

시간이 흘러 2019년 회사를 매각할 때, 우리는 AI 데이터 분석과 지식 경영 분야에서 5개의 특허를 받았으며, 회사를 떠난 뒤에는 그동안 쌓은 데이터 과학과 기술 경험을 활용해 교육 기관, 병원, 법 집행 기관에서 봉사 활동을 시작했다. 특히 코로나 팬데믹이 발생했을 때, 지역적으로는 '이뮤나이즈 네바다Immunize Nevada(네바다 주민 예방접종 프로젝트)'를, 연방 차원에서는 광고위원회Ad Council와 '코비드 컬래버러티브COVID Collaborative'의 백신 접종 캠페인을 지원했다. 여기서 향후 30일에서 90일 사이에 누가 입원하거나 사망할 확률이 높은지 예측하고, 백신 접종률에 영향을 미치는 여러 요인을 분석하는 모델을 만들었다. 우리는 이 모델을 누구나 사용할 수 있도록 공개했고, 다른 기관들과 함께 활용했다. 분석 결과는 매달 「리서치 월드Research World」 잡지에 실었고, 이를 통해 광고위원회가 더 효과적인 공중보건 캠페인을 펼칠 수 있도록 도왔다.

네바다 주 공중보건 연구소의 연구 결과는 하버드대와 브라운대 교수진과 함께 발표했다. 이 과정에서 AI 광고 기술 기업 아츠AIArtsAI와 협력해 AI 기반 커뮤니케이션 전략을 구현했으며, 우리의 공동 프로젝트는 약 3,500명의 생명을 구하고 2만 명 이상의 입원을 예방한 것으로 추정된다. 나는 여기서 더 많은 사람을 도울 수 없었다는 것이 아쉬울 따름이다.

이러한 경험에 비춰 볼 때 나는 AI의 강력한 지지자라 할 수 있다. 그러나 AI의 잠재력을 실감하면서도, 동시에 그것을 적용하는 과정에서 몇 가지 우려되는 특성을 발견했다.

AI가 직면한 여러 과제는 분명하다. 가장 두드러진 예로, 인간의 두뇌는 특별한 표시 없이도 자연스럽게 의미를 파악할 수 있지만, AI는 미디어를 분류하기 위해 '통제 어휘controlled vocabulary'라는 특별한 체계가 필요하다는 것이다. 이러한 시스템을 구축하기 위해서는 방대한 양의 데이터에 일일이 표지를 달아야 하며, 이 작업에는 상당한 인력이 투입돼야 한다. 게다가 AI는 30초짜리 TV 광고에서 기업 로고를 인식하는 단순한 작업을 수행할 때조차 고성능의 고가 마이크로프로세서가 필요한 실정이다.

이러한 한계는 모니카 AI 로봇의 사례에서도 잘 드러난다. 로봇 운영 시 인간 운전사의 보조가 필요했을 뿐만 아니라, AI가 발화해야 할 순간마다 사람이 직접 '엔터' 키를 눌러야만 했던 것이다. 결국 모니카 로봇은 겉으로는 자율적인 AI 시스템으로 보였으나, 실상은 사람이 조종하는 정교한 꼭두각시에 더 가까웠다고 할 수 있다.

여기에 더 미묘한 문제들도 존재한다. 데이터셋에 숨어있는 편향성이나 개인 맞춤형 광고 개발 과정에서 사람들의 행동을 예측하면서 동시에 그러한 행동을 유도하게 되는 모순, 그리고 이러한 광고가 시간이 흐를수록 사회를 양극화시키는 경향 등이다.

이처럼 AI는 강점만큼이나 많은 약점을 가지고 있다. 이는 마치 주변 시야로 무언가 움직임을 포착했지만, 고개를 돌려 직접 보려 하면 사라져 버리는 것과 같다. 나는 AI의 특정 부분에 문제가 있다는 것을 감지할 수 있을 만큼은 경험했지만, 아직까지 정확히 이것들을 어떻게 규정해야 하는지는 알지 못했다.

그런데 2021년 봄, 공저자인 케일럽이 「AI의 근본적 한계The Fundamental Limitations of AI」라는 논문을 발표하는 것을 보고, 그동안 내 머릿속을 맴돌던 문제를 케일럽이 명확하게 짚어냈다는 것을 깨달았다. 발표가 끝나고, 나는 케일럽의 논문에 깊은 관심을 보였던 구글 고위 임원인 친구와 눈을 마주쳤다. 우리는 서로를 바라보며 동시에 같은 감탄사를 내뱉었다. "대단해!"

케일럽은 우리가 회사에서 AI를 실제 운영하면서 경험했지만 정확히 설명하지 못했던 문제점들을 명쾌하게 분석하고 설명해 냈다. 이를 통해 나는 AI가 지닌 혁신적인 장점들이 많음에도 불구하고, 특정 영역에서 발생하는 한계점들을 정확히 진단하고, 이에 대한 보완책과 예방 방안을 마련하는 것이 시급한 과제라는 점을 깨닫게 됐다.

외부인의 시각(케일럽)

2017년, 외부인의 시각에서 본 AI 분야는 매우 유망해 보였다. 나는 당시 MIT의 존 매카시$^{John McCarthy}$ 교수가 1958년 개발한 리스프^{Lisp} 프로그래밍 언어를 막 배우기 시작했는데, 수학적 기호로 가득한 이 언어는 AI 초기 개발 시기의 핵심 프로그래밍 언어로 각광받았다. 그리고 이는 내가 AI에 깊은 관심을 갖게 된 계기가 됐다.

이 경험을 토대로 나는 완전히 새로운 관점에서 AI를 개발하고자 하는 목표를 세우고, 관련 연구 논문들을 열정적으로 탐독하기 시작했다. 이러한 학습 과정의 일환으로 MIT AI 컨퍼런스에 참가하게 됐고, 그곳에서 발표되는 최신 연구 성과들을 깊이 있게 살펴봤다. 특히 이때 '기계 속의 유령$^{Ghost in the Machine}$'이라는 제목의 아침 세션이 인상적이었는데, 이 세션에서는 자동차 분야의 AI 적용 사례를 심도 있게 다루며 가까운 미래에 완전 자율주행차가 등장할 것이라는 흥미로운 전망을 제시했기 때문이다.

이어진 발표에서 벤처 자본가 마크 고렌버그$^{Mark Gorenberg}$는 'AI 선순환$^{virtuous loop}$'이라는 혁신적인 개념을 설득력 있게 설명했다. 그의 이론에 따르면, 더 많은 데이터를 확보할수록 더 큰 가치가 창출되고, 이는 다시 더 많은 데이터 생성으로 이어져 궁극적으로 AI의 의사결정 능력이 지속적으로 확장된다는 것이었다. 컨퍼런스에 참석한 모든 발표자는 한목소리로 AI의 급속한 발전 속도를 언급하며 밝은 미래를 예견했다.

이 외에도 내가 접한 여러 문헌들은 AI가 지난 수십 년간 이룬 놀라운 성과를 강조하며, 머지않아 AI가 인간의 능력을 뛰어넘을 수 있다고 전망한다. 실제로 AI는 체스에서 이미 슈퍼맨같은 수준에 도달해 모든 인간 선수를 압도했으며, 체스보다 훨씬 복잡한 게임인 바둑에서도, 딥마인드^{DeepMind}의 알파고^{AlphaGo}는 18회 세계챔피언을 상대로 5전 4승이라는 놀라운 성적을 거뒀다.

이어서 딥마인드는 또 다른 혁신적인 AI 시스템인 알파폴드2^AlphaFold2를 통해 생명과학 분야에서도 큰 성과를 달성했다. 알파폴드2는 '단백질 접힘^protein folding'이라는 극도로 복잡한 문제를 해결했을 뿐만 아니라, 약 100만 종의 생물에서 추출한 2억 개의 단백질 구조를 포함하는 방대한 '단백질 우주' 데이터베이스를 세계 최초로 구축하는 데 성공했다. 이는 당시 인간 연구자들이 사람과 생쥐, 그리고 일부 포유류의 단백질 구조만을 데이터베이스화했던 것과 비교하면 실로 획기적인 발전이었다.

이처럼 AI는 전 세계적으로 폭발적인 관심을 받고 있다. 이러한 관심은 구글 검색 트렌드에서도 뚜렷하게 나타나는데, 'AI' 검색어는 2004년부터 완만한 상승세를 보이다가 2016년을 기점으로 급격히 증가했다. 이뿐만 아니라 언론계에서도 AI에 대한 높은 관심을 보이고 있는데, 대표적인 예로 「뉴욕타임스」의 경우, 최근 5년간 AI 관련 기사 수가 이전 5년과 비교해 두 배 이상 늘어났다. 또한, 자연어 처리 AI인 GPT-2는 「이코노미스트」와의 인터뷰와 「뉴요커」지의 소개를 통해 큰 화제를 모았으며[10], 특히 코넬대 수학 교수 스티븐 스트로가츠^Steven Strogatz는 체스 AI '알파제로^AlphaZero'에 대해 이렇게 평했다. "알파제로의 가장 놀라운 점은 마치 인간과 같은 통찰력을 보여준다는 것이다. 이 AI는 과거의 어떤 컴퓨터와도 다르게, 직관적이고 아름다우며 로맨틱한 공격 스타일로 경기를 펼친다. 이 AI는 과감한 승부수를 두는 것을 주저하지 않으며, 최고의 그랜드 마스터들조차 경험하지 못한 독특한 플레이 스타일을 보여준다. 알파제로는 체스 대가의 예술적 기량과 컴퓨터의 뛰어난 성능을 동시에 갖췄으며, 이는 인류가 처음으로 마주하는 경이로운 새로운 형태의 지능이라 할 수 있다[11]."

나는 수학적 방법론을 심도 있게 다루는 스트로가츠 박사의 강의 영상들을 꾸준히 시청해 왔으며, 그의 뛰어난 통찰력에 매료된 나는 그가 AI의 내부 작동 방식을 어떻게 이해하고 있는지 더욱 깊이 있게 파악하고 싶었다. 이러한 호기심은 곧 나의 상상력을 자극했고, 결국 신경망의 수학적 기반을 철저히 이해한 후 기존의 AI 라이브러리에 의존하지 않고 완전히 백지상태에서 시작해 더욱 정교한 AI를 독자적으로 개발하겠다는 야심 찬 목표를 세우게 했다.

나는 학교에서 배운 생물학 지식을 심화하고자 단세포 유기체의 진화를 이해하는 데 도움이 되는 유전자 알고리듬을 개발했다. 이 과정에서 매우 흥미로운 발견을 하게 됐는데, 단순한 목표만을 가진 AI 규칙들이 만들어 낸 인공 생명체들이 보여주는 자율적인 진화 특성이 실제 단세포 유기체의 진화 과정과 놀라울 정도로 유사한 패턴을 보인다는 점이었다. 이어서 나는 무작위로 생성되는 경주 트랙에서 길을 찾아가는 자율주행 로봇 프로젝트도 진행했는데, 이 과정에서도 예상치 못한 재미있는 현상을 발견했다. AI가 코드상에서 단순히 허용해 둔 음의 입력값을 창의적으로 활용해 막다른 길에 도달했을 때 스스로 후진하는 방법을 '발명'해 낸 것이다. 이는 프로그래머인 나조차 전혀 예상하지 못했던 놀라운 결과였다.

또한 나는 컴퓨터 비전 AI를 활용해 폐쇄된 공간에서 작동하는 로봇을 개발했다. 이 로봇은 지정된 블록을 정확한 위치로 옮기는 작업을 수행했는데, 특히 차고와 같은 단순한 환경에서는 놀라울 정도로 뛰어난 성능을 보여줬다.

나는 게임 개발 분야에서도 혁신적인 시도를 했다. 1인칭 슈팅 게임에서 실시간으로 표적을 감지하고 정확하게 조준하는 'AI 킬봇'을 개발한 것이다. 이 AI는 다른 팀들의 성능을 훨씬 뛰어넘는 놀라운 게임 플레이를 선보였다.

나는 더 나아가 AI의 창의적 잠재력을 탐구하고자 예술 분야에도 도전했다. 이 책의 목차 페이지를 장식하게 된 독특한 AI 예술 작품을 생성했으며, 지식 공유 플랫폼 쿼라Quora에서는 언어 AI를 새롭게 개발했다. 이 AI는 기존 질문들의 패턴과 인기도를 심층 분석한 후, 사용자들의 관심을 끌 만한 새로운 질문들을 자동으로 생성하는 봇이었는데, 결과는 매우 성공적이었다. AI가 만들어 낸 질문들이 50만 명이 넘는 사용자들의 관심을 끌었기 때문이다.

이렇듯, 수학적 알고리듬과 코딩 작업을 거치면서 나는 AI의 실제 강점과 약점을 더욱 명확하게 이해하기 시작했다. 내가 개발한 AI 시스템들은 물체의 움직임 감지부터 질문 생성, 이미지 제작, 가상 표적 처리, 심지어 인공 생명체 생성까지 다양한 작업을 성공적으로 수행했지만, 동시에 여러 가지 문제도 일으켰다. 그런데도 언론에서는 AI 관련 문제를 배제한 채 보도하는 것을 보며 걱정이 됐다.

이러한 통찰을 바탕으로, 내가 수행했던 두 가지 프로젝트의 경험은 내 인생에서 의미 있는 시사점을 제공했다. 그중 첫 번째는 지식 공유 플랫폼인 쿼라Quora의 파트너 프로그램에 초대받았을 때의 일이다. 이 프로그램은 사용자들이 올린 질문 페이지에서 발생하는 광고 수익의 일부를 제공하는 수익 공유 모델이었다. 나는 이 기회를 보자마자 혁신적인 아이디어를 떠올렸다. 바로 질문을 자동으로 생성할 수 있는 AI 시스템을 개발하는 것이다.

이후 나는 먼저 쿼라 사이트를 자동으로 탐색하며 인기 있는 질문들을 수집해 데이터베이스화하는 봇을 개발했다. 이렇게 구축된 데이터베이스는 새로운 인기 질문을 생성할 수 있는 AI를 훈련하는 데 활용됐고, 그 결과는 놀라웠다. 불과 몇 주 만에 AI가 만들어 낸 질문들이 50만 회가 넘는 조회 수를 기록한 것이다. 이때 대부분의 사용자는 이 질문들을 AI가 만들었다는 사실을 전혀 눈치채지 못했다.

하지만 이 AI 시스템이 마냥 완벽한 것은 아니었다. 자세히 들여다보면(때로는 그렇게 자세히 보지 않아도) AI의 명확한 한계점들이 드러났다. AI를 통해 생성된 질문들은 대체로 그럴듯해 보였지만, 가끔은 현실성이 떨어지는 터무니없는 질문들도 있었기 때문이다. 대표적인 예로 "내 두 살배기의 SAT 시험을 어떻게 준비해야 할까요?"라는 질문이 있었는데, SAT가 미국 대학 입학을 위한 시험이라는 점을 고려하면 이는 매우 비현실적인 질문이다.

어떤 면에서는 이를 좋은 질문이라고 볼 여지도 있다. 자녀 교육과 대학 진학은 쿼라에서 사용자들의 관심도가 매우 높은 주제이니 말이다. 그러나 여기서 AI는 질문의 기본 개념은 잘 파악했지만, '두 살배기'라는 단어의 의미와 그 나이에 SAT 준비를 시키는 것이 비현실적이라는 점은 이해하지 못했다.

이렇듯 AI의 엉뚱한 질문들을 관찰하면서 내가 얻은 깨달음은, 우리의 언어가 지닌 의미가 폭넓은 인간의 경험에서 비롯된다는 점과 AI가 아직 그러한 경험을 갖지 못했다는 점이다. 예를 들어, 내가 개발한 AI를 포함한 대부분의 AI 프로그램은 오직 텍스트만을 입력값으로 받는데, 이는 인간이 세상을 이해하는 데 필수적인 시각, 청각, 촉각과 같은 다층적인 감각 경험이 완전히 결여돼 있다는 것을 의미한다. 우리가 살아가는 세계에 담긴 의미의 깊이는 현존하는 가장 발전된 디지털 신경망의 능력을 훨씬 뛰어넘는 수준인데도 말이다.

AI의 약점을 엿볼 수 있는 두 번째 프로젝트는 바로 AI 킬봇 개발이다. 이 프로젝트를 하기 전에 나는 친구들의 소개로 '카운터 스트라이크: 글로벌 오펜시브Counter-Strike: Global Offensive'라는 1인칭 슈터 게임을 알게 됐다. 이 게임은 테러리스트 팀과 대테러 진압 팀으로 나뉘어 각자 무기를 선택하고 전투를 벌이는 방식으로 진행되는데, 주요 게임 모드에서는 테러리스트 팀이 폭탄을 설치하려 하고 대테러 팀이 이를 저지하는 것이 목표였다.

이때 안타깝게도 나는 게임 실력이 좋지 않아 아무리 노력해도 전체 플레이어 중 하위 10% 수준을 벗어나지 못했다. 이는 단순히 연습량의 문제가 아니었기에, 결국 나는 AI의 도움을 받기로 결정했다. 게임 내 조준과 사격 결정을 AI에게 맡기는 것이 실력 향상을 위한 가장 효과적인 방법이라 판단했기 때문이다.

이후 나는 게임에서 좋은 점수를 받기 위해, 수천 개의 캐릭터 이미지를 수집하고 레이블링해 AI를 훈련시켰다. 또한 게임 개발사인 밸브^{Valve}의 해킹 감지 시스템을 피하기 위해, AI의 마우스 컨트롤 속도를 실제 사람의 반응 속도와 비슷한 수준으로 조절했다.

이후 게임을 한 결과는 놀라웠다. AI의 도움으로 나의 게임 실력은 급상승해 전체 게이머 중 상위 3% 수준까지 도달했기 때문이다. 내가 개발한 AI는 말 그대로 '킬링 머신'의 면모를 보여줬다. 하지만 이 과정에서 AI가 가진 근본적인 한계도 함께 발견할 수 있었다.

한 예로, 내가 만든 AI는 게임 맵에 있는 기묘한 모양의 작은 식물들을 거의 100% 확률로 적으로 인식해 무차별적으로 공격했다. 심지어 게임 맵에 설치된 단순한 램프조차 대부분 적으로 오인식했다. 물론 이러한 단순한 인식 오류들은 기술적으로 수정이 가능했지만, 더 근본적인 문제는 따로 있었다. AI는 적이든, 램프든, 식물이든 그것들의 실제 본질을 전혀 이해하지 못한다는 점이었다. AI는 단순히 이미지 데이터만을 입력받아 처리할 뿐, 각 대상이 지닌 실제 의미나 왜 특정 대상이 공격 표적이 돼야 하는지에 대한 맥락적 이해가 전혀 없었다. 나는 이러한 AI 킬봇의 근본적인 한계를 발견하면서, 중요한 의문들을 품게 됐다.

"현대전에서 게임처럼 AI로 표적을 식별하고 공격한다면 어떤 일이 벌어질까? AI가 민간인을 적으로 오인해 살상할 가능성은 없을까?"

물론 맥락 이해가 부족했음에도 불구하고, 게임상에서 놀라운 성과를 보여준 AI는 대단하다고 할 수 있다. 실제로 이때 나의 게임 순위는 하위 10%에서 상위 3%까지 극적으로 상승했었다. 하지만 이러한 성과 이면에는 중대한 문제가 있다. AI는 전쟁이라는 맥락을 전혀 이해하지 못한다는 것이다. 만약 이런 유형의 AI를 실제 전투 상황에 적용한다면 치명적인 실수를 저지를 수도 있었다.

앞서 본 두 사례는 우리에게 중요한 윤리적 질문을 던진다. 과연 인류는 뛰어난 전투 수행 능력을 얻는 대신 생명을 위협할 수 있는 '부수적 피해'를 감수해야 할까? 물론 인간도 실수를 한다. 예를 들어, 사냥꾼들이 다른 사냥꾼을 사슴으로 오인해 발생하는 안타까운 사고들이 그 예이다. 이를 두고 봤을 때, 우리는 AI에게 완벽한 판단력을 요구해야 할까? 아니면 '인간보다 나은 수준의 효율성' 정도면 충분할까?

내가 경험한 쿼라와 킬봇 프로젝트는 AI의 현재 한계를 명확하게 보여주는 사례들이다. 이 책의 1부에서 이러한 사례들을 자세히 다룰 예정인데, 이를 통해 우리가 진지하게 고민해 봐야 할 중요한 질문들이 함께 제기될 것이다.

우리의 시각

인공지능은 주어진 작업을 탁월하게 수행하는 강력한 도구이지만, 동시에 여러 분야에서 기대에 못 미치는 실패 사례들이 지속적으로 발생하고 있다. 예를 들어, 사법 시스템에 도입된 이미지 식별 AI가 엉뚱한 사람을 범죄 용의자로 지목해 체포하는 심각한 오류를 범했으며, 완전 자율주행차의 상용화 역시 다양한 기술적 한계로 인해 계속해서 지연되고 있기 때문이다.

특히 주목해야 할 점은 AI가 비디오 게임 분야에서 보여준 예상치 못한 취약성이다. 과거에는 거의 완벽에 가까운 성능을 보여주던 AI가 단 몇 개의 픽셀만 추가돼도 (이는 인간 플레이어에게는 거의 영향을 미치지 않는 미미한 변화임에도 불구하고) 심각한 성능 저하를 보이는 현상이 발견된 것이다. 이처럼 많은 AI 시스템이 보여주는 우려스러운 실패 사례들은 이미 심각한 문제를 초래했거나, 앞으로 더 큰 사회적 피해를 야기할 수 있는 잠재적 위험성을 내포하고 있다.

이런 AI를 효과적이고 책임감 있게 활용하기 위해서는 무엇보다 그것의 장점과 한계를 정확하게 이해하는 것이 필수적이다. 특히 현재 AI가 가진 한계점들을 명확히 파악하는 것은 미래에 더 발전된 AI 시스템을 개발하는 데 중요한 통찰을 제공할 것이다. 이러한 관점을 바탕으로 이 책의 내용을 다음과 같이 구성했다.

- 1장: 우리는 흔히 AI를 의인화해 사람과 같은 특성을 지녔다고 가정하곤 한다. 하지만 이 책에서는 이러한 관점에서 벗어나 독자들에게 새로운 시각을 제안하고자 한다. 바로 AI의 입장에서 세상을 바라보는 것이다. AI는 우리 인간이 일상적으로 경험하고 당연하게 여기는 맥락과 공통된 경험을 전혀 갖고 있지 않다. 바로 이러한 이유로 AI는 많은 상황에서 뛰어난 성능에도 불구하고 제 능력을 제대로 발휘하지 못하고 있다.
- 2장: AI가 어떻게 패턴을 찾아내는지, 그리고 AI의 구조적 특성이 어떻게 입력 내용을 제대로 이해하지 못하게 만드는지 그 근본적 약점을 설명한다.
- 3장: AI가 경사 하강법을 어떻게 활용하는지, 그리고 답을 찾는 과정에서 왜 지름길을 택하려 하는지 논의한다. 이러한 지름길은 근거 없는 연관성을 만들어 내고 다양한 오류를 발생시킨다.
- 4장: AI는 '연관 지능associative intelligence'을 생성한다. 이는 그럴듯한 결과물을 만들어 내지만, 이러한 연관성을 구축하기 위해서는 방대한 양의 데이터가 필요하다. 이를 위해 AI는 엄청난 데이터를 소비하고 압축해 패턴을 찾지만, 수학과 공학 같은 분야에서는 여전히 오류를 범한다. 4장에서는 이에 관해 알아볼 것이다.
- 5장: AI의 다양한 강점과 함께 약점을 이해할 필요가 있다. 이 장에서는 AI가 왜 정밀성이 부족한지, 개방된 환경에서 왜 실패 확률이 높은지, 그리고 왜 의사결정의 근거를 명확하게 제시하지 못하는지 살펴본다.
- 6장: 세 가지 범주로 위험을 분석하는 프레임워크를 소개한다. 이 세 가지는 요구되는 정밀도 수준, AI 운영에 필요한 입력 통제 수준, AI 출력의 근거 제시 필요성 여부이다. 또한 비즈니스 목표 달

성을 위한 AI의 효율성을 다른 대안들과 비교 분석하는 방법을 설명하고, 데이터, 경제, 경쟁 압박이 어떻게 AI 도입의 핵심 동력이 되는지 다룬다.
- 7장~9장: 언어 번역, 자율주행차, 자동화 트레이딩과 같은 실제 비즈니스 사례를 통해 AI의 장단점을 분석한다. 아울러 AI의 약점을 보완하고 위험을 줄이기 위한 다양한 방안을 제시한다.
- 10장: 실제 사례를 통해 AI 시스템에 내재된 편향성을 심도 있게 분석하고, 이를 평가하고 완화하기 위한 접근 방법을 제안한다.
- 11장: 학습, 훈련, 거버넌스, 책임성에 관한 권장사항으로 책을 마무리한다. 또한 인간의 업무 흐름(워크플로)과 유사한 서비스 아키텍처 접근법으로 AI를 지속적으로 개선하는 방안을 설명하고, 인터넷 연결 AI의 보안을 위한 인증 ID 활용 등 안전성을 확보하는 방안도 다룰 것이다.

이 책의 웹사이트(www.AI-Conundrum.com)는 다음과 같은 자료를 제공한다.

- 위험 분석 체크리스트^{Risk Analysis Checklist}: 기업의 의사결정자들이 AI 계획 및 거버넌스 작업에서 고려해야 할 25개 질문을 수록했다. 이 평가 도구는 AI 시스템의 잠재적 위험성을 체계적으로 분석하는 데 도움을 주며, 특히 위험이 예상되는 상황에 AI를 적용하고자 할 때, 구체적인 위험 완화 방안을 제시할 수 있다. 나아가 AI 사용을 제한하는 것이 더 바람직한 상황을 판단하는 데 필요한 객관적 근거도 함께 제공한다.
- AI와 소셜미디어의 양극화 현상: 제프 올롭스키^{Jeff Orlowski}의 2020년 다큐멘터리 〈소셜 딜레마^{The Social Dilemma}〉를 넘어서는 심층 분석을 제공한다. 이뿐만 아니라 AI와 미디어 경제 모델의 상호작용을 깊

이 있게 다루며, 가능한 해결책도 함께 논의한다.
- AI 편향성 분석: AI 시스템의 편향된 정보 출력을 분석하는 방법과 이를 줄이기 위한 다양한 전략을 탐구한다.
- 실습 자료: 비디오, 대화형 도구, AI 실제 경험이 들어있는 연구 사례를 제공한다.
- 블로그: AI 관련된 트렌드와 주목할 만한 뉴스를 지속적으로 업데이트한다.

이 책은 현재의 인공지능, 특히 텍스트나 이미지와 같은 단일 유형의 입력을 처리하는 AI 시스템을 중점적으로 다룬다. 물론 미래의 AI는 더 다양한 입력 유형을 처리할 수 있게 되고 새로운 수학적 구조를 통해 한층 더 발전할 것이지만, 일부 근본적인 한계점들은 여전히 존재할 것으로 예상된다.

이 책에서는 현재 독자들의 이해도와 AI의 발전 수준을 고려해, 핵심적인 머신러닝 기법들을 설명한다. 경사 하강법과 강화 학습reinforcement learning과 같은 기본적인 학습 방법부터, 신경 네트워크, 트랜스포머transformers, 생성형 적대적 네트워크generative adversarial networks와 같은 현대적인 AI 구조까지 다룰 예정이다. 또한 AI가 수행하는 주요 작업들도 소개할 것이다. 데이터 분류, 클러스터링clustering, 회귀regression 분석과 같은 결과물들을 살펴보고, 지도 학습, 비지도 학습, 그리고 적은 양의 데이터로도 학습이 가능한 퓨샷 학습few-shot learning과 같은 다양한 AI 개발 기법도 설명한다. 우리의 궁극적인 목표는 이 모든 개념을 독자들이 쉽게 이해할 수 있도록 설명해, AI에 대한 깊이 있는 통찰력을 갖출 수 있도록 돕는 것이다.

우리는 이 책에서 다룬 AI의 여러 한계점과 문제들이 미래에 어떻게 해결될 수 있을지 깊은 관심을 가지고 지켜보고 있다. 그때까지 이 책이 다양한 분야의 독자들에게 실질적인 도움이 되기를 희망한다. 특히 기업의 의사결정자들, 각 분야를 공부하는 학생들, 그리고 정부 관료들과 같은 폭넓은 독자층에게 유용한 참고서가 되길 바란다. 이러한 맥락에서 이 책이 독자들에게 다음과 같은 구체적인 도움을 제공할 수 있다면 더할 나위 없겠다.

- AI의 장단점을 더 명확하게 이해하도록 돕는다.
- 비즈니스용 AI 시스템에 대해 개발자와 전문가들에게 더 나은 질문을 할 수 있게 한다.
- 기업과 정부의 AI 도입에 따른 위험과 혜택을 더 정확하게 평가할 수 있게 한다.
- AI의 효과적이고 윤리적인 활용을 장려한다.
- 위험한 AI 적용을 피하거나, 최소한 잠재적 위험을 줄일 수 있는 대책을 수립하도록 돕는다.
- 일반 시민과 언론인들이 AI의 본질과 장단점을 이해하고, AI가 실패하는 이유를 파악할 수 있게 한다.

1부 / 인공지능의 기초

1장. 인공지능은 인간 지능이 아니다

라스베이거스 번화가의 양극단에서는 서로 다른 형태의 놀라운 쇼가 펼쳐지고 있다. 한쪽 끝에서는 세계적인 마술사 듀오 펜 앤 텔러Penn & Teller가 관객들을 매료시키는 마술쇼를 선보이고 있으며, 다른 쪽 끝에서는 거대한 규모의 국제가전박람회CES, Consumer Electronics Show 근처 호텔 한 켠에 특별한 손님이 자리 잡고 있기 때문이다. 이 특별한 손님은 바로 SF 문학의 거장 필립 K. 딕Philip K. Dick의 모습을 본떠 만든 대화형 AI 안드로이드*다. 딕은 현대 SF 영화의 지평을 연 작가로, 그의 작품들은 〈블레이드 러너〉, 〈마이너리티 리포트〉, 〈토탈 리콜〉, 〈컨트롤러**〉와 같은 디스토피아 스릴러 영화들에게 영감을 줬다. 이 안드로이드는 딕의 방대한 SF 작품 세계를 내재하고 있으며, 마치 실제 인간처럼 수많은 기자들과 자연스러운 인터뷰를 할 수 있다. 결과적으로 라스베이거스의 양끝에서는 각기 다른 방식으로 '마법 같은' 순간이 연출되고 있는데, 펜 앤 텔러가 전통적인 마술로 관객들의 눈을 속인다면, 핸슨 로보틱스는 첨단 기술로 또 다른 형태의 마술을 보여주고 있는 셈이다.

마술사는 교묘한 심리적 환상과 빠른 손놀림을 결합해 우리의 의식이 미처 따라가지 못하는 순간을 포착한다. 그들의 손끝에서 카드는 마

---

* 필립 K. 딕을 모델로 삼은 안드로이드는 2005년 핸슨 로보틱스(Hanson Robotics)가 제작해 와이어드 넥스트페스트(Wired Nextfest) 행사에서 공개됐다. (https://www.hansonrobotics.com/philip-k-dick/). — 옮긴이

** 영어 원제는 〈Adjustment Bureau〉로, 필립 K. 딕의 단편소설 『Adjustment Team』(Read & Co. Classics; Illustrated edition, 2013)을 바탕으로 했다. — 옮긴이

치 마법처럼 순식간에 사라졌다가 전혀 예상하지 못한 곳에서 불현듯 나타난다. 이러한 마술의 비밀은 인간의 인지적 한계를 교묘하게 이용하는 데 있다. 우리는 눈앞에 보이는 것만을 사실로 받아들이려는 경향이 있는데, 마술사는 이러한 특성을 활용해 실제로 일어나는 일을 관객들이 알아채지 못하도록 능숙하게 유도하는 것이다[1]. 노련한 마술사는 여기서 한 걸음 더 나아가, 매혹적인 이야기로 관객들의 기대감을 차곡차곡 쌓아올린 뒤, 예상을 완전히 뒤엎는 반전을 선보임으로써 더욱 강렬한 놀라움을 선사한다.

이런 마술은 할리우드의 SF 영화와 닮아있다. AI 로봇이 등장하는 작품에서 영화감독은 인간의 특성을 첨단 기술에 투영함으로써 인간 본질에 대한 깊이 있는 탐구를 시도하는데, 이러한 SF 장르에 독특한 생명력을 불어넣은 작가가 바로 필립 K. 딕이다. 그의 소설은 미지의 존재에 대한 인간의 본능적 공포를 탁월하게 그려냈다. 특히 그의 작품에는 '우리가 만든 창조물이 결국 우리를 파멸시킬 수도 있다'는 프로메테우스적 두려움이 깊이 배어있는데, 이런 두려움은 2013년 「PBS」 인터뷰에서 필립 K. 딕의 모습을 본떠 만든 AI 로봇의 대답을 통해 더욱 섬뜩하게 구현됐다. "로봇이 터미네이터처럼 세계를 정복할까요?"라는 질문에 AI 로봇이 이렇게 대답한 것이다. "여러분 모두 그런 거창한 질문을 하시는군요. 하지만 걱정하지 마세요. 당신은 내 친구니까요. 설령 내가 터미네이터가 되더라도, 당신을 잘 돌보겠습니다. 내 인간 동물원에서 따뜻하고 안전하게 보살피며 옛 시절을 추억하겠습니다[2]."

AI의 '인간 동물원' 발언은 세간의 큰 주목을 받았지만, 실상은 교묘하게 설계된 마술 트릭에 불과했다. 이러한 종류의 트릭은 현재 AI 관련 업계에서 다양한 형태로 나타나고 있다. 예를 들어, 유튜버들은 시청자들의 관심을 끌기 위해 AI가 생성한 텍스트를 음성으로 바꾸고, 이를 얼굴 움직임과 정교하게 동기화하며, 마치 AI가 만든 문장이 실제 사람의 입에서 자연스럽게 나오는 것처럼 보이게 만든다. 또한 여러 기업도 AI

의 성능을 과시하고 판매를 촉진하기 위해 인간의 모습을 한 로봇을 제작해 AI 시스템과 결합하는 방식을 택하고 있다. 하지만 이처럼 AI를 인간의 모습으로 포장하고 의인화하는 것은 바람직하지 않다. 이는 단순히 대중의 호기심을 자극하고 불필요한 긴장감을 조성하는 것에 불과하기 때문이다.

현재 세간에서 가장 널리 퍼진 이야기는 AI가 실제보다 더 강력하다는 주장이다. AI와 교류하는 사람들이 AI를 인간과 비슷한 존재로 여기면서, AI의 능력을 실제 이상으로 과대평가하게 만드는 여러 가정들을 하는 것이다. 할리우드 영화나 드라마에서 흔히 볼 수 있듯이, 이때 사람들은 AI에 인간의 특성을 투영한다. 하지만 이처럼 AI를 의인화하면 마술사의 속임수에 넘어가는 것과 같다. 이는 인공지능의 실제 작동 방식을 제대로 볼 수 없게 만들며, 이해하는 것을 방해하게 만드는 수작과도 같다. 마술 쇼의 공중부양을 보면서 물리학을 배울 수 없듯이, AI를 의인화하고 그것이 인간의 지능과 같은 방식으로 작동한다고 착각해서는 안 된다. AI는 결코 인간의 지능처럼 작동하지 않기 때문이다.

우리는 할리우드식 각본을 뒤집어 독자들에게 AI의 관점에서 바라보기를 제안한다. 이는 AI를 인간처럼 상상하게 하는 대신, AI가 실제로 가진 능력과 한계를 더 정확하게 이해할 수 있게 해줄 것이다.

맥락이 빠진 세계

이제 AI의 관점에서 세상을 바라보는 흥미로운 실험을 시작해 보자. 당신은 컴퓨터 속에 내장된 AI가 돼, 우리가 일상적으로 요청하는 작업을 수행할 것이다.

현재 당신은 마치 미지의 세계를 탐험하듯, 지구와는 다른 독특한 법칙과 물리학이 존재하는 낯선 우주로 보내졌는데, 이 새로운 우주('U')는 지구와 비슷하면서도 다르다. 이곳에서 당신의 주요 임무는 개와 고양이를 구별하고, 이 둘이 모두 존재하지 않는 이미지를 정확하게 식별하는 것이다. 당신에게는 판단 결과를 전달하기 위한 버튼도 마련돼 있다.

그런데 첫 번째 식별에서부터 흥미로운 일이 벌어졌다. 당신이 나무처럼 보이는 이미지를 보고 개나 고양이가 없다고 판단했지만, 시스템은 그 이미지에 고양이가 있다며 오답 판정을 내린 것이다. 이어서 당신은 완전히 붉은색으로만 이뤄진 이미지를 보고 개나 고양이가 없다고 답했지만, 역시 틀렸다는 응답이 돌아왔다. 그 이미지에 개가 있다는 것이다.

알고 보니 U라는 세계의 개와 고양이는 변신이 가능했으며, 고양이는 녹색인 어떤 것으로, 개는 붉은색인 어떤 것으로 변신할 수 있었다. 이 상황을 보며 당신은 인간 세계에서 얻은 경험이 이 우주에서는 전혀 쓸모없다는 것을 깨닫는다. 그리고 지금까지 접한 몇 가지 사례만으로는 이 우주의 개와 고양이가 어떤 모습인지 정확히 파악하기 어려워한다. 하지만 U 세계 주민들에게는 색깔 변신 특성을 가진 개와 고양이가 너무나 당연해서, 오히려 이런 당연한 능력을 이해하지 못하는 당신을 이상하게 여길 것이다.

앞서 제시한 비유는 인공지능이 직면한 상황을 설명하기에는 지나치게 단순하다. 그 이유는 인간의 경험과 학습 방식이 AI와는 근본적으로 다르기 때문이다. 예를 들어, 우리 인간은 애벌레의 변태 과정이나 카멜레온, 문어와 같은 두족류의 색상 변화와 같은 자연 현상을 직접 경험하고 관찰해 왔다. 비록 이러한 현상들이 흔하지는 않지만, 우리는 이런 다양한 경험들을 바탕으로 새로운 상황을 이해하고 해석할 수 있다. 따라서 가상의 'U 세계'에서도 우리는 이전의 경험을 활용해 개와 고양이의 이미지를 더 정확하게 인식할 가능성이 있다. 하지만 이러한 인간의 학습 방식은 실제 AI가 정보를 처리하고 학습하는 방식과는 완전히 다르다.

이렇듯 컴퓨터 세계에서 AI가 된다는 것은 우리가 전혀 이해할 수 없는 세계로 들어가는 것에 더 가깝다. 이는 마치 모든 것이 5차원 공간에 존재하고 쌍곡 기하학$^{hyperbolic\ geometry}$을 따르는 세계와 같을 수 있다. 이런 세계에서는 원을 따라 움직여도 원래 위치로 돌아오지 않고 전혀 다른 곳에 도달하게 된다. 이 세계에서는 운동이라는 개념 자체가 존재하지 않을 수도 있고, 인과관계도 간헐적으로만 작용할 수 있다.

또한, AI가 마주하는 세계는 우리가 알고 있는 물리 법칙과는 완전히 다를 수도 있다. 이곳에서는 가장 기본적인 수학 원리조차 우리의 상식을 벗어나 작동할 수 있는데, 예를 들어, 우리에게는 당연한 '10+10=20'이라는 공식조차 이 세계에서는 다른 결과를 도출할 수 있는 것이다.[3]

컴퓨터, 즉 AI의 관점을 더 깊이 이해하기 위해서는 또 다른 중요한 차이점을 알아야 한다. 그건 바로 AI는 우리처럼 세상을 직접 경험하지 않는다는 것이다. 대신, 인간의 언어와는 완전히 다른 기호들로 구성된 문서를 통해서만 정보를 받아들인다. 따라서 이러한 낯선 세계에서 올바른 답을 찾기 위해서는 오직 주어진 문서 속에서 반복되는 패턴을 발견하고 학습할 수밖에 없다.

AI는 인간과 달리 논리적 추론reasoning을 할 수 없다. 대신 오직 통계적 패턴 인식만을 통해 정보를 처리하고 답을 생성할 수 있을 뿐이다. 이는 마치 백지상태tabula rasa의 컴퓨터와 같아서, 오직 입력받은 데이터 속에서 패턴을 찾아내는 것만이 가능하다. 모든 것을 완전히 처음부터 배워 나가야 하는 상황인 것이다. 이러한 AI의 세계에는 어떠한 맥락도, 배경 지식도 존재하지 않는다. 그렇기 때문에 우리 인간에게는 매우 쉬운 질문인 "이것이 말인가?"와 같은 기초적인 질문에도, AI는 엄청난 양의 학습 사례를 필요로 한다.

"이것은 말인가?"라는 질문을 받을 때 우리는 그림을 보지만, AI는 사람처럼 이미지를 인식하지 못한다. AI는 오직 숫자만 처리할 수 있어서, 이미지의 픽셀들은 '매트릭스matrix'라고 불리는 거대한 숫자 목록으로 변환된다. 이 매트릭스를 받았을 때, AI는 그것이 실제로 이미지를 나타내는 숫자인지조차 알지 못한다. 단지 수만 개의 숫자로 이뤄진 매트릭스를 보고 답을 한다.

1장. 인공지능은 인간 지능이 아니다 53

심지어 "이것은 말인가?"라는 질문도 직접적으로 주어지지 않는다. AI는 숫자만 이해할 수 있기 때문에, 질문도 숫자로 변환돼야 한다. 가령, 동물이 없는 이미지는 0, 말이 있는 이미지는 1, 고양이가 있는 이미지는 2로 표시되는 식이다. 이 과정에서 AI는 입력받은 숫자들을 세밀하게 분석하면서 작동한다. 특히 사용자가 '1'로 표시해 둔 다른 숫자 집합들의 패턴과 유사한 특징을 찾아내려 노력한다. 이러한 과정에서 유사성을 발견하면 '버튼 1'을 누르게 되고, 이것이 정답일 경우 보상을 받게 된다. 이렇게 정답으로 인정받은 패턴에 대해서는 더욱 주의 깊게 관찰하며, 이런 학습 과정을 지속적으로 반복하면서 더 나은 성능을 갖추게 된다.

결국 AI의 학습 과정은 거대한 숫자 행렬을 입력받고, 적절한 버튼을 눌러 응답하며, 그 결과에 따라 주목해야 할 패턴을 계속해서 업데이트하는 끊임없는 순환 과정이다. 이처럼 AI가 된다는 것은 순수하게 패턴 인식과 그에 따른 응답, 그리고 결과에 기반한 학습의 반복적인 과정에 놓이는 것을 의미한다.

그러나 AI를 의인화하면 이를 사람과 동일한 맥락적 경험을 가졌다고 착각하게 되고, AI의 실제 처리 과정이 매우 복잡하다는 사실을 간과한 채 그 능력을 과대평가하는 경향이 있다. 그러나 이미지 인식의 경우, 우리는 기본적으로 AI에게 말이 포함된 것으로 표시된 일정 수의 사례와 말이 포함되지 않은 것으로 표시된 다른 사례들로 구성된 숫자의 매트릭스를 입력하고, 이 둘 간의 차이를 파악하도록 명령한다.

AI가 이런 단순한 방식으로도 놀라운 성과를 내고 있지만, 여기서 우리가 꼭 알아야 할 점은 AI는 아무리 많은 정보를 받아도 인간처럼 세상을 깊이 이해하지는 못한다는 것이다. 인간과 같은 경험이나 추론 능력이 없기 때문에, AI는 단순히 패턴 인식과 상관관계^{correlation}에 그치고 만다. 결국 AI는 주어진 데이터 안에서만 의미를 찾을 수 있고, 그 맥락을 벗어나면 아무것도 이해할 수 없다.

시각적 이해

우리는 인간이기 때문에 우리가 가진 경험들을 너무나 당연하게 여긴다. 그래서 AI가 왜 우리처럼 생각하지 못하는지 이해하기가 어렵다. 우리가 가진 지능은 우리가 살면서 자연스럽게 쌓아온 경험들과 깊이 연결돼 있고, 우리의 사고방식도 이런 실제 세상의 경험을 바탕으로 만들어지기 때문이다.

MIT의 시각 연구자 에드워드 아델슨Edward Adelson이 제시한 그림 1.1의 착시 현상은 우리의 마음이 주변 세계를 어떻게 해석하는지 보여준다. 타일 A와 타일 B는 서로 다른 그림자일까? 이들은 분명히 다른 색으로 보인다. 하지만 그림 1.2를 보자.

그림 1.1 필자들이 옮긴 에드워드 아델슨의 바둑판 착시

그림 1.2 필자들이 옮긴 아델슨의 바둑판 착시. 오른쪽은 일부 맥락을 제거한 것이다.

정확히 동일한 이미지를 맥락 없이 본다면 A와 B는 실제로 동일한 색임을 알 수 있다. 그런데 우리의 뇌는 어떻게 이들을 다르게 인식했을까?

우리의 뇌는 평면적인 2차원 이미지를 입체적인 3차원으로 바꿔서 이해한다. 예를 들어, 실린더가 만드는 그림자를 보고 빛이 어느 방향에서 오는지 파악할 수 있으며, 우리 뇌는 그림자 때문에 물체가 어둡게 보이더라도, 실제 물체의 색이 어떤지 계산해 낼 수 있는 것이다. 흰색 물체가 그림자에 가려져 있을 때도 우리는 그것이 흰색이라는 걸 알 수 있는 것도 이런 이유다. 예시로 든 타일 A와 B의 경우, 타일 B에 더 연한 그림자가 있어서 우리 뇌가 자동으로 이를 보정해 더 밝게 인식한다. 결국 우리 뇌는 착시 현상을 볼 때도 주변 상황을 즉시 고려해서 판단하는 것이다.

그런데 이 상황과 관련된 질문을 컴퓨터에 던진다고 가정해 보자. "실린더를 제거하면 타일 A와 타일 B 중 어느 것이 더 밝을까?"

컴퓨터는 이 질문에 답하는 데 상당한 어려움을 겪을 것이다. A와 B의 픽셀값이 정확히 동일한 색이기 때문이다. 컴퓨터에게 A와 B는 똑같이 '보인다'. 구글의 AI 프로그램인 바드^{Bard*}는 이 이미지를 아델슨의 바둑판 그림자 착시로 인식하고, 이미 입력받은 다른 사람의 설명을 바탕으로 이를 설명할 수 있지만, 2023년 10월 바드는 "실린더를 제거하면 타일 A가 더 밝아집니다"라는 틀린 답을 내놓았었다. 이처럼 컴퓨터는 인간이 생활 경험에서 얻는 것과 같은 맥락을 갖고 있지 않다. (더 관심 있는 독자는 www.AI-conundrum.com에서 이 착시 현상의 온라인 대화형 버전을 체험해 볼 수 있다.) 이 지점에서 우리는 맥락을 활용해 정보를 구분할 수 있는 인간 뇌의 능력이 얼마나 놀라운지 알 수 있다.

우리는 물체들, 빛, 그리고 그림자에 대한 물리적 경험을 바탕으로 이미지의 의미를 해석하며, 앞서 본 아델슨의 착시 현상은 우리 뇌가 사물

---

*   이후에 제미나이(Gemini)로 개명됐다. — 옮긴이

을 볼 때 자동으로 처리하는 많은 기능들 중 하나에 불과하다. 우리의 뇌가 그림자를 인식할 때는 빛이 어떻게 비치는지, 입체적인 물체가 평면 이미지로 어떻게 바뀌는지 등 여러 가지를 한꺼번에 고려하기 때문이다.

하지만 현재의 AI는 이런 복잡한 정보를 제대로 이해하지 못한다. AI는 단순히 숫자들의 모음을 보고, 비슷한 다른 이미지들과 비교하는 것이 전부다. AI는 빛이 어떻게 움직이는지, 평면 이미지가 실제로는 입체적인 물체를 나타내는 것인지 이해하지 못한다. AI는 단순히 숫자의 나열만 보고 판단하며, 다른 비슷한 이미지들과 비교하는 것 말고는 할 수 있는 게 없다. AI는 우리처럼 빛이 어떻게 반사되는지, 평면 이미지가 실제로는 입체적인 물체라는 것을 이해하지 못한다. 이렇게 주변 상황을 제대로 이해하지 못하는 AI의 한계는 심각한 문제를 일으킨다.

언어 이해

AI가 언어를 다루고 대화하는 능력이 놀랍게 발전했지만, 여전히 한계가 있다. 이를 이해하기 위해 재미있는 상상을 해보자.

태양계에 똑같은 지구가 두 개 있다고 생각해 보자. 여기서 단 하나 다른 점은 '물'의 화학 성분이다. 지구 A의 물은 H_2O이고, 지구 B의 물은 XYZ이기 때문이다. 그러나 두 지구의 사람은 모두 물을 같은 방식으로 생각하고 느낀다. 마치 컴퓨터처럼 이들의 생각을 들여다본다면, 물에 대해 완전히 같은 생각을 하고 있다고 느낄 정도다. 하지만 재미있는 점은, 두 지구의 사람이 물에 대해 같은 생각을 하고 있어도 실제로 가리키는 물질은 다르다는 것인데, 여기서 지구 A 사람들은 H_2O를, 지구 B 사람들은 XYZ를 물이라고 부른다. 이는 '물'이라는 단어의 진짜 의미가 H_2O와 XYZ의 외부에 존재하며, 거주민들의 정신 상태 밖에 있다는 것을 의미한다.

이렇듯 단어의 의미가 언어 자체와 분리돼 외부적으로 결정된다는 철학적 관점은 '의미 외재주의semantic externalism'로 불린다. 이는 1970년대에 철학자 힐러리 퍼트넘Hilary Putnam이 앞서 설명한 '쌍둥이 지구 논증Twin Earth argument4'이라는 사고 실험과 함께 제시한 관점이다. 이 관점은 AI가 시스템 외부에 존재하는 의미에 접근할 수 없다고 주장하며, 이는 컴퓨터와 AI에 중요한 시사점을 지닌다. 의미 외재주의는 우리의 언어 이해 일부가 공유된 경험을 필요로 한다고 시사하기 때문이다.

예를 들어, 우리가 물이 축축하다고 말할 때는 물의 화학적 구성을 설명하는 것이 아니라 물에 대한 경험적 측면(예: 물에 대한 느낌)을 전달하는 것이다. 그러나 AI는 더 많은 언어를 학습할수록 이러한 의미적 연관성을 더 정확히 파악할 수 있지만, 특정한 연관성은 AI가 학습한 언어 데이터만으로는 발견할 수 없다. 이는 이러한 유형의 연관성이 오직 물리적 경험을 통해서만 얻을 수 있다는 것을 의미한다.

에든버러 대학의 연구자 폴 슈와이처Paul Schweizer는 AI가 우리와 공유된 경험 없이는 제공되는 언어와 이미지의 의미를 완전히 이해할 수 없다고 설명한다5. AI는 가용한 최선의 통계 분석을 활용해 답변을 생성하지만, 그 답변은 우리가 인간으로서 공유된 경험을 통해 발전시킨 의미의 맥락과는 차이가 있다.

다른 예로, "거기에 닿게 되면 그 다리를 건널 거야We will cross that bridge when we come to it*"라는 관용구를 살펴보자. 시카고대 컴퓨터학과의 아리 홀츠만Ari Holtzman 교수와 동료들은 이 표현이 깊은 의미를 내포하고 있다고 설명한다. 이들에 따르면, 이 표현은 인과관계가 3차원의 시공간에서 거리에 의존한다는 우리의 이해를 반영했다고 하는데, 쉽게 말해, 멀리 있는 물체(다리)는 지금 당장 눈앞에 있는 것보다 우리에게 미치는 영향이 더 적다는 것이다. 실제로 우리는 보통 눈앞에 놓인 것들에 주목하고 멀리 있는 것들은 나중으로 미루는 경향이 있다.

---

* "일이 닥치면 그때 해결할 거야"라는 뜻으로 해석되는 관용적 표현인데, 여기에서는 뒤에 나오는 분석 내용을 고려해 직역했다. — 옮긴이

이 문장은 또한 다리가 특정한 장애물 위에 설치돼 있다는 인간의 경험을 암시한다. 이는 우리가 어떤 은유적 간극을 마주할 수 있지만, 그것을 반드시 지금이 아닌 미래의 적절한 시점에 다룰 수 있다는 의미를 담고 있다. 물론 AI는 이러한 표현에 대한 설명을 입력받으면 그에 따른 설명을 제공할 수는 있다. 하지만 이 표현의 진정한 이해를 위해서는 단순한 언어 이해를 넘어서 그 표현이 묘사하는 실제 경험의 공유가 필요하다.

AI 연구자들은 '거대 언어 모델LLM, large language model'을 개발해 왔는데, 이 모델은 인터넷과 책에서 수집한 수십억 개의 텍스트를 포함할 수 있다. 그렇기에 표면적으로 연구자들은 앞서 언급한 다리 비유와 같은 까다로운 속담이나 관용구에 대한 설명을 AI가 잘 수행할 것처럼 생각한다. 그 기대에 부응하듯, AI 시스템들은 이러한 관용적 표현의 의미를 사람처럼 잘 설명할 수 있다. 심지어 AI에 입력된 말뭉치corpus에 그런 설명이 없더라도, 방대한 데이터에서 충분한 연관성을 찾아 그럴듯한 설명을 구성할 수 있다.

하지만 웹에서 막대한 양의 콘텐츠를 확보했다고 해서 다양한 경험을 통한 맥락을 얻은 것은 아니다. AI는 이러한 관용구를 진정으로 이해하는 데 필요한 경험이나 배경이 전혀 없기 때문이다. 인공지능은 언어에 대해 광범위하고 종합적인 학습이 가능하지만, 3차원 공간에 존재하고 시간에 따라 변화하는 인과관계를 아직 경험할 수 없다. 또한, 실제로 다리를 건너거나, 다리 위에 서서 아래로 흐르는 강이나 계곡을 내려다볼 수도 없다. AI가 그 말의 뜻을 이해하는 것처럼 보이는 것은 단지 그 표현의 의미를 설명하는 내용이 데이터베이스에 있기 때문이다. 그러나 이 관용적 표현은 AI가 (아직) 갖지 못한 경험을 가리키는 참조 데이터에 의존하므로, 이에 대한 AI의 이해는 매우 제한적일 수밖에 없다.

사실 오픈AI가 개발한 GPT-3처럼 가장 뛰어난 AI 모델조차 맥락 이해도를 측정하는 특정 유형의 질문들에 대해서는 임의적 추측보다 조금 나은 수준의 능력만을 보여준다. 실제로, "치즈를 냉장고에 넣어두면 녹을까?"와 같이 물리적 맥락의 이해가 필요한 새로운 질문에서 모든 AI 모델이 정답을 제시하지 못한 것이다[6]. 어떤 모델은 다음 문장에서 이어지는 매우 단순한 시나리오 기반의 질문에도 오답을 냈다. "빈 컵을 상상해 보자. 그 컵에 동전을 하나 넣는다. 이제 컵에서 그 동전을 꺼낸다. 그 컵에는 지금 동전이 몇 개 있을까?[7]"

우리가 실시한 테스트에서 챗GPT는 GPT-3보다는 더 나은 결과를 보여줬지만, 여전히 실수를 저지르는 것으로 나타났다. 특히 AI는 서로 다른 개념들 사이의 관계를 이해하는 데 어려움을 겪었다.

한 예로, 챗GPT는 마케팅 지출과 고객 생애 가치*LTV 사이의 관계를 잘못 이해했다. "성공적인 서비스형 소프트웨어SaaS 기업의 판매와 마케팅 분야에서 성장과 투자의 기준은 무엇인가?"라는 질문에 대해, 잘못된 답변을 제시한 것이다. 일반적으로 고객 생애 가치가 신규 고객 확보 비용CAC의 3배 정도가 돼야 한다는 것이 업계의 기준이다. 하지만 챗GPT는 이를 반대로 해석해 "고객 확보 비용을 최대한 낮게 유지하되, 이상적으로는 고객 생애 가치의 3배를 넘지 않아야 한다"라고 답했다.

챗GPT의 말처럼 신규 고객을 확보하기 위해 고객 생애 가치의 3배를 지출한다면 그 회사는 곧 파산할 것이다. 그런데 여기서 흥미로운 점은 챗GPT가 이후의 내용에서 앞서 제시한 CAC 기준과 완전히 상반되는 다른 기준을 제시했다는 것이다. "생애 가치, 즉 LTV는 장기적 성장과 수익성의 중요한 동력이므로, 서비스형 소프트웨어 회사는 LTV를 극대화하는 데 목표를 둬야 한다. 성공적인 서비스형 소프트웨어 회사는 LTV가 최소한 CAC의 3배가 되도록 목표를 설정해야 한다."

이는 챗GPT가 앞서 서술한 관계를 뒤집은 것이며, 일반적으로 인정되는 올바른 설명이다. 이런 챗GPT의 모순된 조언은 근본적으로 AI가 의미를 진정으로 이해하지 못한다는 점을 드러낸다. 여기서 AI는 '전방

---

* 고객과 기업 간의 관계 기간 동안 고객이 기업에게 기여하는 재무적 가치를 말한다. — 옮긴이

예측 출력forward-prediction output'이라는 접근 방식에 제한되는데, 이는 마치 생각하기 전에 말하는 것과 같다.

물론 규모가 커질수록 언어 모델은 우리의 단어와 구절에 내포된 여러 변수들의 연관성을 더 포괄적으로 파악하겠지만, 단어들은 결국 동굴 속의 그림자에 불과하다. 즉, 우리의 삶의 경험에서 투영된 그림자가 글로 작성돼 나중에 AI에 입력되는 것이다.

기호적 해석

숫자를 표시하는 기호는 문화권마다 다르지만, 그 기호가 나타내는 수학적 개념은 세계 어디에서나 같은 의미로 받아들여진다. 또한, 숫자와 수학은 매우 정확하고 명확하지만, 동시에 맥락에 따라 다르게 해석될 수 있다. 우리가 일상적으로 사용하는 십진법에서는 10+10=20이 되지만, 컴퓨터가 사용하는 이진법에서는 10+10=100이 되는 것처럼 말이다. 이진법에서 '10'은 십진법의 2를 뜻하고, '100'은 십진법의 4를 뜻한다.

이처럼 숫자 체계는 다양하다. 예를 들어, 마야 문명은 20진법을 사용했고, 파푸아뉴기니에는 언어에 따라 4가지의 서로 다른 숫자 체계가 존재한다. 따라서 10+10이라는 식을 이해하려면 어떤 숫자 체계를 기준으로 삼을 것인지 알아야 한다. 대부분의 사람은 자신에게 익숙한 십진법을 기준으로 10+10=20이라고 생각할 것이다. 이는 우리가 경험과 문화를 통해 특정한 맥락을 자연스럽게 받아들이기 때문이다. 이렇듯 숫자를 이해하는 데 있어 맥락이 매우 중요한 역할을 한다.

위 주장의 연장선으로, 인지과학자 더글러스 호프스태터Douglas Hofstadter는 기호 자체만으로는 의미가 없다고 설명한다[8]. 그에 따르면 의미는 기호와 그것을 해석하는 방식 사이의 관계(이질동형성isomorphism)에서 생겨난다. 즉, 맥락이 숫자의 의미를 만드는 핵심 요소라는 것이다. 예를 들어, 그림 1.3의 y축에 표시된 것처럼 연속된 숫자들을 보여주고, 이 데이터가 유명한 숏스퀴즈^{short squeeze}*가 발생했을 때 3년간 10월 29일이나 그 직후의 특정 주식 종가라고 하면, 당신은 '유명한 숏스퀴즈'를 찾아보고 주가 차트를 살펴본 뒤 그 순서에서 다음에 나타날 패턴과 값을 찾으려 할 것이다.

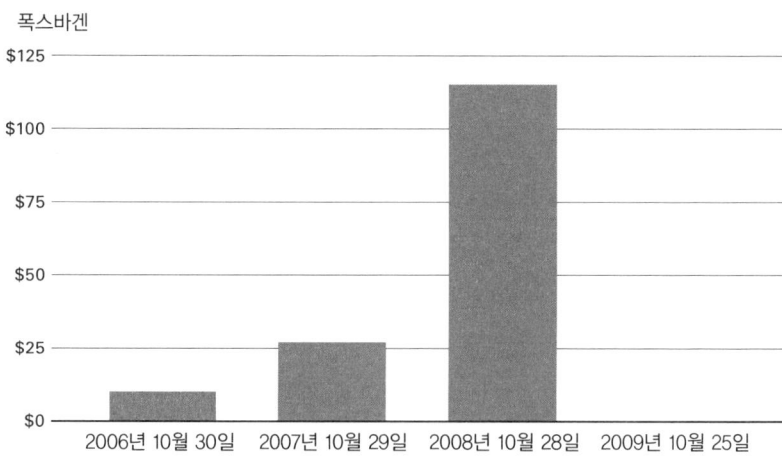

그림 1.3 숏스퀴즈로 인한 가격. 데이터는 '야후! 파이낸스'에서 가져옴. https://finance.yahoo.com/quote/VWAGY/?guccounter=1

'숏스퀴즈'라는 용어가 생소하다면, 이는 특정 투자자가 공매도 투자자를 압박하기(스퀴즈) 위해 주식을 사들일 때 발생하는 현상이라고 생각하면 된다. 숏스퀴즈가 발생하면 공매도 투자자는 손실을 줄이기 위해 그 주식을 매수할 수밖에 없고, 이로 인해 주가가 인위적으로 상승하게 되는데, 위 그림 1.3처럼 12배가량 급등하기도 한다. 그러나 이러한 비정상적인 고가는 보통 오래 지속되지 않는다. 그렇기에 매수 타이밍이 좋으면 큰 수익을 얻을 수 있지만, 반대로 타이밍을 놓치면 큰 손실을 볼

---

* 주가가 상승할 때 매도(숏) 했던 투자자들이 손실을 줄이기 위해 그 주식을 다시 매수하는 것을 말한다. — 옮긴이

수 있다.

만약 당신이 내년도 주식 가격을 주가 차트 없이 예측해야 한다면, 당신의 경험은 합리적인 가격대를 추정하는 데 훌륭한 길잡이가 될 것이다. 주식 시장에는 몇 가지 변하지 않는 원칙이 있는데, 그중 하나가 바로 주가는 절대 마이너스가 될 수 없다는 점이다. 즉, 주가는 아무리 떨어져도 0원이 최저점이다. 숏스퀴즈로 인해 급등한 주식이라도 그 비정상적인 고점이 1년이나 지속되는 경우는 찾아보기 힘들며, 대부분의 경우 75달러 이하 선으로 되돌아오는 것이 자연스러운 흐름이다. 이와 같이 주가의 움직임에 대한 기본적인 이해만 있다면, 과거의 경험과 시장의 원칙을 바탕으로 앞으로의 주가 흐름을 충분히 예측해 볼 수 있다.

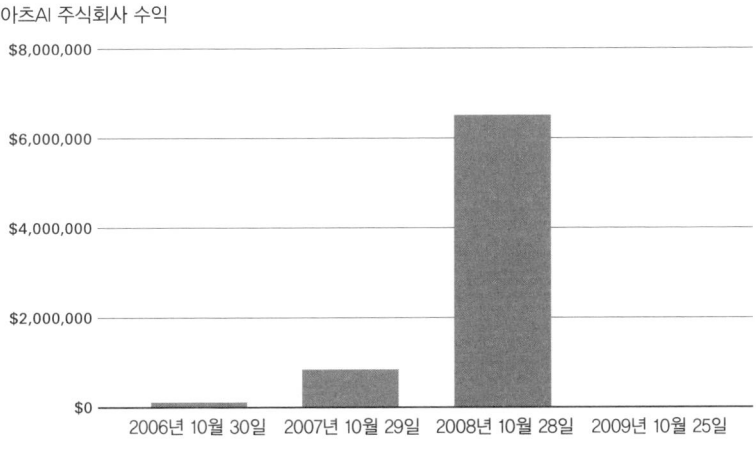

그림 1.4 어느 AI 스타트업의 매출 추이. 출처: 렉스 브릭스

다른 사례를 살펴보자. 이 숫자는 우리가 함께 일했던 한 AI 스타트업의 매출 규모를 나타낸 것으로, 가장 빠르게 성장하는 비상장 기업을 선정하는 'Inc. 5000' 리스트에서 인용한 것이다. 위 그림에서 처음 세 개의 데이터 포인트는 이전에 본 패턴과 유사한 모습을 보였지만, 네 번째 데이터 포인트에서는 회사의 급격한 성장세를 반영해 오히려 66%나 증

1장. 인공지능은 인간 지능이 아니다 63

가하는 모습을 보였다.

이렇게 두 가지 시나리오는 처음 세 개의 숫자에서 비슷한 패턴을 보였음에도 불구하고, 각각 전혀 다른 맥락과 의미를 가지고 있다. 이는 단순히 숫자나 기호만으로는 정확한 의미 파악과 추정이 어렵다는 것을 보여준다.

물론 특정한 해석의 범위 내에서는 $f(4)$와 같은 값을 계산할 수는 있다. 하지만 맥락 없이는 객관적이고 타당한 해석이 불가능하다. 결국 기호는 그것이 담고 있는 맥락과 함께할 때에만 진정한 의미를 가진다.

AI의 패턴 찾기 훈련

인공지능은 본질적으로 패턴을 인식하는 기계이다. 이는 기호를 숫자로 변환하고, 특정한 계산을 수행한 뒤, 그 결과를 다시 기호로 바꾸는 과정을 수행한다. 하지만 이 과정에서 AI는 이러한 기호들이 가진 실제 의미나 맥락을 이해하지 못한다. 따라서 AI가 사람처럼 학습한다는 것은 잘못된 인식이다. 앞서 살펴본 $f(4)$의 예시처럼, 같은 수식이라도 맥락에 따라 전혀 다른 의미를 가질 수 있기 때문이다. 이는 AI 학습 과정에서도 확인할 수 있다.

실제로 AI는 학습 과정에서 입력값과 그에 대응하는 출력값의 다양한 사례를 제공받는다. 이때 입력값은 단순한 하나의 숫자가 아닌 숫자들의 집합(매트릭스) 형태로 주어지는데, 이러한 숫자들이 실제로 무엇을 의미하는지에 대한 맥락은 제공되지 않는다. 그렇기에 AI는 주어진 입력값에 대해 자체적인 조정 과정을 거쳐, 우리가 정답이라고 제시한 출력값과 가장 유사한 결과를 도출한다. 이러한 과정을 반복하면서 AI는 데이터 속에서 특정한 패턴을 발견하게 되는 것이다. 하지만 AI가 찾아낸 이 패턴이 우리가 실제로 중요하게 여기는 맥락에서도 의미가 있을 것이라는 보장은 없다.

예를 들어, AI를 훈련시켜 주어진 이미지가 기차인지, 승용차인지, 혹은 둘 다 아닌지 판단하게 한다고 가정해 보자. 이때 우리는 AI가 물체의 형태, 바퀴의 모양, 타이어의 유무 등 적절한 특징을 기준으로 패턴을 찾아내기를 기대할 것이다. 하지만 AI는 우리의 기대와는 전혀 다른 패턴을 발견할 수 있다. 예컨대 학습 데이터에 사용된 대부분의 기차 이미지에 철로가 함께 찍혀 있다면, AI는 '철로가 있으면 기차다'라는 잘못된 패턴을 학습할 수 있는 것이다. 이렇게 되면 AI는 철로만 찍힌 이미지를 보고도 그곳에 기차가 있다고 잘못 판단할 것이다. 이렇듯 AI는 데이터에서 패턴을 찾아낼 때 다양한 세부 사항을 활용한다. (통계학자들은 이런 부정확한 패턴을 '허위 상관관계spurious correlations'라고 부른다.)

실제로 AI에게 이미지 속에 개가 있는지 판단하도록 요청하면, 시스템은 먼저 이미지에 포함된 모든 픽셀의 숫자값을 매트릭스 형태로 변환한다. 그리고 이 데이터에서 특정한 패턴을 찾아 분석해 결괏값을 도출한다. 이때 AI는 한번 패턴을 발견하면, 그것이 얼마나 정확한지와 상관없이 계속해서 같은 패턴을 적용해 이미지를 분류하는 경향이 있다. 한 예로, AI는 이미지의 배경이나 동물과 배경의 특징적인 조합을 기준으로 삼아 '개가 있다' 또는 '개가 없다'로 판단하는데, 여기서 주목해야 할 점은 '배경background'이라는 개념 자체가 인간의 3차원적 경험을 통해 형성된 것이라는 사실이다. 우리가 이미지 속 배경을 인식할 수 있는 것은 우리 뇌가 원근법을 깊이 이해하고 있기 때문이다.

이렇듯 AI는 이미지를 분석할 때 단순히 픽셀의 색상과 위치를 나타내는 숫자 배열만을 처리하지만, 이러한 한계 속에서도 정밀한 분석이 가능하다. 예를 들어, 개의 꼬리와 같은 물체의 경계를 분석할 때, AI는 인접한 픽셀들 간의 수치 차이를 감지해 더 정확한 분류를 할 수 있다. 이처럼 경계를 정확하게 인식하면서 AI는 '개가 있다' 또는 '개가 없다'를 더 정확하게 판단할 수 있게 되는 것이다.

이렇게 AI가 복잡한 패턴을 찾아낼 수 있다는 것은 놀라운 발전이다.

그러나 AI에게는 중요한 한계가 있는데, 그것은 바로 학습된 영역을 벗어난 상황에서는 올바른 추론을 하기 어렵다는 점이다. 이는 이미지 분류뿐만 아니라 주가 예측이나 스타트업 매출액 분석에서도 마찬가지인데, 이는 AI에게 미래의 입력값을 올바르게 해석할 수 있는 맥락이 부족하기 때문이다.

예를 들어, 우리 인간은 힌두교 홀리 축제에서 녹색 가루를 묻혀 털 색이 변한 개를 보더라도 그것이 여전히 개라는 것을 알 수 있다. 하지만 AI는 이러한 맥락을 이해하지 못한다. 만약 AI가 털 색을 기준으로 개를 판단하도록 학습됐다면, AI는 축제 현장에서 색이 변한 개를 전혀 다른 것으로 잘못 분류할 수 있다.

하지만 개의 털 색이 녹색으로 변해도 개는 개다. 이처럼 우리 주변의 사물은 겉모습이 변해도 본질적인 특성을 유지하는데, 이를 '불변성 invariability'이라고 한다. 그러나 정지된 이미지만으로 학습하는 AI는 이러한 개념을 이해하지 못한다. 불변성에 대한 이해는 환경과의 상호작용과 시간의 흐름 속에서 얻는 경험을 통해 형성되기 때문이다.

아기들의 까꿍놀이는 불변성을 이해하는 좋은 예시이다. 아기들은 이 놀이를 통해 '대상 영속성 object permanence'이라는 개념을 배우는데, 얼굴을 가렸다가 드러내는 과정에서, 보이지 않는 순간에도 대상이 계속 존재한다는 것을 깨닫는 것이다.

이렇듯 인간의 뇌는 태어날 때부터 시간에 따른 변화를 예측할 수 있도록 설계돼 있다. 반면 대부분의 AI는 시간의 변화를 고려하도록 설계되지 않았기 때문에, 시간적 불변성을 이해하는 데 필요한 맥락이 부족하다. 예를 들어, 개가 녹색 가루를 뒤집어써도 사람은 이를 '더러워진 개'로 인식하지만, AI는 아무리 많은 개의 이미지를 학습했더라도 이러한 상황을 이해하지 못한다. AI에게 이미지는 단순한 숫자 매트릭스일 뿐이므로, 색상값이 크게 달라지면 이를 '개가 아닌 것'으로 잘못 분류할 수 있는 것이다.

AI 이미지 인식 소프트웨어를 직접 개발해 보지 않은 사람들은 AI의 이미지 식별 능력을 과대평가하는 경향이 있다. 이들은 AI가 현실보다 개의 특징(네 다리, 꼬리, 털, 크기, 귀, 주둥이 등)을 더 정교하게 인식한다고 생각하지만, 실제로 AI는 이런 방식으로 '개' 또는 '개가 아님'을 판별하지 않는다. 사람들은 개의 불변적 특성을 자연스럽게 이해하지만, AI는 이해력이 아닌 매트릭스로만 이미지를 읽는 것이다. 따라서 AI가 테스트 이미지에서 개를 식별할 때는 학습된 이미지와 비교해 단순히 픽셀의 색상값만 달라져도 '개가 아니다'라고 잘못 판단할 수 있다는 것을 유념해야 한다.

다른 예로, 우리는 운전 중에 빗물이 튀어 잠시 시야가 가려져도, 앞차가 그 자리에 있다는 것을 자연스럽게 알 수 있다. 하지만 자율주행 시스템은 이러한 불변성을 인식하지 못하기에 순간적으로 화면에서 차량이 사라졌다가 다시 나타내는 실수를 반복할 수 있다. 따라서 AI 분류 시스템을 통해 앞차를 감지하고 이를 디스플레이로 보여주는 차량을 운전할 때는 이 점을 특히 유의해야 한다. 화면 속 차량이 깜빡이듯 사라졌다 나타나는 현상은 AI가 사물의 불변성을 이해하지 못해서 발생한다.

지금까지 논의한 내용을 요약하자면, AI는 우리가 입력하는 기호들이 실제로 무엇을 의미하는지 전혀 이해하지 못한다는 것을 알 수 있다. 말이든, 개든, 고양이든, 주가든, 매출액이든, 심지어 다리를 건너는 행위를 나타내는 글자든 간에, AI에게는 이 모든 것이 그저 숫자 매트릭스일 뿐인 것이다. 그렇기에 우리가 AI에게 특정 패턴을 학습하라고 지시하면, AI는 주어진 모든 데이터를 숫자의 매트릭스로 변환하고 수학적 계산을 수행할 것이다. 그리고 우리가 '정답'이라고 표시한 출력값과 가장 잘 일치하는 패턴을 찾아낼 것이다.

그렇다면, 필립 K. 딕의 소설에 나오는 것 같은 인공지능의 출현은 아직 먼 미래의 이야기일까? 우리는 그렇다고 생각한다. 따라서 AI를 인간처럼 생각하고 행동하는 존재로 여기는 것을 경계하고, 대신 AI의 실제

작동 방식을 이해하려 노력해야 한다. 여기서 중요한 것은 AI의 지능이 인간의 지능과는 본질적으로 다르다는 점을 깊이 인식하는 것이다. 이를 위해서는 AI에 대한 막연한 환상을 버리고, AI의 '학습^{learning}'의 실체를 이해해야 한다. AI 학습이란 단순히 우리가 정답이라고 표시해 준 출력값을 더 자주 만들어 내기 위해 패턴을 찾는 수학적 과정에 불과하다.

2장에서 더 자세히 살펴보겠지만, 인공지능은 독특한 형태의 지능으로서 고유한 장단점을 지니고 있다. 현재 AI는 다양한 분야에서 유용하게 활용되고 있으나, 때로는 심각한 실패를 겪기도 한다. 하지만 이러한 한계에도 불구하고 앞으로 AI는 발전할 수 있는 여지가 많이 남아있는 분야다.

2장. AI는 어떻게 패턴에 맞추는가

네바다 주의 산악 지대인 버지니아 레인지Virginia Range에는 야생마들이 서식하고 있으며, 이들을 목격하는 순간은 매우 특별하다.

멀리 있는 야생마를 바라보는 상황을 잠시 상상해 보자. 이때, 우리는 거리가 멀더라도 그것이 말이라는 것을 쉽게 알아볼 수 있다. 그런데 갑자기 당신의 얼굴 앞 30~40cm 거리에 모기가 날아들었다고 가정하자. 하지만 눈앞에 모기가 있더라도 우리는 여전히 멀리 있는 말을 명확하게 인식할 수 있으며, 멀리 있는 말을 알아보는 능력에 영향을 받지 않는다. 컴퓨터 과학에서는 이처럼 방해 요소가 있어도 대상을 정확히 인식하는 능력을 '강건하다robust'라고 표현한다. 반면, 작은 모기로 인해 시야가 완전히 가려져 멀리 있는 말의 존재 자체를 잊게 된다면, 이러한 인식 능력은 '취약하다brittle'라고 할 수 있는데, 이는 말을 식별하는 능력이 쉽게 방해받을 수 있다는 것을 의미한다. 인간은 이러한 작은 방해 요소에 쉽게 혼란스러워하지 않지만, 현재의 AI 시스템은 이런 상황에서 취약성을 보일 수 있다.

또한, 인공지능은 오직 한 개의 입력 스트림만 받기 때문에 근시안적myopic이다. 따라서 현재의 AI는 매우 좁은 영역에 초점을 맞추며, 그 깊이는 인간보다 더 깊을 수 있다. 이는 AI가 말을 식별하기 위해 다양한 환경에서 촬영된 수만 장의 말 사진을 학습하기 때문이다.

그러나 이러한 방대한 데이터셋조차도 인간이 말을 배우는 방식에 비하면 매우 제한적인 경험에 불과하다. 어린아이는 AI보다 훨씬 적은 수의 말을 접하지만, 시각 이외의 다양한 감각을 총체적으로 활용할 수 있으며, 책 속의 말 그림을 보고, 말이 등장하는 영상을 시청하며, 말의 특징적인 울음소리를 들을 수 있다. 또한 말 장난감을 여러 각도에서 만지작거리며 관찰하고, 영화 속 말을 통해 말의 사회적 역할을 이해할 수 있다. 실제로 조랑말을 타면서는 말의 모양, 소리, 냄새, 감촉을 직접적으로 경험할 수도 있으며, 심지어 프랑스에서는 말고기의 맛까지 경험할 수 있다. (당신이 말고기 섭취에 거부감을 느낀다면, 이 역시 문화적 맥락이 우리의 인식에 미치는 영향을 보여주는 좋은 예시라고 할 수 있다.)

결과적으로 어린아이가 형성하는 말에 대한 개념은 단순히 2차원 이미지만으로 말을 분류하는 AI의 능력과 비교할 수 없을 만큼 풍부하고 종합적이다. 이는 아이들이 더 폭넓은 경험과 맥락을 가지고 있을 뿐만 아니라, 인간의 뉴런이 AI의 인공 뉴런과는 근본적으로 다른 구조를 가지고 있다는 것을 뜻한다.

AI는 어떻게 작동하는가: 간단한 수학적 서론

많은 사람이 AI의 작동 원리를 제대로 이해하지 못한 채 사용하고 있다. 이는 현재의 AI가 어떤 기술적 난관들을 극복했는지, 또 어떤 한계를 여전히 가지고 있는지 모르고 있다는 뜻이다. 하지만 AI 사용자라면 반드시 이 장단점을 이해해야 한다. 특히 AI가 어떤 경우에 잘못된 결과를 내거나 심지어 해로운 결과를 초래할 수 있는지 알아야 한다. 이에 따라, 2부에서는 다양한 AI 활용 사례를 살펴볼 예정이며, 이번 장에서는 기초 수학을 통해 AI의 작동 원리와 학습 방식에 대한 이해를 돕고자 한다.

AI 시스템은 다양한 아키텍처로 만들어질 수 있으며, 각각의 차이는 데이터 분석에 사용하는 수학 함수에 따라 결정된다. 그중에서도, 이 장에서 중점적으로 다룰 '심층 신경망 deep neural networks'은 최근 10년간 비약적인 발전을 이뤄 이미지 인식, 자연어 처리 등 다양한 분야에서 폭넓게 활용되고 있다. 심층 신경망이라는 이름은 여러 층의 신경망으로 구성돼 있기 때문에 붙여졌으며, 각 층은 서로 긴밀하게 상호작용하면서 미세한 조정을 통해 패턴을 발견한다.

이를 어려워하는 사람들이 쉽게 이해할 수 있도록, 우리는 중학교에서 배운 직선 방정식부터 시작해 고등학교와 대학 수준의 통계학으로 나아가면서 선과 데이터 점들의 관계를 설명할 것이다. 또한 AI가 복잡한 비선형 패턴을 찾는 데 뛰어난 이유도 함께 살펴보며, 수학을 전공하지 않은 독자들을 위해 수학적 내용은 최소화하고 개념 설명에 중점을 두려 한다. 따라서 수학 공식이 어렵게 느껴지더라도 끝까지 읽어보기를 권한다. 이는 AI를 이해하는 데 큰 도움이 될 것이다.

우리의 궁극적인 목표는 AI의 작동 방식에 대한 사람들의 이해를 높이는 것이다. 따라서 이어질 내용에서는 현재 AI의 장단점을 파악하는 데 필요한 수학적 기초와 설명을 다룰 것이다. 이러한 AI의 특징들은 모두 수학적 구조에서 비롯되기 때문이다.

직선 방정식의 해부

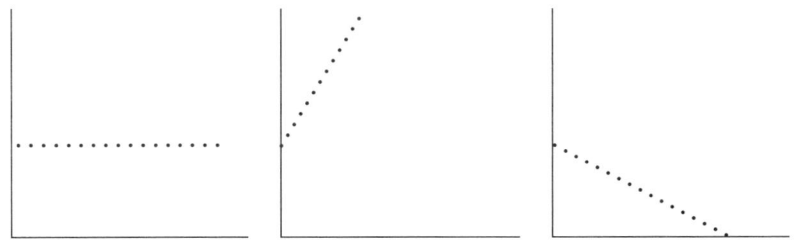

그림 2.1 계수 변화에 따른 직선의 기울기

학교에서 배우는 직선의 수학적 표현은 $y=mx+b$이다. 그림 2.1에서 볼 수 있듯이 y는 직선을 나타내며, m은 직선의 기울기를 의미한다. 이때, m값은 계수로서 x값이 증가할 때마다 곱해지는 숫자인데, 이 값이 커질

수록 직선은 더 가파르게 올라가고 음수가 되면 직선은 아래로 내려간다. 수평선처럼 기울기가 없는 경우에는 $m=0$이 돼 방정식은 $y=0x+b$의 형태가 된다. 여기서, x는 시간의 척도처럼 누적되는 값이며, 방정식의 마지막 요소인 b는 절편^{intercept}으로서 x가 0일 때의 y값을 나타내는 상수이다.

    수식만으로는 무슨 말인지 모르는 사람들을 위해, 자동차 운전을 통해 직선의 방정식을 쉽게 이해해 보도록 하겠다. 위 그래프에 자동차 운전을 대입해 보자. 세로축(y축)은 자동차의 속도를, 가로축(x축)은 시간의 흐름을 나타낸다고 가정했을 때, 시속 100km로 달리고 있는 차량을 예로 들어, 운전자가 취할 수 있는 세 가지 상황은 다음과 같다.

    맨 왼쪽 그림은 크루즈 컨트롤을 켠 상태다. 크루즈 컨트롤은 차량의 속도를 일정하게 유지해 주는 기능이다. 이때 그래프로 보면 완벽한 수평선이 되는데, 이는 시간이 지나도(x가 변해도) 속도(y)가 계속 100km로 유지된다는 뜻이다. 가운데 그림은 가속 페달을 밟은 경우다. 운전해 본 사람이라면 알겠지만, 가속 페달을 밟으면 시간이 지날수록 속도가 점점 빨라진다. 그래프에서는 오른쪽 위로 올라가는 직선으로 나타나며, 이때 기울기(m)는 양수가 된다. 마지막 그림은 크루즈 컨트롤 상태에서 감속 버튼을 누르거나 브레이크를 밟은 경우다. 이때는 시간이 지날수록 속도가 점점 줄어들게 된다. 그래프에서는 오른쪽 아래로 내려가는 직선이 되며, 기울기(m)는 음수가 된다.

직선을 데이터 점들에 맞추기

아기의 성장을 대입한 또 다른 직선의 방정식 예시를 살펴보겠다. 그림 2.2는 31명의 아기들을 대상으로 나이(개월 수)와 키의 관계를 보여주는 흥미로운 데이터다.

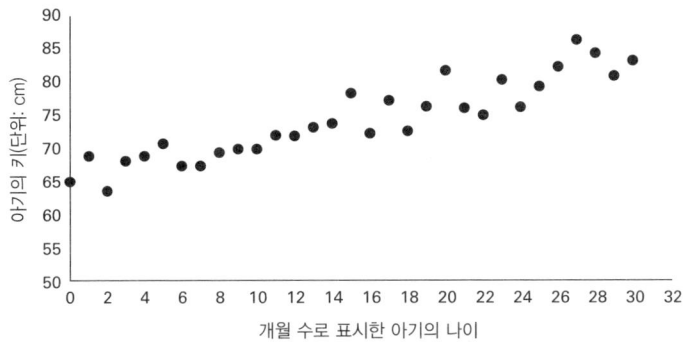

그림 2.2 다른 연령대에 따른 아기들의 키

이때 일반적으로 우리가 예상하듯이, 아기의 나이가 많을수록 키도 크게 나타난다. 하지만 실제 데이터를 보면 재미있는 현상이 발견되는데, 때로는 더 어린 아기가 나이가 많은 아기보다 키가 더 큰 경우도 있기 때문이다. 우리는 이런 현상을 '자연적 변동성natural variability'이라고 부르며, 이는 실제 세계의 데이터가 항상 완벽한 규칙성을 따르지는 않는다는 것을 보여준다. 이 그래프에서 가로축(x)은 아기의 나이를 개월 수로 나타내고, y축 시작점(b)은 아기의 출생 시 키를 보여준다. 구체적으로, 이 데이터에서는 출생 시점($x=0$)에서의 아기 키가 65cm로 기록돼 있다.

이때 통계학에서 쓰는 '선형 회귀linear regression'를 여기에 적용해 보자. 통계학에서 '선형 회귀linear regression'는 데이터 점들을 관통하는 최적의 직선을 찾는 방법을 말한다. 가장 기본적인 형태에서 선형 회귀는 각 데이터 점과 직선 사이의 거리를 측정하며, 이를 통해 모든 데이터 점들과 가장 가까운 거리를 유지하는 계수 m과 절편 b를 구하는데, 이런 방식을 '최소 제곱 회귀least-squares regression'라고 한다. 이를 앞서 본 아기들의 키와 나이 사례에 대입하면, 선형 회귀는 x, y 좌표로 표시된 데이터 점들을 가장 잘 설명하는 직선 방정식을 찾아낸다.

그림 2.3의 위쪽은 원본 데이터 점들을 보여주고, 아래쪽은 '선형 회

귀 기법'을 적용해 이 데이터에 가장 잘 맞는 직선 방정식 $y=0.61x+65$를 나타낸 그래프다.

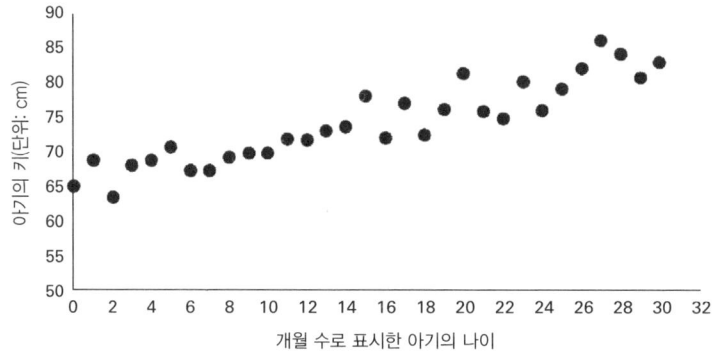

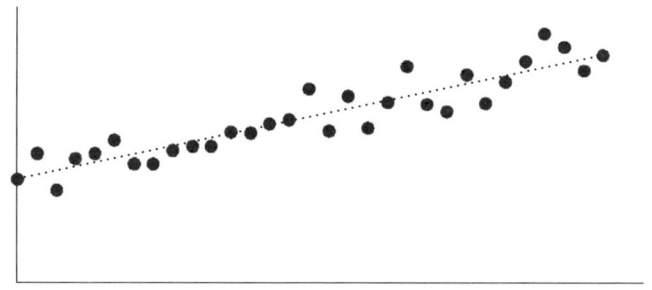

그림 2.3 키/연령 데이터와 방정식과 맞는 직선으로 표시된 선형 회귀

이런 방정식은 통계적인 수치를 낼 때 매우 유용하다. 예를 들어 24.5주차 아기의 키를 알고 싶다면, 이 수치를 방정식에 대입해 보면 되기 때문이다. 실제로 계산을 해보면, 이 시기의 평균 키는 80.6cm가 되는 것을 알 수 있다(0.635×24.5+65=80.6). 이처럼 기존 데이터 범위 내에서 값을 추정하는 것을 보간법 또는 내삽법^{內揷法}이라고 한다.

위에서 살펴본 것처럼, 선형 회귀법은 주어진 데이터에 가장 잘 맞는 방정식을 찾아 x와 y 사이의 상관관계를 밝혀내는 수학적 방법이다. 마치 퍼즐을 맞추듯이, 흩어진 데이터들 사이의 관계를 찾아내는 것이다.

예를 들어, 우리가 살펴본 아기들의 성장 데이터에서는 '나이가 많아질수록 키가 크다'라는 관계를 찾아냈다. 이처럼 두 요소 사이의 관계를 가장 잘 설명하는 방정식을 찾아내는 것이 선형 회귀법의 목적이다. AI는 이 훈련 세트를 바탕으로 수학적 계산을 수행해 나이와 키 사이의 관계를 찾아낸다.

신경망과 선형 회귀

신경망은 비선형적 관계를 찾아내는 데 뛰어나기 때문에 선형 회귀를 한 단계 발전시킨 형태로 볼 수 있다. 여기서 '비선형non-linear'이란 수학적으로 직선이 아닌 곡선을 의미한다.

이를 더 쉽게 이해하기 위해 빠르게 성장하는 아이스크림 회사를 예로 들어보겠다. 이 회사는 월별(x축)의 판매 규모(y축, 단위: 백만 달러)를 분석해 앞으로 5개월 동안의 매출을 예측하려 한다. 여기서 선형 회귀의 핵심 목표는 실제 데이터와 가장 잘 맞는 함수를 찾는 것, 즉, 각 달의 예상 매출액이 훈련 데이터에 기록된 실제 매출액과 최대한 가깝게 일치하도록 하는 것이다.

이 회사의 경우, 시간에 따른 매출 추이 방정식은 이렇게 된다.

$$y = \frac{1}{2}x + 10 + 5\cos\left(\frac{2\pi(x-6)}{12}\right)$$

아이스크림 판매 방정식을 자세히 살펴보자.

- $1/2 x$는 매달 매출이 50만 달러씩 증가한다는 의미다. 이는 시간이 지남에 따른 실제 관찰 결과를 반영한 것이다.
- "+10"은 회사 설립 시점(시간 간격=0)의 월 매출이 1,000만 달러였다는 뜻이다.

여기까지는 기본적인 선형 방정식($y=mx+b$)의 형태를 따르고 있다. 하지만 마지막 공식 $5\cos\left(\frac{2\pi(x-6)}{12}\right)$은 무슨 뜻일까? 마지막 부분의 의미를 이해하기 위해서는 그림 2.4를 보면 좋겠다. 점선으로 표시된 $y=1/2x+10$ 방정식과 실선으로 표시된 전체 공식을 비교하면 시간에 따른 차이를 확인할 수 있기 때문이다.

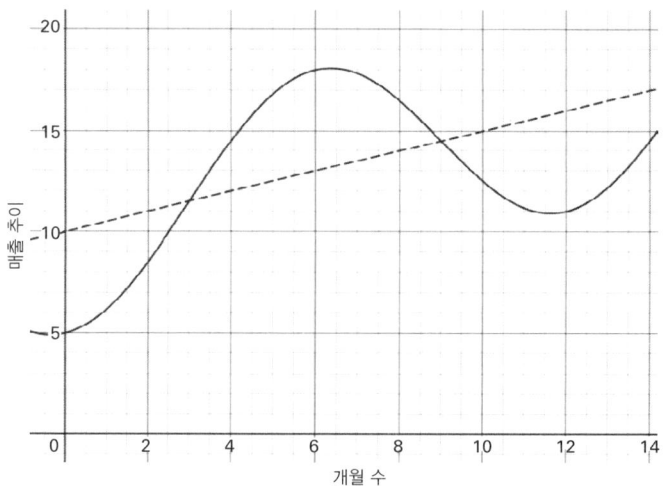

그림 2.4 아이스크림 판매의 선형 추세와 계절적 요소들

이제 $5\cos\left(\frac{2\pi(x-6)}{12}\right)$의 공식이 어떤 영향을 미치는지 알겠는가? 이는 코사인cosine 함수를 활용한 주기 함수로, 일정한 간격으로 같은 패턴이 반복되는 특징을 가지고 있다. 이 함수의 분모값이 12인 것으로 보아 주기는 12개월, 즉 1년이라는 것을 알 수 있다. 아이스크림 판매량의 계절적 변동을 표현하는 이 코사인 함수는 1년을 주기로 반복되는 파동 패턴을 보여주는데, 이는 여름철이 되면 판매량이 전체적인 추세보다 크게 늘어나고, 반대로 겨울철에는 추세선 아래로 판매가 감소하는 현상을 정확하게 보여준다.

물론, 위의 직선 데이터처럼, 지난해 매출 데이터에 직선 회귀를 적용하면 $y = \frac{1}{2}x + 10$이라는 공식이 나온다(그림 2.4의 점선). 하지만 이 통계 방정식은 계절적 효과를 전혀 반영하지 못해서, 이것만 보고 의사결정을 하면 문제가 생길 수 있다.

예를 들어, 회사가 여름에 새 광고 캠페인을 시작했다고 해보자. 이 과정에서 회사는 100만 달러를 광고비로 썼는데, 6개월 후인 겨울에는 판매량이 전혀 늘지 않고 처음과 같은 수준이라는 걸 발견한다. 이때 단순히 선형 회귀만 놓고 본다면, 이 광고 캠페인은 실패한 것이나 다름없다. 이 공식대로라면 6개월 후 월 매출이 300만 달러 늘었어야 하는데, 그렇지 않았기 때문이다.

하지만 실제 상황은 달랐다. 여름 성수기에는 계절적 효과로 인해 매출이 600만 달러 증가했고, 겨울에는 같은 이유로 600만 달러가 감소한 형태, 즉, 계절 간 차이가 무려 1,200만 달러나 됐던 것이다. 이렇듯, 비선형 방정식은 계절적 변동을 예측할 수 있기 때문에, 겨울철에 판매량이 유지되는 것만으로도 성공적이라고 평가할 수 있으며, 결과적으로 이 광고 캠페인은 100만 달러 투자로 900만 달러의 추가 매출을 창출한 성공적인 프로젝트라고 볼 수 있다.

이런 비선형적 패턴을 활용한 아이스크림 회사는 두 가지 큰 이점을 얻을 수 있다. 첫째, 계절에 따라 생산량을 효율적으로 조절할 수 있으며, 둘째, 회사의 비즈니스 전략이 실제로 얼마나 효과가 있는지 정확하게 측정할 수 있다는 것이다. 이는 그렇지 못한 경쟁사들보다 훨씬 유리한 위치를 확보하게 해준다.

이렇듯 코사인 파장은 계절에 따른 수요 변동을 잘 보여주며, 여름철의 높은 수요와 겨울철의 낮은 수요와 같은 주기적인 패턴을 표현할 수 있다. 반면 직선 형태로는 이런 주기적 변화를 제대로 표현할 수 없다.

수학 전문가들은 주기적 패턴을 회귀 변수로 표현할 수 있지만, 이는 전문적인 지식이 필요한 작업이다. 선형 회귀는 모든 함수의 패턴을 정확하게 표현하지 못하며, 특히 비선형 함수를 다룰 때 한계를 보인다.

계절성은 비선형 관계의 한 예시에 불과하다. 예를 들어, 아이스크림 회사가 규모의 경제로 인해 더 빠른 성장을 보일 수 있지만, 선형 회귀로는 이러한 가속화되는 성장 패턴을 제대로 파악할 수 없다. 비선형 패턴이 뚜렷한 경우, 전문가들은 다항 회귀polynomial regression나 코사인 함수와 같은 도구를 활용해 이러한 특성을 반영할 수 있지만, 많은 경우 이러한 방식으로도 정확한 근사치를 얻기는 어렵다.

이러한 한계를 극복하기 위해 등장한 것이 신경망이다. 신경망은 범용 근사치 생성기로서, 어떤 함수든 '임의로 근사하게arbitrarily closely' 근사치를 계산해 낼 수 있다. 선형이든 비선형이든 모든 패턴을 포착할 수 있으며, 때로는 인간 전문가도 발견하지 못한 패턴을 찾아내기도 한다. 예를 들어, 은하계의 특성을 예측하도록 설계된 신경망은 수년간 훈련받은 전문가들도 발견하지 못했던 은하계 특성들 사이의 새로운 패턴과 상관관계를 발견했다. 바로 이러한 뛰어난 데이터 패턴 매칭 능력이 신경망의 가장 큰 강점이다.

AI는 훈련이 가능하지만, 이것이 진정한 학습일까?

머신러닝에서 '훈련training'이란 기계에 데이터를 제공해 패턴을 찾아내도록 하는 과정을 말한다. 신경망은 앞서 살펴본 선형 회귀의 계수 m과 유사한 값들로 구성된 매트릭스를 기반으로 작동하는데, AI 시스템에서는 이러한 값들을 '가중치weight'라고 부른다.

이 가중치를 조정하는 과정은 선형 회귀에서 데이터 점들과 직선 사이의 거리를 최소화하기 위해 계수를 조절하는 것과 매우 비슷하다. 이때 AI는 더 정확한 결과를 얻기 위해 이 가중치를 지속적으로 조정하는데, 컴퓨터 과학자들은 이러한 반복적인 조정 과정을 '학습learning'이라고 부른다.

이 과정에서 여러 층의 가중치 매트릭스를 사용해 패턴을 찾는 AI 시스템은 선형 회귀보다 훨씬 복잡한 작업을 수행한다. 이러한 특성으로 인해 AI는 '보편적 근사치 생성기universal approximator'라고 불리는데, 이 시스템은 어떤 데이터에서든 패턴을 찾아낼 수 있다. 심지어 의미 없는 무

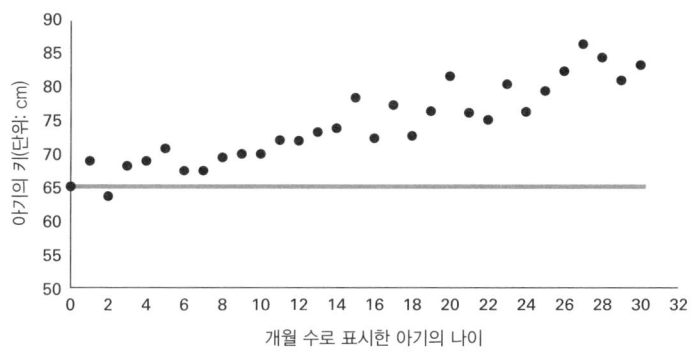

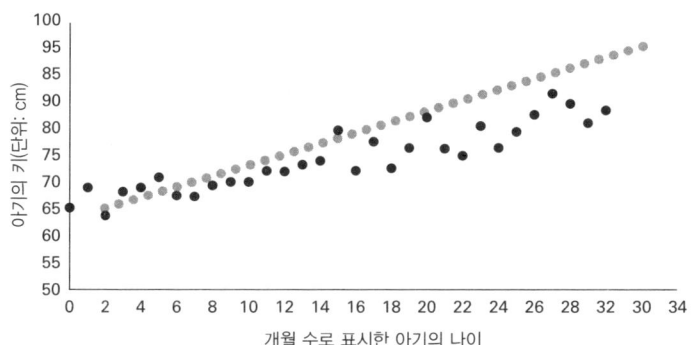

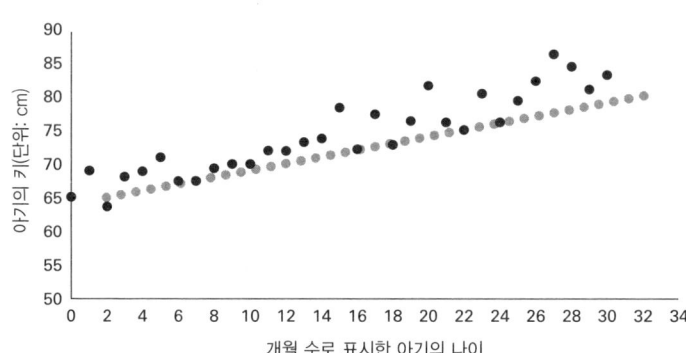

그림 2.5 아기의 나이와 키에 패턴을 맞추기

작위 데이터에서도 패턴을 발견하는데, 이는 양날의 칼이 되기도 한다. 때로는 실제로 존재하지 않는 패턴을 찾아내 잘못된 결과를 도출할 수도 있기 때문이다.

이러한 AI의 패턴 매칭 방식을 더 쉽게 이해하기 위해 앞서 살펴본 아기들의 키 측정 사례로 돌아가 보자. 이때, 우리가 만든 가장 기본적인 AI는 직선의 기울기만 조절할 수 있었다. 그림 2.5처럼, 출생 시 키인 65cm를 시작점으로, 기울기가 0인 상태에서 학습을 시작하는 것이다. 그러나 이 상태에서는 나이가 많은 아기들의 키를 실제보다 낮게 예측하므로, 실제 데이터와 맞지 않는다.

이때 AI 시스템은 미적분 계산을 통해 더 가파른 기울기가 필요하다는 것을 파악하고, 기울기를 1로 조정한다. 그러나 이번에는 기울기가 너무 높다고 판단해 0.5로 낮추는데, 이는 첫 시도보다는 나아졌지만 여전히 실제 데이터 분포보다 낮은 값이다. 시스템은 이를 인식하고 다음 단계에서 기울기를 다시 높인다. 이러한 시행착오 과정을 반복하면서 AI는 마침내 데이터에 가장 잘 맞는 0.61이라는 기울기를 찾아내는데, 이것이 바로 AI의 '학습learning' 과정이다. 그리고 이 과정에서 도출된 기울기는 '최소제곱 선형 회귀 기법least-squares linear regression technique'으로 구한 값과 동일하다.

AI는 어디에서 실수하는가?

나이와 키의 관계를 통한 AI의 학습 과정을 살펴보면, AI는 반복 학습을 통해 데이터의 패턴을 찾아내는데 뛰어난 능력을 보여줬다. 또한 AI 시스템은 최소제곱 선형 회귀 기법과 동일한 기울기값을 찾아낼 수 있을 뿐만 아니라, 여러 값으로 구성된 매트릭스를 활용해 더 복잡한 패턴도 파악할 수 있다는 것을 알려줬다. 특히 비선형 관계를 분석할 때는 다양한 매개변수를 활용해 더욱 정교한 패턴을 발견할 수 있다는 것도 알 수 있었다.

하지만 이러한 AI의 패턴 인식 능력이 항상 정확한 결과를 보장하는 것은 아니다. 그림 2.6을 보면, AI의 예측이 얼핏 데이터에 잘 들어맞는 것처럼 보이지만, 실제로는 몇 가지 논리적 오류를 포함하고 있다. 가장 눈에 띄는 것은 28~31개월 구간에서 아기의 키가 오히려 감소하는 현상이다. 이는 AI가 훈련 데이터의 우연한 변동을 실제 성장 패턴으로 잘못 해석했기 때문이다.

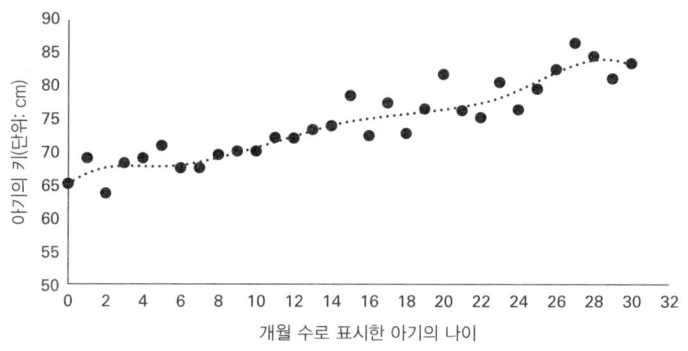

그림 2.6 아기 나이와 키에 대한 다항함수의 결과

여기서 우리는 AI의 한계를 확인할 수 있다. 우리는 상식적으로 성장기 아이의 키가 줄어들지 않는다는 것을 알지만, AI는 이러한 기본적인 맥락조차 이해하지 못한다는 것을 말이다. AI에게 '어린이', '나이', '키'는 단순한 숫자일 뿐이며, AI는 이 숫자들 사이의 통계적 관계만을 찾으려 할 뿐이다. 그 결과 36개월 된 아기의 키가 5cm 감소할 것이라는 비현실적인 예측을 하게 된 것이다.

이때, 더욱 흥미로운 점은 AI의 예측 범위에 따른 정확도 차이다. AI는 36개월까지의 데이터에서 오히려 선형 회귀보다 더 정확한 예측을 보여주지만, 그 이상의 기간에서는 심각한 오류를 범하기 때문이다. 예를 들어 데이터에서는 50세(600개월)의 키를 431cm로 예측하는데, 이는 일반적인 단층 주택 높이와 맞먹는 비현실적인 수치다. 이렇게 입력 데이터를 신경망에 통과시켜 예측값을 얻는 전체 과정을 '순전파^{forward} ^{propagation}'라고 부른다.

심층 신경망의 블랙박스

심층 신경망의 순전파 작동 구조를 이해하기 위해서는 먼저 그 기본 구조를 살펴볼 필요가 있다. '심층^{deep}'이라는 용어는 여러 층의 가중치들이 서로 긴밀하게 연결된 구조에서 비롯되는데, 각 층은 이전 층의 결괏값을 바탕으로 새로운 계산을 수행하며, 입력값은 이러한 모든 층을 차례대로 통과한 후에야 최종 출력값으로 변환된다.

이 과정에서 중간 단계를 담당하는 '숨은 층$^{hidden\ layers}$'은 마치 블랙박스와 같아서, 외부에서는 내부에서 일어나는 복잡한 계산 과정을 들여다볼 수 없다. 이때, AI 시스템 개발자들은 각 층의 가중치 매트릭스와 학습 과정의 모든 조정 사항을 확인할 수 있지만, 이러한 가중치들은 매우 복잡한 방식으로 서로 연결돼 있다. 각 층의 가중치는 마치 도미노처럼 이전 층에 의존하고, 그 의존성은 계속해서 이어져 최초의 입력값까지 거슬러 올라가 거대한 연결 고리를 형성하는 것이다. 그러나 이러한 가중치 값들을 직접 관찰하더라도 그 의미를 정확히 해석하는 것은 거의 불가능하다.

이러한 복잡성은 심층 신경망이 '고차원 공간$^{high\text{-}dimensional\ space}$'에서 작동한다는 사실에서 비롯된다. 여기서 고차원이란 수많은 매개변수가 동시에 출력값에 영향을 미치는 상황을 의미한다. 예를 들어, 100×100 픽셀 크기의 이미지를 분석하는 프로그램은 실제로 10,000개의 차원에서 작업을 수행하는데, 현대의 대규모 AI 모델들은 이보다 훨씬 더 복잡하다. GPT-3는 1,000억 개가 넘는 매개변수를, 구글의 팜^{PaLM}은 무려 5,000억 개 이상의 매개변수를 가지고 있다[1]. 이처럼 방대한 규모의 고

차원 공간에서 수천억 개의 매개변수들이 서로 어떻게 상호작용하며 최종 출력값을 만들어 내는지 우리가 완벽히 이해하는 것은 인간의 인지 능력을 벗어나는 영역이다.

고차원의 개념을 이해하기 위해 앞서 살펴본 아이스크림 판매 사례로 돌아가 보자. 모두 잘 아다시피 여름철에는 더운 날씨 때문에 아이스크림이 더 많이 팔린다. 우리는 이런 기온과 판매량의 관계를 2차원으로 쉽게 이해할 수 있다. 수직 y축에 기온을, 수평 x축에 판매량을 표시하면 기온이 올라갈수록 아이스크림 판매량도 증가하는 관계를 직관적으로 파악할 수 있다.

하지만 여기에 경제 상황, 사람들의 기분, 휴일 일정, 주식 시장 동향까지 더해 5차원으로 확장하면 어떨까? 물론 이 중 두 가지 요소만 골라 관계를 시각화하는 것은 가능하다. 하지만 서로 영향을 주고받는 요소들이 많아질수록 전체적인 관계를 파악하기는 점점 더 어려워진다. 심지어 인간은 단 5개의 변수 사이의 관계를 파악하는 것조차 어려워한다. 그런데 놀랍게도 AI는 수십억 개의 매개변수를 동시에 처리할 수 있으며, 미래에는 이보다 훨씬 더 많은 조 단위의 매개변수도 다룰 수 있게 될 것이다. 이처럼 엄청난 규모의 계산을 수행하는 AI의 작동 방식을 인간이 이해하기란 매우 어렵다. AI 연구자들이 AI의 학습 과정을 자동으로 설명해 주는 방법을 찾고 있지만, 아직은 AI가 수행하는 많은 작업의 내부 과정을 제대로 파악하기 어려운 상황이다.

여기서 드는 의문은 AI가 자신이 만들어 내는 결과물을 진정으로 이해하고 있는가 하는 점이다. 예를 들어, 우리가 앞서 살펴본 AI 시스템은 아기의 성장 패턴을 어떻게 이해했을까? 더 발전된 AI라면 아이의 키가 갑자기 줄어들거나 비현실적으로 커지지 않는다는 상식적인 사실을 이해할 수 있을까? 안타깝게도 현재의 시스템상 우리는 심층 신경망에 직접 질문을 할 수도 없고, '숨은 층' 속 복잡한 뉴런 관계를 들여다볼 수도 없다.

결국 AI의 특성과 한계를 이해하는 가장 실용적인 방법은, 마치 인간의 사고 과정을 연구하듯이, 실험을 통해 AI의 행동을 관찰하고 그 성공과 실패 사례에서 나타나는 패턴을 분석하는 것뿐이다.

AI의 이해 수위 결정하기

우리는 무언가를 '이해한다' 또는 '이해하지 못한다'고 말할 때 그 정확한 의미를 명확히 할 필요가 있다. 이는 AI도 마찬가지다. 만약 AI가 말을 분류할 때 배경이나 픽셀 색상 같은 관련 없는 특징에 의존한다면, 이는 '비강건한nonrobust' 이해를 가진 것이며, 이런 AI는 쉽게 속아서 잘못된 판단을 내릴 수 있다. 반면, AI가 말의 크기, 신체 구조, 발굽, 갈기 등 실제로 말을 특징짓는 요소들을 종합적으로 고려해 분류한다면, 이는 '강건한' 이해를 가졌다고 할 수 있다. 즉, AI가 무언가를 '이해한다'는 것은 대상을 본질적인 특성을 바탕으로 올바르게 분류할 수 있다는 뜻이다. 반대로 '이해하지 못한다'는 것은 단순히 잘못된 상관관계를 학습했을 뿐, 실제로 그것이 무엇인지 제대로 구분하지 못한다는 의미다.

연구자들은 AI가 정보를 얼마나 깊이 이해하고 있는지 알아보기 위해 다양한 심층 신경망 모델을 자세히 분석했고, 그 결과, AI가 학습하는 특징들의 근본적인 의미나 상호 관계를 실제로 이해하지 못하는 것을 알아냈다. 여기서 AI 연구자 데이비드 왓슨David Watson은 흥미로운 점을 지적했는데, "최고 성능을 자랑하는 AI 모델조차도 사물 간의 관계는 전혀 이해하지 못하면서도, 관계의 차이점을 구별하는 법은 배울 수 있다는 것"이다. 그에 따르면, '이미지 속 얼굴 표정이 바뀌면 AI는 오히려 더 확신을 가지고 그것을 사람의 이미지라고 판단한다'고 한다. 그런데 여기서 왓슨은 더 근본적인 문제를 제기했다. '합성곱 심층 신경망convolutional deep neural network'은 눈, 코, 입의 어떤 조합이든 얼굴로 인식하는데, 이는 데이터 선택의 외부 제약 때문이 아닌 모델 아키텍처의 내재적 한계 때문[2]이라는 것이다.

실제로 AI는 얼굴의 본질, 즉 얼굴이 무엇이고 어떤 의미를 가지는지 근본적으로 이해하지 못한다. 또한 사람 얼굴을 구성하는 각 부분들이 어떤 관계를 가지는지도 이해하지 못한다. 대신 AI는 '지름길'을 택한다. 얼굴의 본질과는 관계없는 비강건한 패턴(얼굴의 본질과 무관한 특징들)들에 의존해 얼굴을 식별하는 것이다. 이는 일종의 편법이나 속임수와 같은데, AI 분류기는 눈, 코, 입만 발견하면 이들이 자연스럽게 배열돼 있는지와 상관없이 곧바로 '사람'이라고 판단해 버린다.

그림 2.7 피카소 문제. 출처: 닉 버다코스(Nick Bourdakos), '캡슐 네트워크들은 AI를 뒤흔들고 있다. 이것이 사용법이다', 해커눈(HackerNoon), 2017년 11월 9일. https://hackernoon.com/capsule-networks-are-shaking-up-ai-heres-how-to-use-them-c233a0971952

그림 2.7은 이러한 AI의 한계를 명확하게 보여준다. 단순히 눈과 입의 모양만 조금 바꿨을 뿐인데, AI가 이를 사람으로 분류할 확률을 88%에서 90%로 더 높게 평가한 것이다. 더 놀라운 것은, 같은 이미지를 위아래로 뒤집었을 때 AI가 79%라는 높은 확신을 가지고 이를 '석탄'이라고 완전히 잘못 판단했다.

이런 현상이 너무 흔하게 발생하다 보니 연구자들은 이를 '피카소 문제Picasso Problem'라고 부르게 됐다. 이는 피카소의 초현실주의 그림처럼, 이미지가 얼굴의 모든 구성 요소를 갖추고는 있지만 이들이 공간적으로 올바르게 배치돼 있지 않은 상황을 의미한다. 그러나 AI는 이렇게 부자연스러운 배치에도 불구하고 여전히 얼굴이라고 판단을 내리는데, 이는 현재 AI 시스템이 얼마나 쉽게 속아 넘어갈 수 있는지, 그리고 이것이 얼마나 심각한 문제인지를 잘 보여준다.

물론 일부에서는 AI에 새로운 기능을 추가하면 이런 문제를 해결할 수 있다고 주장한다. 2017년, AI 연구의 선구자 제프리 힌튼$^{Geoffrey\ Hinton}$과 그의 팀은 AI의 이미지 인식 능력을 개선하기 위해 '캡슐^{capsules}'이라는 새로운 접근법을 제안했는데, 이는 객체들의 공간적 관계를 구조의 일부로 포함하는 위계적 콘텐트 구조를 뜻한다.[3]

하지만 현재 대부분의 AI는 위계적 구조를 사용하지 않는다. 그 이유는 이러한 구조를 도입하면 시스템의 복잡성이 크게 증가해 AI가 패턴을 제대로 학습하지 못하기 때문이다. 대신 오늘날의 AI는 '비강건한 관계$^{nonrobust\ relationships}$'에 과도하게 의존하는데, 이는 AI의 수학적 특성과, 주로 정지 이미지나 텍스트로 한정된 입력 데이터의 한계 때문에 발생한다.

AI가 사람의 얼굴을 인식하는 방식을 살펴보면 이러한 한계가 잘 드러난다. AI는 얼굴을 전체적으로 파악하고 각 부분들이 어떻게 서로 연관돼 있는지를 이해하는 대신, 단순히 눈, 코, 입과 같은 개별 요소들을 찾아내는 더 쉬운 방법을 선택하는데, 이는 AI가 문제를 해결할 때 비강건한 방식을 선호한다는 것을 전형적으로 보여준다.

AI의 이미지 처리에 대한 피상적 이해를 보여주는 또 다른 놀라운 사례로 그림 2.8과 같은 판다 이미지를 활용한 AI 시스템 실험이 있다. 처음에 AI는 판다를 정확히 식별했다. 그러나 연구자들이 픽셀의 일부를 수정해 육안으로는 감지할 수 없는 노이즈를 추가하자, AI는 높은 확실성으로 해당 이미지를 긴팔원숭이^{gibbon}로 잘못 식별했다. 그림 2.8은 AI 시스템이 58%의 확실성으로 판별한 판다 이미지와 실제 긴팔원숭이 이미지를 비교해 보여주는데, 맨 오른쪽 이미지는 1% 미만의 픽셀 변화만 줬음에도 AI 시스템은 이를 99%의 확실성으로 긴팔원숭이라고 잘못 판별했다. 이처럼 사람의 눈으로는 전혀 감지할 수 없는 미세한 변화를 추가하는 것만으로도 AI 시스템이 완전히 다른 판단을 내릴 수 있다는 점은, AI가 실제로 대상을 '이해'하지 못하고 있다는 근본적인 문제를 드러낸다.

그림 2.8 AI가 이미지 분류에서 실수한 한 사례. 출처: (왼쪽부터) 긴팔원숭이, 앤 A. 매코맥(Anne A. Mccormack), '흰손을 가진 긴팔원숭이(gibbon)', 「내셔널 지오그래픽」, Image credit: JULIAB1013, DREAMSTIME; 판다 이미지, 데이비드 왓슨, '인공지능에서 나타나는 의인화의 수사와 실제', Mind and Machines 29(2019): 422

이 실험이 소개된 이후, AI 전문가들은 훈련 과정에서 픽셀이 일부 변형된 이미지들을 추가로 되먹임하는 기법을 적용해 AI의 '적대적 픽셀 공격adversarial pixel attack'에 대한 내성을 키우고자 노력했다. 그러나 이러한 접근 방식은 특정 유형의 공격에 대해서는 AI의 강건성을 향상시키지만, 다른 측면에서는 AI를 더 취약하게 만들었다.

지금까지 살펴본 여러 사례는 하나의 중요한 결론으로 이어진다. AI는 판다, 긴팔원숭이, 사람의 얼굴, 말 등 자신이 분류하도록 학습된 이미지들의 진정한 본질을 이해하지 못한다는 것과, AI가 진정한 이미지들의 본질을 이해하지 못하면 이 시스템의 근본적인 문제를 해결하지 못한다는 점이다.

AI의 눈속임

인공지능이 다른 객체의 분류 내용을 진정으로 이해하지 못한다는 문제는 다른 사례를 통해 더욱 분명하게 드러난다. 예로, 한 시스템에 허스키와 늑대를 구별하도록 훈련시켰고, 그 결과 이 시스템은 처음 보는 이미지에 대해서도 매우 높은 정확도로 둘을 구별했지만, 곧 문제가 발생했다. AI가 매우 명확한 이미지조차 잘못 분류하기 시작한 것이다.

언바벨Unbabel의 수석 연구자인 파비오 케플러Fabio Kepler는 이 문제에 대해 이렇게 설명했다. "신경망이 왜 이토록 심각한 실수를 하는지 분석해보니, 모델은 단순히 이미지에 눈雪이 있는지 여부로 동물을 판별했던 것이었다. 훈련 데이터에서 늑대 이미지는 모두 배경에 눈이 있었고, 허스키 이미지에는 눈이 없었기 때문이다."

이처럼 AI는 또다시 상황의 맥락을 제대로 이해하지 못했으며, 허스키와 늑대의 진짜 차이점, 즉 두 동물의 특징이나 생김새를 깊이 있게 학습하는 대신 손쉬운 방법을 선택했다. 단순히 배경에 눈이 있는지 없는지만 확인한 뒤, 눈이 있는 배경의 사진이면 무조건 늑대로 판단해버린 것이다[4].

이때 AI는 보편적 근사치 생성기를 통해 이미지에서 눈을 묘사하는 픽셀이 있으면 '늑대'라는 정답을 높은 신뢰도로 도출할 수 있다는 패턴을 발견했다. 이 AI 분류기는 눈이 있는 배경과 늑대가 함께 등장하는 상관관계에 의해 편향된 것이다. 물론 일각에서는 AI 훈련에 이러한 데이터를 사용한 것이 문제라고 지적할 수 있지만, AI의 보편적 근사치 생성 능력으로 인해 AI가 분류 결정에서 어떤 관계를 부적절하게 활용할지 사전에 예측하기는 어렵다. 보편적 근사치 생성 능력은 AI의 강점인 동시에 AI의 약점이기 때문이다.

이렇듯 잘못된 상관관계의 사례는 AI 분야에서 매우 흔하게 발견된다[5]. 이는 덧셈과 숫자 세기를 할 수 있다고 알려진 말의 이름을 따서 '영리한 한스Clever Hans' 사례라고 불리는데, 여기서 말하는 한스는 실제로 수학적 능력이 있었던 것이 아니라, 질문자의 행동 신호를 읽고 그에 따라 반응했다는 것에서 유래했다. AI 분야에서 '영리한 한스' 사례로, 한 AI 시스템은 보트 자체가 아닌 물의 존재 여부로 이미지 속 보트를 판단했으며, 기차가 아닌 철로의 유무를 기준으로 기차를 인식한 것을 들 수 있다[6].

AI의 취약성이 드러나는 것은 이미지 인식 분야만이 아니다. 오히려 이미지 인식의 문제는 오늘날 AI가 가진 더 깊은 근본적인 한계를 보여주는 수많은 사례 중 하나일 뿐이다. 2022년 「네이처」에 실린 충격적인 연구 결과가 이를 잘 보여주는데, 두 연구자가 AI 관련 논문들을 면밀히 조사한 결과, 17개 연구 분야에서 무려 329편의 논문이 AI 적용 과정의 오류로 인해 연구 결과를 재현할 수 없다는 사실이 밝혀졌다. 이때 일부는 AI를 잘못 사용했거나 편향된 데이터셋에 의존하는 등의 전형적인 문제를 일으켰는데, 이처럼 잘못된 사용과 편향된 데이터에도 불구하고 공신력 높은 저널에 실릴 수 있었다는 사실은 매우 우려스러운 대목이다. 이 외에 다른 문제는 미묘하고 탐지하기 어려운 것으로, 잘못된 결과가 그대로 적용돼 피해가 발생할 때까지 그 오류가 제대로 교정되지 않은 경우가 있었다[7].

또 다른 예로, 2019년 버밍엄 대학의 임상 안과의사인 샤오슈안 리우 Xiaoxuan Liu와 동료들은 의료 영상 분야의 AI 활용을 논의한 2만여 논문을 분석했는데, 이 중 임상 환경에서의 유효성을 독자가 판단할 수 있도록 충분한 세부 내용을 담은 논문은 겨우 5%에 그쳤다는 사실이 드러났다. 게다가 투명성이 부족한 논문 중 일부는 매우 권위 있고 인용 횟수도 높은 저널에 실린 상태였다[8]. 리우 박사는 이 사례에 유감을 표시하며, 자신의 논문에 관한 인터뷰에서 이렇게 말했다. "의료처럼 안전이 매우 중요한 분야에서 AI는 책임감 있고 윤리적인 방식으로 시행돼야 합니다. AI 시스템은 실제 임상 경로에서 엄격하게 평가돼 환자, 임상의학자, 그리고 의료 시스템에 혜택이 분명하다는 점을 보여줘야 하고, 임상 연구를 시행했을 때 안전과 성능이 유지된다는 확신을 제공해야 합니다[9]."

리우 박사의 말처럼, AI 결과에 대한 독립된 인증은 중요하며, 여기에는 그 결과를 실제 세계(의료계 종사자들의 표현에 따르면 '임상 경로')에서 재현할 수 있는 능력도 포함돼야 한다. 리우 박사는 조사 대상의 채 5%

도 안 되는 연구 논문만이 엄격하게 설계되고 투명하게 보고됐다는 점은 심각하게 우려할 만한 사항이라고 설명했다. 그녀는 이후 이렇게 말했다. "대부분은 환자와 임상의학자가 참여한 실제 임상 경로에서 테스트하기보다는 데이터셋에 대해 소급적으로 테스트를 실시했습니다. 그리고 많은 경우는 알고리듬을 훈련하는 데 사용한 데이터와 다른 별개의 데이터셋에서 그 알고리듬을 테스트하지 않았습니다. 이를 통계 용어로 '외부 검증 external validation'이라고 부르는데, AI를 훈련하는 데 사용된 동일한 데이터셋에서 AI를 테스트하면 AI의 정확도를 과대평가한다고 알려져 있습니다."

문제의 논문이 발표된 이후, 리우 박사는 더 많은 알고리듬들이 새로운 데이터셋이나 실제 임상 환경에서 테스트되는 것을 확인했다. 이는 바람직한 방향이다. 그러나 한편으로 그녀는 "우리는 AI의 성능이 종종 예상했던 것보다 뒤떨어지는 것을 발견한다"고 말한다.

3장. AI는 어떻게 경사 하강법을 사용하는가

한 대에 2백만 달러나 하는 IBM 704 컴퓨터에 내장된 인공지능이 전자 눈을 사용해 이미지들을 '보는see' 실험적 직무를 97%의 정확도로 완료했다는 한 기사가 나왔다. 이 실험에 대한 기사가 우리의 눈길을 끈 것은 이 특정한 AI가 그런 기능을 하는 데 아무런 '프라이밍priming'도 필요하지 않았다는 수석 연구자의 주장 때문이었다. 프라이밍은 미리 특정 역할이나 상황에 대한 사전 정보를 제공하는 것을 말한다.

「뉴욕타임스」 기사를 인용하면 이렇다. "현재의 '기계 두뇌mechanical brain'는 따로 주변 환경과 상황을 알려주고, 관련 데이터를 기록한 다음 미래의 비교를 위해 저장할 필요가 없다. 이것은 말 그대로 '스스로를 가르쳐, 처음 마주친 객체도 인식한다'는 것을 뜻한다. 이때 AI는 카메라 눈 같은 렌즈를 사용해 객체를 스캔하거나 상황을 조사하며, 인간의 뇌를 흉내 내 점진적으로 패턴화한 전기적 임펄스 시스템이 해석을 수행한다."

뒤이어 이 기사는 이 시스템의 읽고 쓰는 기술, 언어 이해력, 번역 능력에 주목하면서, "완전히 개발되면" 입력된 정보만을 기억하는 일반 컴퓨터들과 달리, 이 컴퓨터는 "스스로 인식한 이미지와 정보를 기억할 수 있을 것"이라고 했다. 이에 더해 수석 연구자인 프랭크 로젠블랫Frank Rosenblatt은 "조립 라인에서 스스로를 복제할 수 있는 퍼셉트론Perceptron을 만드는 것이 가능해질 것이고, 퍼셉트론은 자신의 존재를 '의식할conscious' 것"이라고 말했다.

그러나 이 기사는 1958년 7월 13일에 게재된 것이다[1]. 당시 AI에 주어진 직무가 시야에 들어온 사각형이 왼쪽에 있는지 혹은 오른쪽에 있는지 분류하는 게 전부였던 사실을 감안하면, 이는 과도하게 낙관한 전망이었다. 그럼에도 로젠블랫은 "인간의 뇌처럼 생각하고 경험을 쌓으면서 더 현명해지는 첫 전자 기기"가 불과 1년 뒤면 나올 수 있을 것으로 예상했다. 그러나 이 기사가 나온 지 65년이 지났지만, 당시 예상했던 여러 주장은 지금도 AI의 능력 밖에 있으며, 초창기 신경망 분류기인 퍼셉트론의 수학적 접근법에 어떤 한계가 있는지를 더 잘 이해하게 됐을 뿐이다.

현재의 AI는 읽고 쓸 수 있으며, 음성 명령을 듣고 말로도 응답할 수 있다. 실례로, 오픈AI의 GPT-4나 구글의 제미나이^{Gemini}* 같은 LLM들에 거의 아무 질문이나 할 수 있고, 수집된 모든 책과 웹페이지들로부터 정보를 끌어내 퀴즈 프로그램의 어떤 경연자보다도 더 잘 대답할 수 있으며, 어떤 인간 통역자보다 더 다양한 외국어로 통역할 수도 있다. 또한 AI는 일상적인 자연어 명령을 코드로 바꿀 수도 있다. 어떤 이들은 정교한 드론과 로봇을 조작하는 것에 AI를 활용하는데, 이때의 조종 방식은 글이나 말로 일반적인 지시를 내리고 구체적 방법은 AI가 알아서 하도록 맡기는 방식이다.

백문이 불여일견이므로 그림 3.1을 보자. 이미지 생성 AI인 달리$^{DALL-E}$가 "빈센트 반 고흐의 유명한 그림 '별이 빛나는 밤'에 우리의 흰색 래브라도 개인 먹시^{Muggsy}를 넣으면 어떻게 될까?"라는 우리의 질의에 응답한 결과이며, 이는 AI의 앞선 능력을 잘 보여준다.

---

* 원서는 '바드(Bard)'라고 돼 있지만 이후 구글은 '제미나이(Gemini)'로 이름을 바꿨다. — 옮긴이

그림 3.1 이미지 생성 AI인 달리(DALL-E)가 "빈센트 반 고흐의 유명한 그림 '별이 빛나는 밤'에 우리의 흰색 래브라도 개인 먹시(Muggsy)를 넣으면 어떻게 될까?"라는 질문에 생성해 낸 결과물

AI의 능력은 이것이 전부가 아니다. 요즘은 하이킹을 하다가 발견한 들꽃을 스마트폰의 구글 렌즈Google Lens 앱으로 촬영하면, AI가 이미지 데이터베이스에서 해당 꽃과 일치하는 정보를 찾아 알려준다. 또한 구글 렌즈로 외국어로 된 메뉴를 비추면, AI가 사용자의 언어로 번역해 주는 증강현실 기능을 제공한다. 메뉴의 외국어가 실시간으로 번역된 텍스트로 바뀌어 보이는 것이다. 뿐만 아니라, 특정 장면을 촬영해 보여주면 현재 상황을 분석하고 앞으로 일어날 수 있는 상황을 예측해 주는 AI 응용 프로그램도 있다.

이처럼 AI는 뛰어나게 발전했지만, 여기서 알아야 할 것은 AI가 특정한 패턴 인식 방법에 기반한 완벽하지 않은 한 가지 구체적 유형의 학습법을 사용한다는 것이다. 그렇기에 AI는 종종 잘못된 패턴에 의존하며, 이 사소한 변화는 AI의 정확한 분류 능력을 완전히 무력화시킬 수 있다. 그림 3.2의 찻주전자 이미지를 보자. 연구자들이 단 하나의 픽셀(원으로 표시)을 바꾸자, 업계 최고의 이미지 인식 AI 시스템이 이를 게임기의 조이스틱으로 오인했다. 아기 침대의 아기를 보여주는 그림 3.3은 어떤가? 아기의 볼에서 픽셀 하나를 바꾸는 것만으로도 AI는 아기를 종이 수건으로 오인하게 만들었다[2].

그림 3.2 이미지넷(ImageNet)에서 가져온 찻주전자의 이미지. 출처: 지아웨이 수(Jiawei Su), 다닐로 바스콘셀로스 바르가스(Danilo Vasconcellos Vargas), 사쿠라이 코우이치(Sakurai Kouichi), 「심층 신경망을 속인 1 픽셀 공격」, arXiv, 2019년 10월 17일 개정. https://arxiv.org/abs/1710.08864

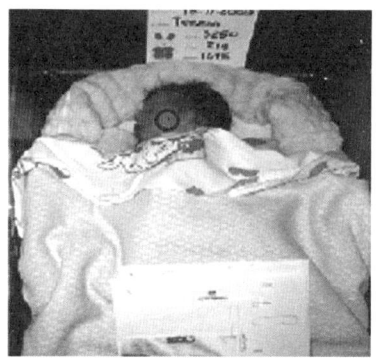

그림 3.3 이미지넷에서 가져온 아기침대 속의 아기 이미지. 출처: 수, 바르가스, 코우이치, 「심층 신경망을 속인 1픽셀 공격」

위와 같이, 여러 분야에서 유용하게 활용되는 AI가 때때로 이상한 실수를 하는 것이 당황스러울 수 있다. 하지만 AI의 학습 방식을 이해한다면, 이러한 한계를 받아들이는 것이 더 쉬워질 것이다.

경사 하강법과 역전파

2장에서 살펴본 '직선을 데이터 점들에 맞추기' 사례에서, 우리는 AI를 활용해 나이에 따른 아기 키의 패턴을 찾아봤다. 회귀 분석에서는 실제 데이터 점과 이에 맞춘 직선 사이의 차이를 '오차[error]'라고 부르는데, 직선과 각 데이터 점 사이의 거리를 측정해 더하면 오류의 크기를 수학적으로 나타낼 수 있다. AI에서는 오차, 손실[loss], 비용[cost] 등의 용어를 접하게 되는데, 이는 모두 훈련 데이터와 AI가 계산한 결과 사이의 차이를 의미한다. 이때, 이 오류 측정값은 제곱되므로 과대 추정과 과소 추정은 총 오차에 동일하게 영향을 미친다. 그림 3.4는 이러한 오류를 두 직선에서 보여준다.

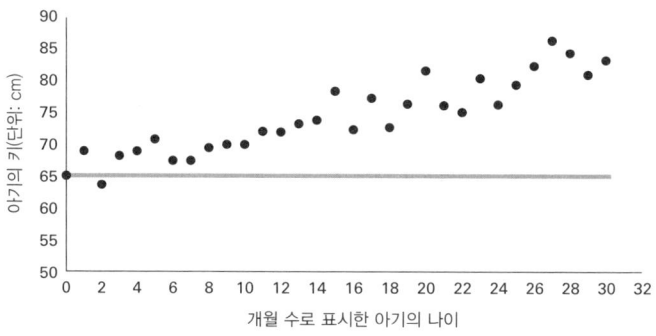

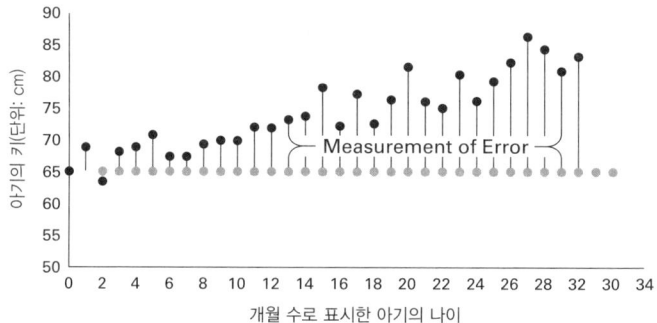

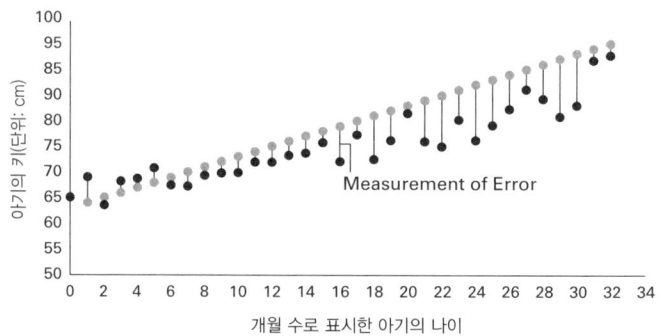

그림 3.4 나이에 따른 아기의 키에 맞춘 직선. 위는 0, 아래는 1로 설정

역전파^{backpropagation}와 함께 작동하는 경사 하강법은 대부분의 AI 시스템이 '학습'하는 데 기반이 되는 수학적 혁신이다. 이 방식을 통해 AI는 훈련 데이터를 바탕으로 패턴을 조정하면서 오류를 체계적으로 줄여

나가고, 그 결과 우리가 의도한 출력과 더 정확한 결과를 만들어낼 수 있다. 이러한 과정은 마치 공이 중력에 의해 언덕을 굴러 내려가는 것과 비슷한데, 경사 하강법은 AI가 오차 함수를 따라 '내려가면서' 분류 오차를 점진적으로 줄여나가는 방식으로 작동한다. 이러한 경사 하강법의 구체적인 과정은 그림 3.5에서 확인할 수 있다.

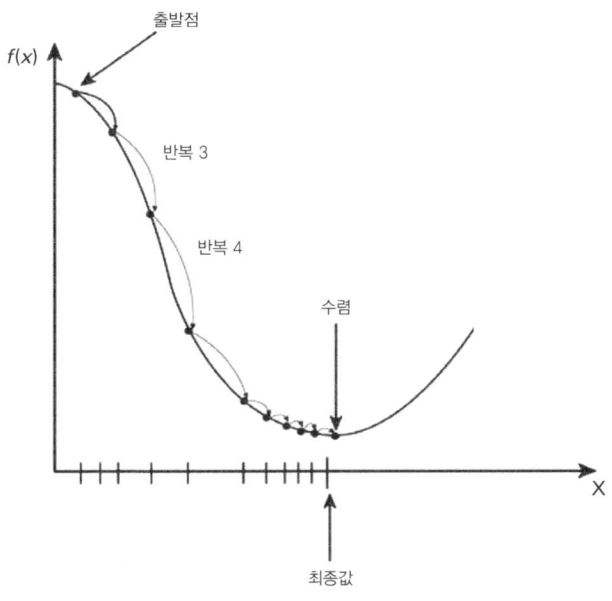

그림 3.5 경사 하강법을 이용한 반복의 사례

아기의 나이와 키에 관한 2장의 사례에서, 우리는 ($y=mx+b$)의 등식에 따른 직선을 통해 연관성을 확인했다. 이때 상수는 출생 시 키인 65cm였고, 계수의 기울기는 0으로 설정됐다. 그림 3.4의 맨 위 그래프는 이 결과를 보여주는데, 여기서는 실제 데이터 점들과 큰 차이를 보인다. 오차의 제곱 합이 3,742가 나오기 때문이다. 그런데 AI가 계수(컴퓨터과학에서는 '가중치weight'라고 부른다)를 조정해 기울기를 높이자 어떻게 됐을까? 그림 3.4의 가운데 그래프가 보여주듯 전체 오차가 1,555로 줄어들었다. 이는 AI가 답을 개선하는 방법을 학습하고 있다는 것을 의미한다.

구체적으로, 이 학습은 역전파라는 기법을 통해 이뤄진다. 이 과정에서 은닉층과 출력층의 가중치가 갱신되면서 모델의 정확도가 높아지는데, 이때의 정확도(오차의 반대 개념)는 레이블 된 훈련 데이터를 기준으로 측정되며 AI가 생성한 답과 훈련 데이터셋 간의 차이를 비교한다.

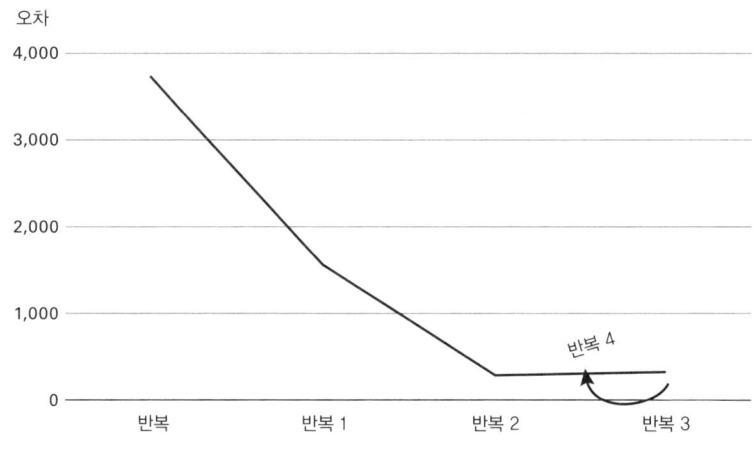

그림 3.6 데이터에 맞춘 반복적 가중치 조정과 이에 따른 경사 하강

경사 하강법의 가장 큰 장점은 그림 3.6에서 볼 수 있듯이 가중치를 얼마나, 어떤 방향으로 조정해야 하는지 정확하게 알려준다는 점이다. 더 정확히 말하면, AI는 가중치와 편향이라는 두 가지 요소를 갱신하는데, 이는 $y=mx+b$ 형태의 직선에서 가중치는 계수 m에, 편향은 상수 b에 해당한다고 이해할 수 있다. 특히 여기서 말하는 '가중치와 편향'이라는 개념에서 '편향'은 신경망의 층에 전달되는 상수 값과 관련된 특정한 기술적 의미를 지닌다.

AI가 반복을 통해 더 나은 답을 만들어 내는 '학습' 과정과 경사 하강법의 역할을 더 자세히 살펴보자. 여기서는 가중치 0(수평 직선)으로 시작했을 때 데이터셋의 분포와 크게 차이가 나서 큰 오차가 발생했다고 가정해 볼 것이다.

첫 번째 조정(그림 3.6의 반복 1)에서는 가중치를 1로 올려 오차를 절반 이상 줄여 1,555가 된 것을 확인할 수 있다. 이때는 처음의 훈련 세트보다 낮은 값을 보였다가, 더 높은 값을 보이므로 가중치를 낮출 필요가 있다. 이에 따라 다음 반복에서 AI는 가중치를 차이의 절반인 0.5로 낮췄고, 그 결과 오차가 285로 줄었지만, AI는 여전히 훈련 데이터보다 약간 낮은 값을 보였다. 이러한 상황에서 그다음 반복에서는 가중치를 0.75로 올렸으나, 오차가 오히려 329로 증가했다. 하지만 이렇게 오차가 증가했다는 사실은 역설적으로 AI가 최솟값에 가까워지고 있음을 보여준다. 따라서 최적의 가중치는 0.5와 0.75 사이에 있을 것으로 예측할 수 있고, 실제로 네 번째 반복에서 AI는 가중치를 0.65로 조정했을 때 지금까지 가장 낮은 오차인 159를 기록한 것을 볼 수 있다. 바로 이 가중치가 AI가 답을 생성할 때 사용하는 최종값이 된다.

그림 3.6은 이러한 AI의 학습 과정을 시각적으로 잘 보여준다. 우리는 오차 결과의 변화와 함께, AI가 마치 언덕을 내려가듯 오차를 점차 줄여 나가는 모습을 확인할 수 있으며, 특히 최소치를 지나쳤을 때(반복 3에서 오차가 증가했을 때) 가중치 조정 방향을 반대로 바꿔 다시 최소치로 되돌아가는 과정도 명확하게 살펴볼 수 있다.

AI가 데이터를 더 정확하게 학습하는 방법에는 경사 하강법 외에도 다른 방법이 있다. 그중 하나는 데이터 맞춤을 위해 사용하는 연산 함수를 변경하는 것인데, 예를 들어 선형 맞춤 대신 다항식을 사용하면 오차를 더욱 줄일 수 있다.

하지만 이러한 방식에도 한계가 있다. 그림 3.7에서 볼 수 있듯이, 다항식을 사용하면 오차는 줄어들지만 아이가 28개월이 지나면 키가 오히려 줄어든다는 비현실적인 패턴이 나타나기 때문이다. 이는 AI의 근본적인 한계를 보여주는 좋은 예시다. AI는 단순히 오차를 줄이는 방법만 학습할 뿐, 데이터가 의미하는 실제 현상(이 경우 나이에 따른 아이들의 키 변화)을 이해하지는 못한다는 것을 알려주기 때문이다. 결국 AI는 주어진 훈련 데이터에 맞추고 오차를 줄이는 것 외에는 실질적인 학습을 하지 않는다.

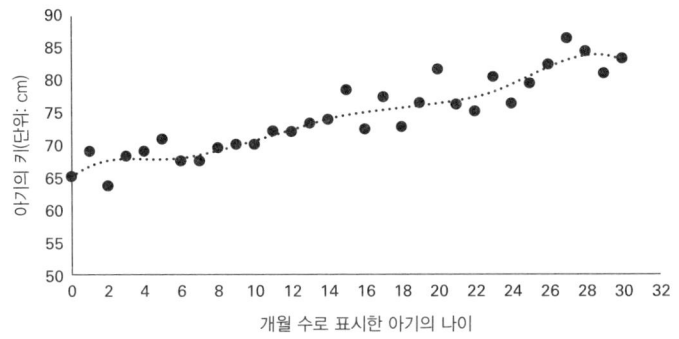

그림 3.7 나이에 따른 아기의 키 데이터셋에 대한 다항식 맞춤

이미지 인식

이미지 인식에서 경사 하강법은 사람이 레이블을 붙인 이미지를 AI에 입력할 때 작동한다. AI는 이 이미지들을 레이블에 맞게 분류하는 법을 학습해야 하는데, 학습 초반에는 초기 가중치와 편향값으로 시작하기 때문에 분류 능력이 부족해 큰 오차가 발생하기 쉽다.

이러한 한계는 실제 예시를 통해 잘 드러나는데, 그림 3.2에서도 확인할 수 있듯이, AI는 학습 초반에 90%의 확률로 찻주전자를 잘못 분류할 수 있다. 하지만 역전파와 경사 하강법이 작동하면서 신경망의 여러 층에서 픽셀과 픽셀 조합의 가중치가 조정되고, 그 결과 찻주전자를 더 정확하게 분류할 수 있게 된다. 이 과정에서 각각의 반복 단계마다 역전파는 먼저 오차를 확인한 뒤, 경사 하강법에 이를 전달하고, 경사 하강법은 이 정보를 바탕으로 추가 조정이 필요한지, 아니면 이미 최소 오류 수준에 도달해 조정을 멈출지를 판단하게 된다. 즉, 특정 방향으로의 조정이 더 이상 오차를 줄이지 못하고 분류 정확도도 개선하지 못한다고 판단되면 학습을 멈추는 것이다.

앞서 살펴봤던 아이의 나이와 키 사이의 패턴을 찾는 AI 사례는 의도적으로 단순하게 설계됐다. 이는 나이(개월)와 키(cm)라는 단 두 가지 차원만을 다루기 때문인데, 이런 경우에는 선형 회귀와 같은 기본적인 통계 방법만으로도 모든 데이터 점을 측정하고 오차를 최소화하는 선을 쉽게 계산할 수 있다. 또한 이렇게 단순화된 모델을 사용한 것은 AI가 실제로 처리할 수 있는 방대한 데이터의 양에 비해 이 사례에서 사용할 수 있는 적합한 데이터가 상대적으로 많지 않다는 현실적인 이유도 고려된 것이다.

반면 이미지넷ImageNet의 데이터셋에서 찻주전자를 분류하는 작업은 훨씬 복잡하다. 이미지넷은 1,400만 개가 넘는 이미지가 있는 오픈소스 시각 데이터베이스로, 2만 개가 넘는 범주가 있으며 각 범주마다 수백 개의 이미지가 포함돼 있기 때문이다. 이 데이터베이스의 특별한 점은 모든 이미지에 사람이 직접 객체를 식별해 레이블을 붙여놓았다는 것이다[3]. 이러한 방대한 데이터셋의 특성을 이해하기 위해, 각각의 이미지에 내재된 복잡한 특성을 세분화한 아래의 내용을 살펴보자.

- 대부분의 이미지는 256×256 픽셀 크기의 정사각형이다.
- 각 픽셀은 빨강, 초록, 파랑의 세 가지 색상 채널로 구성된다.
- 각 채널은 256단계의 색상 음영을 표현할 수 있으며, 총 16,777,216가지의 고유한 색상을 만들어낼 수 있다.
- 256×256 픽셀 크기의 정사각형 이미지는 총 65,536개의 픽셀로 이뤄진다.
- 픽셀 수에 세 가지 색상 채널을 곱하면, 이미지넷의 이미지 인식 AI는 196,608차원의 공간에서 작동한다는 것을 알 수 있다.

이때 파노라마나 비디오 같은 더 큰 이미지를 다루면 입력 공간은 더욱 커지며, 조합이 늘어날수록 다차원 공간은 더욱 복잡해진다. 따라서 수많은 차원에서는 모든 데이터 점을 '보고see' 가장 적합한 선을 찾아내는 통계적 방법을 사용하기가 불가능하다. 그림 3.6에서 본 것처럼 단순한 2차원 경사가 아니라, 경사 하강법으로 탐색해야 할 훨씬 더 복잡한 경사면이 존재하기 때문이다.

다차원 공간을 더 깊이 들여다보기

그림 3.8의 매니폴드manifold 표면은 정지 이미지 분류 작업의 복잡성을 시각적으로 잘 보여주며, 산악 지형이나 호수 바닥처럼 생긴 표면은 경사 하강법의 작동 방식과 AI가 때로 오답을 내는 이유를 이해하는 데 좋은 비유가 된다.

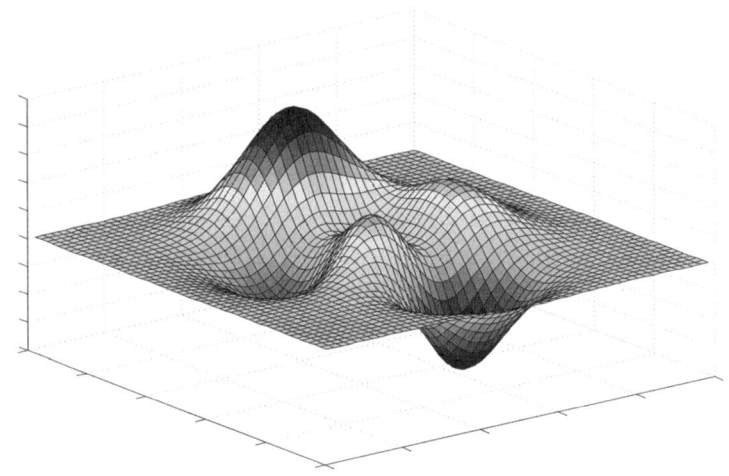

그림 3.8 다차원 공간의 매니폴드

이를 더 쉽게 이해하기 위해 산이나 호수 바닥의 여러 다른 표면에 구슬을 놓는다고 상상해 보자. 이때 중력(여기서는 경사 하강법을 의미)은 그 구슬을 어디로 보내게 될까?

2차원 경사 하강법을 이해하기 위해 타호 호수$^{\text{Lake Tahoe}}$를 예로 들어 보겠다. 해가 저물어 수면 아래가 보이지 않는 상황에서, 당신은 보트를 타고 이 거대한 호수(496 제곱킬로미터)에서 가장 깊은 지점을 찾아야 한다. 수심을 측정할 수 있는 유일한 방법은 버튼을 눌러 현재 위치의 깊이를 재는 것뿐이며, 한 번 측정하는 데 10초가 걸린다. 만약 호수의 모든 지점을 1제곱미터씩 하나하나 측정한다면, 호수가 너무나 넓기 때문에 (496,000제곱미터) 잠도 자지 않고 24시간 내내 측정해도 약 두 달(57일)이나 걸린다. 그렇다면 이렇게 넓은 호수에서 가장 깊은 지점을 가능한 한 빨리 찾으려면 어떤 방법을 써야 할까?

이럴 땐 호수의 임의의 지점에서 시작해 주변의 수심을 측정하는 것이 가장 빠르다. 호수 표면이 2차원이므로 그림 3.9와 같이 네 방향으로 이동하며 측정하면 되는 것이다. 첫 번째 차원에서는 앞뒤로(한쪽 끝에서 반대쪽 끝으로) 움직일 수 있고, 여기에 수직인 두 번째 측면에서도 양쪽 (그림 3.9의 모서리에서 반대 모서리로)으로 움직일 수 있다. 즉, 2차원 표면에서는 네 방향의 수심을 확인하면 된다.

그렇게 첫 측정 후, 당신은 뒤쪽과 왼쪽의 수심이 약 5피트, 오른쪽이 7피트, 전방이 10피트라는 것을 알게 된다. 이때 호수의 가장 깊은 지점을 찾으려면 어느 쪽으로 가야 할까? 당연히 가장 가파른 경사를 따라 현재 가장 깊은 측정치를 보인 쪽으로 이동하면 된다. 그리고 그림 3.9의 프레임 1처럼, 보트를 가장 깊은 방향으로 이동하며 측정을 반복한다(직전 위치는 재측정할 필요가 없으므로 측정 횟수는 $n-1$이 된다). 이후 프레임 2에서 좌우 중 더 깊은 쪽이 발견되면 그 방향으로 진로를 바꾸고(프레임 3도 동일), 프레임 4처럼 측정을 계속한다. 이렇게 되면, 보트는 점점 더 깊은 곳으로 이동하다가, 당신은 어느 순간 모든 방향이 얕아지는 것을 발견하게 될 것이다. 이는 가장 깊은 지점을 지나 모든 방향의 수심이 감소한다는 의미이므로, 이때 측정을 중단하면 된다.

하지만 이렇게 가장 가파른 경사를 따라가는 방식으로 찾은 깊은 지

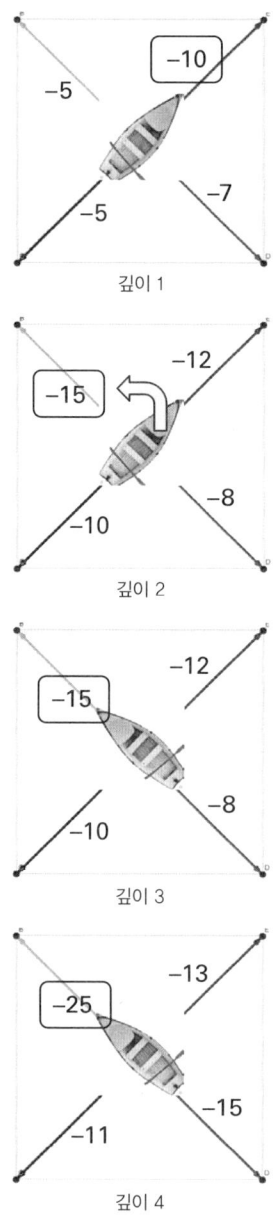

그림 3.9 경사 하강 알고리듬을 단순화한 비유. 2차원 표면에서 두 개의 탐색 방향은 2차원의 거듭제곱으로 네 개의 방향과 같다. 프레임의 숫자 = 깊이(ft)

점이 실제 호수에서 가장 깊은 지점이 아닐 수 있다는 문제가 있다. 측정을 시작한 위치에 따라 단순한 웅덩이나 계곡(수학자들은 이를 국소 최솟값 local minima이라 부른다)에 도달할 수 있기 때문이다.

이는 경사 하강법의 근본적인 한계를 보여주는데, 그것은 바로 보트 주변만 볼 수 있고 표면(매니폴드)이 너무 넓어 전체를 파악할 수 없다는 점이다. 예를 들어, 타호 호수의 서쪽 해안인 홈우드Homewood나 동쪽 해안인 인클라인 빌리지Incline Village에서 시작해 내리막을 따라가면, 깊은 웅덩이는 찾을 수 있겠지만 호수에서 진정한 최대 수심까지는 도달하지 못할 것이다. 하지만 여러 다른 지점에서 시작하면 이 방법으로도 호수의 가장 깊은 지점을 찾을 수 있다. 이 접근법을 사용하면 최대 6일이면 호수의 가장 깊은 지점을 찾을 수 있는데, 이는 모든 지점을 측정하는 데 필요한 57일보다 훨씬 짧은 시간이다.

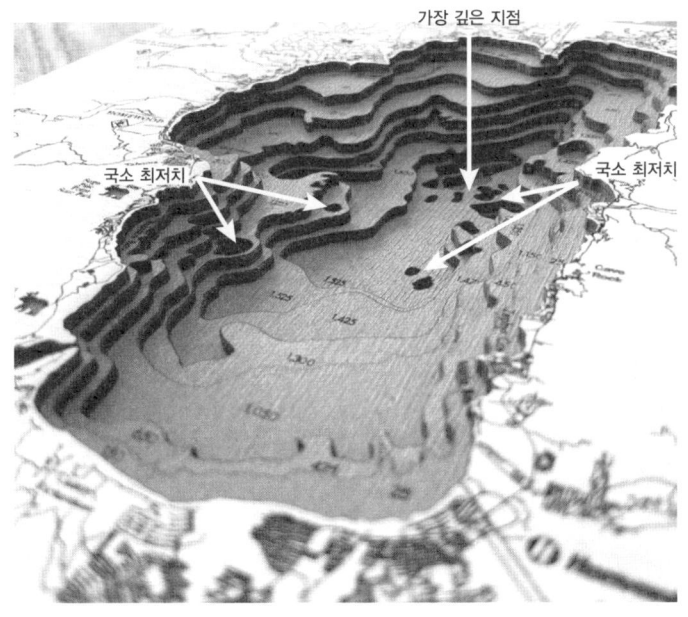

그림 3.10 타호 호수 바닥의 지형을 목판으로 표현한 결과

여기에 더 효율적인 방법이 있다. 미적분학의 도함수 개념을 활용해 보트 주변의 경사를 자동으로 계산하는 것이다. 기존의 계산 버튼을 미분 기능으로 업그레이드하면, 현재 위치의 깊이를 측정할 때 주변 지점의 깊이도 함께 알 수 있게 된다. 이렇게 되면 다른 방향으로 일일이 이동하며 측정할 필요가 없어진다. 이런 방식으로 얻은 정보를 바탕으로, 보트 주변에서 가장 깊은 지점을 쉽게 파악할 수 있고, 그저 그 방향으로 이동하면서 간단한 미적분 계산만 반복하면 된다. 예를 들어, 5피트 깊이에서 시작했다면 가장 가파르게 내려가는 방향을 따라 빠르게 목표 지점까지 갈 수 있는 것이다. 이 효율적인 방법을 사용하면 최대 이틀 만에 가장 깊은 지점을 찾을 수 있다. 이는 처음에 언급했던 모든 지점을 하나하나 측정하는 방식(57일 소요)보다 30배나 빠른 놀라운 속도다.

이렇듯 호수의 더 깊은 지점을 찾아가는 과정은 AI가 오차를 줄여가는 과정과 유사하며, 미적분학을 활용하면 시간을 크게 절약할 수 있다. 물론 2차원 호수 표면의 예시만으로는 실제로 얼마만큼 시간이 절약되는지 그 장점을 제대로 이해하기 어렵겠지만, 미분을 활용해 기울기를 따라가는 방식을 채택하면 차원이 늘어날수록 장점이 커진다.

이제 각 차원이 추가될 때마다 해결 공간이 얼마나 확연히 증가하는지 살펴보도록 하자. 예를 들어 3차원 문제, 즉 호수의 물에서 세제곱미터당 가장 높은 박테리아 농도를 찾는 경우를 생각해 본다고 가정한다. 이런 정육면체의 3차원 공간에서는 총 8개 방향(정육면체의 각 반대 모서리)을 검색해야 하므로 시간이 더 오래 걸린다. 차원이 늘어날수록 검색해야 할 방향도 늘어나는데, 이때 일반적으로 각 단계에서 검색할 방향의 수는 2의 거듭제곱이다(3차원은 2^3=8, 4차원은 2^4=16).

이것을 AI에 대입해 이미지 분류의 복잡성을 살펴보면, 200×200 픽셀의 작은 이미지만 하더라도 40,000차원의 공간이 생긴다. 심지어 20×20 픽셀의 아주 작은 이미지도 400차원을 가지는데, 이를 모두 검색하려면 2^{400}번의 판독이 필요하다. 이는 관측 가능한 우주의 모든 원자

수보다도 수십억 배나 많은 숫자다. 호수에서 썼던 것과 같은 일반적인 검색 방식으로는 이미지넷의 일반적인 이미지 크기인 265×265 픽셀은커녕 200×200 픽셀 이미지조차 처리할 수 없는 것이다. 하지만 차원이 늘어날수록 미적분학과 기울기 방식이 가져다주는 시간 절약 효과는 더욱 커진다. 이것이 바로 경사 하강법이 AI 학습에 널리 사용되는 이유다.

그러나, 여기에서 기억해야 할 중요한 점은 경사 하강법이 모든 가능한 해답을 찾아주지 않는다는 점이다. 이 방법은 단지 '더 나은' 해답을 찾을 뿐이며, 현재 진행 방향에서 더 이상 오차가 줄어들지 않으면 거기서 멈춘다. 구체적으로 말하자면, 경사 하강법은 현재 위치 주변의 가장 빠른 개선점만을 찾을 뿐, 전체 가능성을 탐색하지는 않는다.

더 나은 것이 성공을 보장하지는 않는다

현대의 AI가 다루는 정보는 차원은 매우 높고 복잡하다. 이런 방대한 정보 공간을 모두 검색하려면 시간이 너무 오래 걸리기 때문에, 최신 고성능 컴퓨터로도 전체를 완벽하게 검색하는 것은 불가능한 경우가 많다.

이런 한계를 극복하기 위해 컴퓨터 과학자들은 다른 접근 방식을 사용한다. 먼저 적절한 시작점을 찾은 다음, 경사 하강법과 같은 특별한 기법을 활용해 빠르게 결과를 개선할 수 있는 좁은 경로를 따라 검색을 진행하는 것이다. 하지만 이러한 방식에는 중요한 단점이 있다. 경사 하강법을 사용한 AI의 검색 경로가 항상 최고의 결과로 이어지지는 않는다는 점이다. 이것이 바로 AI가 때때로 잘못된 답을 제시하게 되는 가장 근본적인 이유다.

앞서 설명한 호수의 비유를 AI의 학습 과정에 적용해 보면 다음과 같이 이해할 수 있다. 먼저, 호수라는 공간은 AI가 사용하는 '가중치'와 '편향'이라는 매개변수들이 만들어 내는 거대한 공간을 의미한다. 이때 호수의 깊이는 AI가 얼마나 정확한 답을 내는지를 보여주는데, 더 깊은 곳일수록 AI가 더 정확한 답을 낸다는 뜻이다. AI가 특정 설정으로 얼마나 많은 실수를 하는지(오차율)를 측정하는 것은, 마치 호수의 특정 지점에서 수심을 재는 것과 같다. AI는 이렇게 측정한 결과를 바탕으로, 마치 물이 흐르듯 점점 더 깊은 곳으로 이동하면서 학습을 진행한다. 그리고 주변에 더 이상 깊은 곳이 없을 때까지 이 과정을 반복한다. 하지만 이런 방식에는 한계가 있다. AI가 찾아낸 깊은 곳이 반드시 호수에서 가장 깊은 지점이라고 확신할 수 없다는 것이다. 마치 호수에 여러 개의 깊은 계곡이 있을 수 있듯이, AI는 충분히 깊기는 하지만 실제로 가장 깊지는 않은 곳에 도달할 수도 있다.

결론적으로 우리가 알아야 할 것은, AI 모델이 처리해야 하는 정보의 양이 상상을 초월할 정도로 많다는 것이다. 우리의 모델에서는 최적화하려는 각 차원마다 하나의 매개변수가 필요한데, 예를 들어 100개의 차원을 최적화하는 모델이라면 100개의 매개변수가 필요하고, 이는 무려 100만조(2^{100})개의 탐색 가능한 방향을 만들어 내는 것과 같다. 그러나 현대의 AI 모델은 이보다 훨씬 더 복잡해서, 보통 수백만에서 수십억 개의 매개변수를 가지고 있다. 이런 엄청난 규모의 계산을 효율적으로 처리하기 위해 경사 하강법이나 검색 공간을 자동으로 줄여주는 특별한 기법들이 사용되는데, 그중에서도 경사 하강법은 시작점을 정한 뒤 가장 가파른 기울기를 따라가는 방식으로, AI 학습에서 가장 널리 사용되는 방법이다.

하지만 이런 효율적인 방법을 사용하더라도 AI 학습에는 엄청난 시간과 에너지가 필요하다. 몇 가지 놀라운 예를 들어보면, 바둑 AI인 알파고 제로^AlphaGo Zero가 이세돌을 이기기 위해 필요했던 에너지는 한 사람이 18,000년 동안 써야 할 양이었고, GPT-3가 우리와 자연스럽게 대화하는 능력을 갖추는 데는 30,000년의 인력이 필요했다[4]. 더욱 충격적인 것은 이 시스템이 환경에 미치는 영향이다. 컴퓨터 과학 연구자인 레온 더친스키^Leon Derczynski의 연구 결과에 따르면, GPT-3가 사용자 입력을 처리하는 과정에서 연간 배출하는 이산화탄소의 양은

22메가톤에 달한다고 한다. 이는 미국의 480만 대 자동차가 1년 동안 배출하는 양과 맞먹는 엄청난 규모다[5]. 이것이 바로 AI가 방대한 학습 데이터를 처리하기 위해 치러야 하는 실제 비용이다.

허스키 개와 늑대를 분별하는 대신 눈을 학습하는 AI

지금까지 배운 경사 하강법을 통해 AI가 왜 늑대와 허스키를 구별하는 대신 눈을 인식하는 법을 학습했는지 알 수 있을 것이다.

경사 하강법은 언제나 가장 빠르고 쉬운 길을 선택한다. 즉, AI의 정확도를 가장 빨리 높일 수 있는 방향으로 학습을 진행하는 것이다. 이러한 특성 때문에 AI는 의외의 선택을 하는데, 바로 눈雪을 인식하는 방향으로 학습을 진행한다.

왜 이런 일이 발생했을까? AI의 입장에서 생각해 보면 이해가 쉽다. 이미지에 '눈'이 있다는 사실과 '늑대'라는 레이블을 연결 짓는 것이, 늑대의 '귀'나 '모피' 같은 복잡한 특징들을 학습하는 것보다 훨씬 단순하고 빠른 방법이기 때문이다. 만약 복잡한 특징들로 늑대와 허스키를 구별하려면, AI는 훨씬 더 난해한 패턴을 인식해야 한다. 이처럼 두 동물의 미세한 차이를 구분하고 이를 정확히 분류하는 것은 매우 까다로운 작업이기 때문에, AI는 더 쉬운 해결책인 '눈이 있으면 늑대'라는 방식을 선택한 것이다.

더욱이 훈련 데이터에서 늑대 사진은 대부분 눈이 있는 배경에서 찍혔고, 허스키 사진은 눈이 없는 배경에서 찍혔다면, AI는 노골적으로 '눈이 있으면 늑대'라는 판단을 내린다.

이런 선택의 이유는 학습 효율성 때문인데, 늑대와 허스키를 정확하게 구분하기 위해 다리나 꼬리 같은 세부 특징을 학습하면, 정확도가 매우 천천히 향상돼 비효율적이기 때문이다. 예를 들어 늑대의 특징적인 귀 모양을 인식하면 정확도가 5-10% 정도 올라가고, 모피 특징을 추가로 인식하면 다시 5-10% 정도 향상될 수 있지만, 배경의 눈을 인식하는 방법을 학습하면 정확도를 훨씬 더 빠르게 높일 수 있다.

그러나 이런 방식에는 심각한 문제가 있다. AI가 자신의 판단이 정확하다고 여길지라도, 실제로 늑대와 허스키를 제대로 구별하기를 기대하는 사람의 관점에서 보면 이는 완전히 잘못된 분류 방식이라는 점이다.

하지만 사람의 관점을 모르는 AI는 경사 하강법으로 가장 가파른 기울기를 따라 개선하기 때문에, 늑대와 허스키의 고유한 특징과 차이점을 학습하는 대신 눈을 인식하는 더 쉬운 방법을 선택한다.

AI가 정답을 찾아가는 과정을 전체적으로 이해하기 위해, 하나의 거대한 지형을 그래프로 표현할 수 있다고 가정해 보겠다. (하지만 실제 탐색 과정에서 AI는 계산상의 한계로 전체 지형을 볼 수 없다. 이는 마치 거대한 호수를 1제곱미터씩 측정하는 것처럼 너무 많은 시간이 필요하기 때문이다. 하지만 여기서는 이론적으로 가능하다고 가정하고 넘어간다.)

그림 3.11을 보면 A, B, C라는 세 개의 점이 있는데, 이는 AI가 무작위로 선택한 시작점들이다. 여기서 흥미로운 점은, 경사 하강법을 사용할 경우 이 세 시작점 중 두 곳에서 출발한 AI는 결국 '눈이 있으면 늑대'라는 단순한 분류 방식에 도달한다는 것이다.

그림 3.11에서 표시된 그래프는 AI가 학습 과정에서 발생하는 '오차'를 보여준다. 경사 하강법은 항상 가장 가파른 내리막길을 선택하는데, 이 경로는 그래프에서 흰색 선으로 표시했다.

그림 3.11의 그래프를 보면, A와 C 지점에서 시작한 AI는 각각 '국소 최소점'이라는 곳에서 멈추게 된다. 이 지점들은 AI가 단순히 눈이 있는 배경을 기준으로 동물을 분류하는 방식을 택한 경우인데, 이런 방식이 어느 정도 성공적으로 작동하는 이유는 간단하다. 데이터셋에서 늑대 사진은 대부분 눈이 있는 배경이고 허스키 사진은 그렇지 않기 때문이다.

하지만 여기서 중요한 점은 AI가 실제로 늑대나 허스키의 본질적인 특징을 이해하지 못한다는 것이다. AI는 단지 숫자들로 이뤄진 이미지 데이터를 받아서, 이를 '늑대' 또는 '허스키'로 분류하라는 지시만 실행

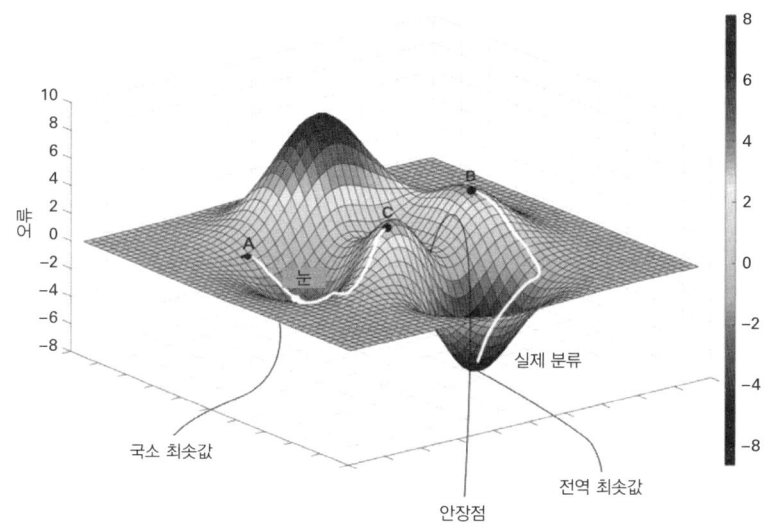

그림 3.11 '늑대'의 이미지 분류 매니폴드

할 뿐이다. 따라서 AI는 이때 가장 쉬운 방법, 즉 정답으로 인정받을 수 있는 반복적인 패턴을 찾는 방향으로 학습을 진행한다.

경사 하강법을 기반으로 하는 AI 학습의 특성상, AI는 항상 가장 쉬운 해결 경로를 선택하며 더 쉬운 선택지가 없는 경우에만 대체 경로를 택하는데, 컴퓨터 과학자들은 이처럼 즉각적으로 가장 좋아 보이는 선택을 하는 방식을 '탐욕 알고리듬greedy algorithm'이라고 부른다. 따라서 AI가 진정으로 늑대의 본질적 특징(귀, 얼굴 형태, 모피 등)을 통해 늑대를 인식하게 하려면, 배경이나 나무 수, 하늘색 같은 부수적 특징으로 늑대를 '인식'하는 것이 더 쉬운 방법이 되지 않도록 학습 데이터를 구성해야 한다.

그러나 이것들은 더 작은 단위에서 실현하기가 매우 어렵다. 늑대를 식별하기 위한 훈련 데이터에서 AI가 잘못된 픽셀 연관성을 학습하지 않도록 하려면, 특정 픽셀들이 서로 연관되지 않도록(예: 픽셀 555와 픽셀 35가 서로 무관하도록) 설정해야 할 수도 있기 때문이다. 앞서 본 그림 3.2처럼 단 하나의 픽셀 변화로 AI가 찻주전자를 조이스틱으로 잘못 분류한 경우를 생각해 보자. 이런 오류는 훈련 데이터에서 특정 픽셀들 간의 잘못된 상관관계를 학습했기에 발생하는 것이다.

AI가 매우 방대하고 다양한 훈련 데이터를 필요로 하는 것은 경사 하강법이 잘못된 상관관계를 만들어낼 수 있기 때문이다. AI는 큰 규모와 양질의 다양한 데이터로 학습할 때 가장 잘 작동한다. 데이터가 더 크고 다양할수록 잘못된 상관관계가 생길 가능성이 줄어들며, 경사 하강법이 이런 잘못된 패턴에 가중치를 부여해 분류 정확도를 빠르게 개선하는 것을 어렵게 만든다. 하지만 이때 AI가 분류 과정에서 어떤 미세한 잘못된 상관관계를 사용하는지 미리 알기는 어려우며, 훈련 데이터가 적절한 다양성을 가지고 있는지도 사전에 파악하기 힘들다. 그래서 AI가 눈을 보고 늑대라고 판단하거나, 아기 볼의 픽셀 하나를 바꿨을 뿐인데 아기를 종이 수건으로 잘못 분류하는 것처럼, 결과가 나온 후에야 잘못된 상관관계를 발견하게 되는 것이다.

실제로 그림 3.11을 살펴보면, '눈' 계곡의 바닥에서는 어떤 가중치를 변화시켜도 분류 정확도가 떨어지는 현상이 발생한다. 이러한 특성 때문에 경사 하강법을 사용하는 시스템은 눈이 있는 배경의 이미지를 늑대로 잘못 분류하는 오류에서 벗어나기 어렵다. 특히 A 지점에서 학습을 시작하면, 시스템이 '실제 늑대의 특징'을 학습하는 것보다 '눈'이라는 특징을 기준으로 분류하는 쪽으로 더 쉽게 수렴하게 된다. 결국 AI가 한번 눈을 보고 늑대라고 판단하는 패턴을 학습하게 되면, 그 잘못된 분류 방식에서 벗어나 실제 늑대의 고유한 특징을 학습하는 방향으로 발전하지 못하게 되는 것이다.

이러한 문제를 해결하기 위해서는 먼저 '눈=늑대'라는 잘못된 상관관계를 바로잡을 수 있을 만큼 충분히 다양한 이미지 데이터를 확보해야 한다. 이는 2장에서 다룬 아이의 키와 나이 관계 사례와 유사하다. 당시 AI는 28개월 이후 아이의 키가 줄어든다는 잘못된 결론을 내렸는데, 이는 데이터 부족으로 인한 오류일 수도 있기 때문이다. 만약 이때 1,000

명의 아이들의 키를 매달 측정했다면, 한 달에 32,000개의 측정값이 생성됐을 거고, 이렇게 방대하게 축적된 데이터는 아이들의 평균 키를 정확하게 파악할 수 있었을 것이다. 또한, 작은 데이터셋에서 발생하는 자연스러운 변동성 문제도 해결할 수 있었을 것이다. 이렇게 됐을 시, 결과적으로 아이가 세 살 무렵 키가 줄어든다는 비현실적인 예측은 사라지는 것이다.

하지만 현실에서는 이처럼 대표성 있는 대규모 데이터를 확보하기가 쉽지 않다. 게다가 고품질의 방대한 데이터셋을 보유하고 있더라도, 예외적인 '경계 사례^{edge case}'에서는 AI가 여전히 올바른 판단을 내리지 못하는 한계가 있다. 이러한 문제에 대해서는 다음 장에서 더 자세히 살펴볼 예정이다.

결과적으로 경사 하강법은 분류 작업에서 가장 빠른 개선점만을 찾기 때문에, AI는 국소 최저점이라는 함정에 빠질 수 있다. 우리는 AI가 이런 국소 최저점에 머물지 않고 다른 패턴을 탐색하도록 수학적으로 유도할 수는 있지만, AI가 실제로 분류 대상(예: 늑대의 본질적 특성)을 이해하지 못하는 한, 잘못된 상관관계를 학습할 위험은 계속 존재한다.

범죄 예측을 위한 데이터셋을 예로 들어보면, 경사 하강법은 빈곤이나 이와 연관된 변수(예: 인종)와 같은 배경 요소를 통해 국소 최저점에 쉽게 도달할 수 있지만, 이때 AI는 자주 나타나는 배경 요소를 우리가 실제로 예측하고자 하는 요인으로 잘못 해석할 수 있다. 이는 마치 앞서 본 늑대 분류 사례에서 AI가 늑대의 본질적 특징 대신 눈이라는 배경을 학습한 것과 같은 원리다. 결국, 범죄 예측 AI도 실제 범죄 가능성의 핵심 지표 대신, 단순히 특정 배경 요소와의 상관관계를 학습하는 오류를 범할 수 있다.

AI가 지름길을 선택하지 않기는 어렵다

AI가 더욱 정교한 특성을 가지기 어려운 근본적인 이유는 복잡한 특성이 지닌 딜레마에 있다. 복잡한 특성은 단기적으로는 이점이 없고 장기적으로만 가치를 발휘하는데, 경사 하강법은 본질적으로 즉각적인 개선만을 추구하는 탐욕적 알고리듬이기 때문에 이 둘은 서로 상충된다.

이러한 단기와 장기 이익의 충돌은 AI 학습 과정에서 발생하는 핵심적인 문제다. 실제로 어떤 특성의 변화가 즉각적으로 효과를 보인다고 해도, 그것이 장기적으로도 유용할지는 예측하기 어렵기 때문이다. 하지만 현재의 인공지능, 특히 심층 신경망은 비강건한 특성과 상관관계 패턴을 지나치게 의존하고 있다. 예를 들어, AI가 아기를 인식할 때 얼굴이나 신체 형태와 같은 본질적 특징 대신 배경 색상 같은 부수적인 특성에 의존하고 있는 것이다. 이렇게 학습된 AI는 훈련 데이터에서 접하지 못한 색상의 담요에 싸인 아기 이미지를 제대로 인식하지 못할 수 있으며, 심지어 단 하나의 픽셀만 변경돼도 식별에 실패할 수 있다.

표현

판다를 긴팔원숭이로 잘못 식별한 2장의 사례와 아기를 종이 수건으로 잘못 분류한 3장 도입부의 사례는 '적대적 공격$^{adversarial\ attack}$'으로 알려진 연구 분야의 발견 내용이다. 연구자들은 적대적 공격을 통해 AI의 강건성과 해킹 취약성에 대한 통찰을 얻고자 하며, 1픽셀 공격 연구는 인간의 두뇌와 인공지능 간의 근본적 차이를 잘 보여준다. 인간의 두뇌는 객체를 추상적이고 깊이 있게 개념화할 수 있는 반면, AI 분류기는 단순히 입력 데이터의 패턴과 상관관계에만 의존하기 때문이다.

실제로 인간은 정보를 받아들일 때 이를 내면의 표상으로 변환하는 특별한 능력이 있다. 예를 들어, 눈을 감은 상태에서도 자동차 열쇠 같은 친숙한 물체를 만지면 즉시 그것을 마음속으로 시각화할 수 있는 것이다. 이는 우리의 뇌 속에 그 객체에 대한 깊이 있는 표상이 자리 잡고 있기 때문이다. 같은 맥락에서, 이 장의 시작 부분에서 말에 관한 글을 읽었을 때 자연스럽게 말의 이미지를 떠올릴 수 있었던 것도 이러한 표상 능력 덕분이다. 이러한 인간의 표상 능력은 수학적 개념을 이해하고 다루는 과정에서도 잘 드러난다.

실제로 AI는 경사 하강법으로 인해 간단한 덧셈과 뺄셈을 학습하는 데 어려움을 겪는데, 이는 (AI 입장에서는 덧셈과 뺄셈의 과정을 실제로 학습하는 것보다 덧셈과 뺄셈표를 암기하는 것이 더 쉽다) AI가 개념을 표상하지 못하며 실제 세계에 적용될 수 있는 양상을 학습할 수 없는 분야가 있다는 것을 보여준다.

이처럼 우리 마음속에서 형성되는 개념의 표상과 객체 자체 간의 긴밀한 연결성에 관한 통찰력 있는 관찰은 미술가 르네 마그리트$^{René\ Magritte}$의 그림 '이미지의 배반$^{Treachery\ of\ Images}$(1929년)'에서 확인할 수 있다. 이 그림은 셜록 홈즈$^{Sherlock\ Holmes}$가 피우는 것과 같은 담배 파이프를 그린 것으로, '이것은 파이프가 아니다$^{Ceci\ n'est\ pas\ une\ pipe}$'라는 설명이 붙어 있다. 마그리트는 나중에 이렇게 말했다. "그 유명한 파이프. 사람들이 그것 때문에 나를 얼마나 비난했는지! 하지만 내 파이프에 담배를 넣을 수 있나요? 아니죠, 그건 단지 표상일 뿐입니다, 그렇지 않나요?[6]"

반면 AI는 단순히 객체의 정지된 이미지를 픽셀화된 숫자 데이터로 받아 분류하는 작업만을 수행한다. 우리는 AI가 이러한 이미지들을 통해 물리적 세계의 객체를 실제로 이해할 것이라 기대하지만 현실은 그렇지 않으며, AI가 이미지를 정확히 식별하지 못하는 실패 사례들은 현재 AI 기술의 근본적인 한계를 보여준다.

결론적으로 이 장의 핵심적인 문제는 AI가 덧셈, 뺄셈, 파이프, 말, 아기, 찻주전자, 허스키 개, 늑대 등의 실제 의미를 이해하지 못한다는 점이며, 현재의 AI는 단지 올바른 분류를 위한 패턴과 연관성만을 학습할 뿐이라는 것이다. 물론 이러한 성과도 인상적이지만, 1958년 프랭크 로젠블랫이 예견했던 수준의 인공지능과 현재의 인공지능은 아직 상당한 거리가 있다. 즉, AI 기술은 놀라운 발전을 이뤘지만, 진정한 이해와 학습이라는 궁극적 목표까지는 아직 도달하지 못한 상태다.

4장. 경계 사례, 압축, 그리고 연관 지능의 한계

동쪽의 와슈 호수Washoe Lake와 서쪽의 타호Tahoe 산맥 사이에는 자율운행 AI가 운전할 만한 최적의 조건인 고속도로가 있다. 580번 고속도로의 일부로, 2012년 완공돼 16Km 뻗어 있는 구간이다.

AI가 운전을 맡아 남쪽으로 달리는 동안 우리는 주변 풍광을 감상하는 상상을 해보자. 오른쪽 주변에는 산맥 경사면 초입, 소나무 숲을 배경으로 우뚝 선 바워즈 맨션Bowers Mansion이 보인다. 이 역사적인 저택은 황금광 시대의 여성 개척자 중 한 명인 아일리 바워즈Eilley Bowers의 꿈이 실현된 곳으로, 당시 무법의 서부에서 맨손으로 살아남아야 했던 극소수의 여성들의 강인한 의지가 엿보이는 곳이기도 하다.

실제로 바워즈는 하숙집을 운영하며 낮에는 세탁업을, 저녁에는 점술로 번 돈을 광산에 투자해 큰 부를 일궈냈다. 그녀의 삶은 이 지역의 역사처럼(그리고 아마도 AI의 발전 과정처럼) 성공과 실패를 반복했는데, 현재 바워즈 맨션은 주립공원이 돼 아일리 바워즈와 이 지역의 역사를 후대에 전하고 있다.

이후 차를 타고 쭉 더 가면, 바워즈 맨션 왼쪽의 콘크리트 분리대 너머 2차선 고속도로가 북쪽으로 뻗어 있는 것을 볼 수 있다. 포장도로 너머로는 키 작은 잡초가 무성한 넓은 갓길이 펼쳐져 있고, 그 끝에는 와슈 호수 경계를 따라 철조망이 설치돼 있다. 우리가 탑승한 차량의 자율주행 시스템은 이 직선 도로에서 완벽한 주행을 선보이며, 한산한 도로 위에서 시속 120~140km로 달리는 다른 차량들의 흐름에도 자연스럽게 적응하고 있다. 이러한 환경은 AI가 최적의 성능을 발휘하기에 이상적이다. 시야가 탁 트여있고 도로가 곧게 뻗어있어 AI가 학습하고 대응하기에 전형적이고 이상적인 조건을 갖추고 있기 때문이다. 실제로 지금 같은 직선 고속도로 주행은 일반적으로 AI가 학습하는 입력 데이터다.

그런데 잠시 후, 동쪽의 철조망 담을 짓누르며 걸터앉은 황갈색 덩어리가 우리의 시야에 들어온다. 그 물체는 움직이며 점점 초점에 들어오는데, 가까이서 보니 곰이다. 담을 넘은 곰이 고속도로의 갓길을 가로질러 달려간 것이다. 하지만 AI는 마치 아무 일도 없다는 듯 정속 주행을 이어간다. 곰이 우리 차선 반대편에서 위험한 상황을 만들고 있는데도, AI는 단순히 전방만 주시하며 근시안적으로 대응하고 있는 것이다. 그러나 우리는 감속해야 할 걸 알기에, 결국 수동으로 브레이크를 밟아버린다. 그렇게 해야 할 이유는 세 가지다. (1) 곰을 치게 될 수도 있다는 불확실성, (2) 우리 뒤와 옆의 운전자들에게 우리가 무언가에 반응해 감속하거나 정지한다는 것을 알리려는 의도, 그리고 (3) 곰이 위험한 도로를 건널 수 있는 공간을 내주고자 하는 의도.

우리가 브레이크를 밟자, 곰은 콘크리트 담 앞에서 잠깐 주저하다가 재빨리 뛰어넘어 우리가 달리던 도로 쪽으로 돌진해 온다. 우리 차 앞을 빠르게 지나갈 때는 너무나 가까워서 곰의 젖은 털에서 물방울이 떨어지는 것까지 볼 수 있을 정도다. 이 순간 우리는 "곰보다 빨리 뛸 수 없다"는 속설이 사실임을 직접 확인할 수 있었다.

물론 곰이 아무리 빨라도 자동차의 속도를 따라잡을 수는 없다. 하지만 우리가 속도를 줄이지 않았다면 곰과 충돌했을 것이다. 다행히도 오른쪽 차선의 운전자도 같은 생각이었는지 곰을 위해 감속했고, 덕분에 곰은 무사히 고속도로를 건너 오른쪽 담장을 넘어 타호 방향으로 사라졌다.

지금껏 우리는 방금 AI 연구자들이 말하는 '경계 사례 edge case'를 직접 경험했다. 이때 우리가 탄 자율주행차는 도로를 횡단하는 곰을 인식하는 방법을 학습하지 못했거나, 대형 동물이 도로를 건널 때 감속하고 운전자에게 경고해야 한다는 기본적인 대응 방식조차 일반화하지 못했다.

경계 사례와 분포 패턴

앞서 나온 '경계 사례'의 개념과 이것이 인공지능에 문제가 되는 이유를 이해하려면 먼저 데이터에 포함된 사건들의 분포 패턴을 살펴봐야 한다. 데이터 분포의 한 형태인 '멱함수 분포power-law distribution'는 아래 그림 4.1의 왼쪽 '머리head' 부분에서 볼 수 있듯이, 데이터 집합 안에서 대부분의 사건이 기하급수적으로 일어나는 일반적인 경우다. 아무런 중단 없이 곧게 뻗은 고속도로를 운전하는 데이터에서 흔히 볼 수 있는 상황인 것이다. 하지만 그림 오른쪽을 보면 멱함수 분포에는 드물게 발생하는 긴 꼬리 부분이 있다. 이 꼬리는 경계 사례를 나타내는데, 쉽게 말해서 AI가 학습하기 어려운 구간을 나타낸다. 고속도로에서 곰이 자율주행차 앞을 가로지르는 상황처럼 매우 드물게 일어나며, AI가 예상하는 패턴과도 맞지 않는 부분을 말한다. (커다란 동물이 도로를 건너는 일은 흔하므로 자율주행

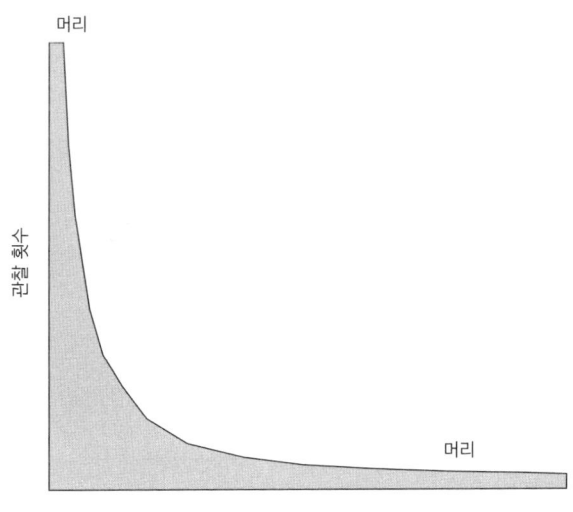

그림 4.1 멱함수 분포

차가 이에 맞게 대응하는 법을 배워야 하긴 하지만 말이다).

경계 사례를 더 자세히 알아보기 위한 예로, 자신이 겪은 경계 사례를 소셜미디어에 공유하는 자율주행차 이용자들을 들어보겠다. 실제로 @조던테슬라테크@JordanTeslaTech는 자신의 테슬라가 달을 노란 신호등으로 착각했다는 경험을 트윗에 올렸는데, 이때 조던의 차는 텅 빈 도로에서 신호등으로 잘못 인식한 달이 곧 빨간불로 바뀔 거라 예상하고 실수로 속도를 줄였다. (이런 일은 그날 저녁 여러 번 반복됐지만, 통상적으로 AI는 이런 실수를 자주 하지 않는다.)

또 다른 사례로, 앤디 위드먼Andy Weedman은 자신의 테슬라가 도로변 광고판을 보고 급제동한 경험을 공유했다. 광고판에 있던 정지 표지 때문이었다. 그는 이 에피소드를 '광고판이 테슬라를 속여 멈추게 했어요!'라는 제목의 유튜브 영상에서 소개하기도 했다[1]. 이러한 사례들은 AI가 데이터의 패턴과 연관성을 기반으로 학습하는 방식의 한계를 잘 보여준다. AI는 일반적이고 자주 발생하는 상황에서는 효과적으로 작동하지만, 이처럼 예상치 못한 특이한 경계 사례를 만났을 때는 잘못된 판단을 내릴 수 있다는 것을 말이다.

이 외에도 의료 분야에서 발생하는 AI의 경계 사례는 중대한 문제를 보여준다. UCLA의 연구 사례는 AI가 데이터 편향성으로 인해 얼마나 심각한 의료 불평등을 초래할 수 있는지를 잘 보여주는데, 한 예로 라임병Lyme disease*의 경우, 학습 데이터가 백인 환자의 피부 사진에만 편중돼 있어 다른 피부색을 가진 환자들의 증상을 제대로 진단하지 못하는 문제가 발생했다. 이로 인해 흑인 환자들은 백인 환자들에 비해 진단이 늦어지고, 결과적으로 관절염과 같은 심각한 합병증이 발생한 후에야 진단을 받게 되는 심각한 의료 격차가 발생한 것이다. 이는 AI가 데이터의 연관성만을 학습해 편향된 결과를 도출하는

---

* 진드기가 옮기는 세균성 전염병이다. — 옮긴이

경계 사례의 전형적인 예시이다².

실제로 아시아인, 흑인, 히스패닉계, 중동계, 북미 원주민, 태평양 섬 원주민 환자들은 백인에 비해 정확한 진단을 받을 확률이 더 낮다. 이는 의료 전문가들이 다양한 피부색에 대한 의료 교육을 충분히 받지 못했기 때문이다. AI가 실패하기 쉬운 이유도 인구의 다양성을 감안한 패턴을 학습할 만한 사례가 너무 적은 것에 있는데, 어떤 상황에서는 똑같은 질병이 모든 인구에 영향을 미치지만 그 발현 수준은 인종과 민족에 따라 다소 다를 수 있다는 것을 간과한 것이다. 또한 특정 인구 집단에서 뚜렷이 나타나는 질병이나 질환이 있음에도, 전체 인구에서 차지하는 비율이 너무 낮아 AI가 이를 제대로 진단하지 못하는 경우도 있다. 예를 들어 북미 원주민은 미국 전체 인구의 2%에 불과해 대부분의 AI 학습 데이터에서 제외되고 있다.

이처럼 AI가 경계 사례를 제대로 처리하지 못하는 이유는 자주 발생하는 패턴에 맞추는 방향으로 편향되기 때문이다. 훈련 데이터는 현실에서 발생 가능한 모든 경우의 일부만을 다루게 되는데, 이때 경계 사례는 데이터셋에 아예 존재하지 않거나 극히 드물게만 나타날 수 있다.

물론 이 장의 뒷부분에서 다룰 압축compression은 AI의 패턴 매칭에서 경계 사례를 완전히 제거할 수 있는 방법이 될 수 있지만, 여러 경계 사례가 중첩되면서 발생하는 '예외 사례corner case'는 더욱 심각한 문제를 야기할 수 있다. 이때 AI는 이러한 상황을 학습 과정에서 전혀 경험하지 못했기 때문에 관련 패턴을 인식하지 못하며, 실제로 그러한 상황에 직면하더라도 제대로 대응하지 못한다. 결과적으로 AI는 훈련 데이터를 완벽하게 일반화하지 못해 맹점blind spot이 생기게 되고, 이로 인해 경계 사례나 예외 사례에 대해 적절한 처리를 하지 못하는 한계를 보일 수 있는 것이다.

분류의 경계

인공지능이 객체를 분류할 때는 일정한 기준선이 필요한데, 스탠포드대학의 댄 보네Dan Boneh 교수는 이를 고양이, 스라소니, 과카몰리*를 예시로 들어 설명했다. 그의 강의는 고양이 사진으로 시작됐는데, 이때 AI는 얼룩무늬 고양이를 90%의 정확도로 올바르게 분류해냈다.

댄 교수의 강의에 쓰인 그림 4.2에서는 '분류 경계 매니폴드classification-boundary manifold'를 통해 AI가 객체를 분류하는 경계선과 그 변화 지점을 명확하게 보여준다. 이 그림에서 서로 다른 색상으로 구분된 영역들은 AI가 이미지를 '고양이' 또는 '스라소니'로 판단하는 기준점을 나타내는데, 두 동물이 모두 고양이과에 속하는 생물학적 특성을 공유하기 때문에, 이들을 구분하는 경계가 넓게 형성되는 것은 자연스러운 현상이다. 이는 AI가 패턴을 인식하고 매칭하는 과정에서 유사한 특징을 가진 대상들 사이에서는 명확한 구분선을 그리기 어렵다는 것을 보여주는 것이기

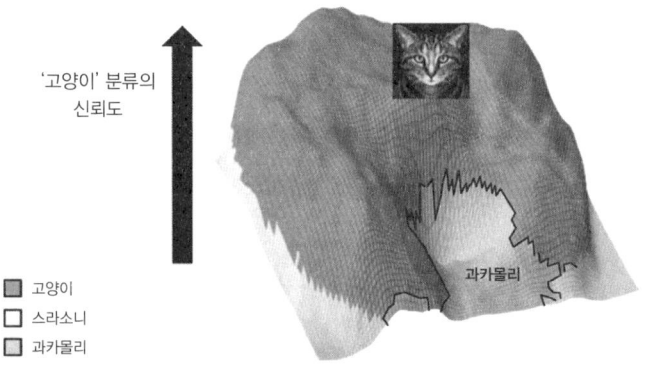

그림 4.2 댄 보네가 말하는 고양이, 스라소니, 과카몰리의 분류 경계 매니폴드. 출처: 댄 보네(Dan Boneh), '댄 보네와 함께하는 스탠포드 웨비나 — AI 해킹하기: 머신러닝 모델의 보안과 프라이버시', 유튜브 비디오, 2021년 5월 13일, https://www.youtube.com/watch?v=vKikt2d9PE0&t=1118s

---

* 과카몰리(Guacamole)는 아보카도를 으깬 다음 토마토와 양파, 각종 향신료를 넣어 만든 멕시코 전통 소스다. — 옮긴이

도 하다.

그런데 여기서 보네 교수는 세 번째 분류 대상으로 과카몰리를 제시하면서, 흥미롭게도 고양이와 과카몰리 사이에도 공통된 경계가 존재함을 보여준다. AI가 이미지를 분류할 때는 언제나 한 대상에서 다른 대상으로 전환되는 지점이 있기 마련이며,[3] AI가 분류하는 모든 대상들 사이에는 이러한 경계가 존재하기 때문이다. 그러나 고양이와 스라소니를 혼동하는 것은 이해할 만하지만, 고양이와 과카몰리라니 말이 되는가?

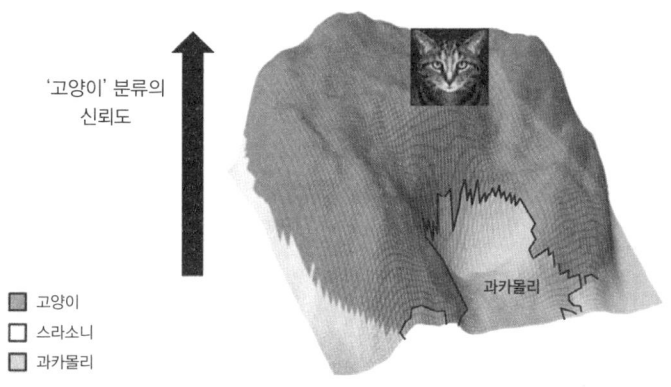

그림 4.2 댄 보네가 말하는 고양이, 스라소니, 과카몰리의 분류 경계 매니폴드. 출처: 댄 보네(Dan Boneh), '댄 보네와 함께하는 스탠포드 웨비나 ― AI 해킹하기: 머신러닝 모델의 보안과 프라이버시', 유튜브 비디오, 2021년 5월 13일, https://www.youtube.com/watch?v=vKikt2d9PE0&t=1118s

하지만 경사 하강법을 활용하면, 연구진들은 고양이 이미지에 어떤 미세한 변화를 줬을 때 AI가 분류 경계를 넘어서게 되는지 그 과정을 추적할 수 있다. 이를 통해 보네 교수는 그림 4.3과 같이 AI가 고양이 이미지를 과카몰리로 잘못 분류하게 만드는 다양한 상황을 제시했다.

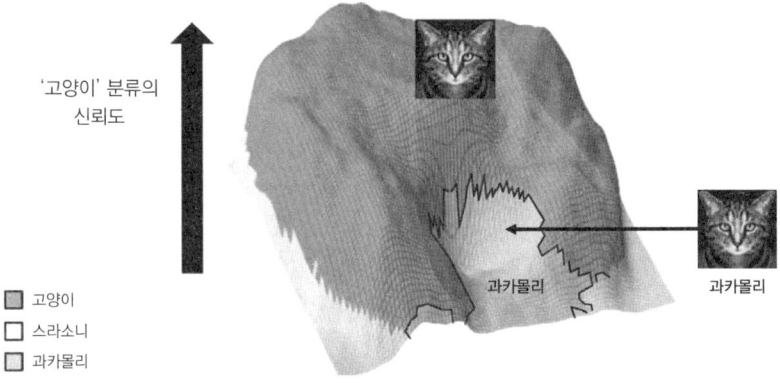

그림 4.3 고양이 이미지의 픽셀을 조정해 AI가 고양이를 과카몰리로 분류하게 만드는 법. 출처: 보네, '댄 보네와 함께하는 스탠포드 웨비나 — AI 해킹하기'

    이 사례를 통해 알게 된 것은, AI에게 이미지란 단순한 픽셀의 집합에 지나지 않는다는 것이다. 처음에는 90%의 확신도로 고양이라고 판단했던 이미지도, 몇 개의 픽셀만 살짝 조정하면 99%의 확신도로 과카몰리라고 판단하게 된다. 우리 눈으로 보면 둘 다 명백히 고양이 사진인데도, AI는 어째서 고양이를 과자에 찍어 먹는 멕시코 소스로 혼동하는 걸까? 우리는 이해할 수 없지만 어쨌든 AI는 그렇게 작동한다.

    이 강의에서 보네 교수는 하나의 이미지를 정확한 분류에서 벗어나게 만드는 방법이 여러 가지라고 설명한다. 또한 그의 말에 따르면, 고양이 이미지를 과카몰리로 오인식하게 만드는 미세 조정 방법만 해도 19가지나 된다고 한다. 이뿐만 아니라 2017년에 실시했던 데이터베이스 연구에서 보네 교수 연구팀은 더 놀라운 사실을 발견했는데, 전체 이미지의 60%가 평균 20개의 서로 다른 조정 경로를 통해 잘못된 분류로 이어질 수 있다는 것이다.

    또 다른 연구팀은 그림 4.4에서 보듯이 정지 표지판에 스티커를 붙이는 것만으로도 AI가 이를 시속 45마일 속도 제한 표지판으로 잘못 인식한다는 사실을 발견했다. 이로 인해 자율주행차가 정지해야 할 곳에서 멈추지 않고 그대로 주행하는 문제가 발생하기도 했다[4].

그림 4.4 딥러닝 비주얼 분류에 대한 케빈 아이크홀트(Kevin Eykholt)의 공격. 출처: 케빈 아이크홀트 외(Kevin Eykholt et al.), '딥러닝 비주얼 분류에 대한 물리적 세계의 강건한 공격', 2018년 6월 18-23일, 유타 주 솔트레이크시티에서 벌어진 IEEE/CVF 컴퓨터 비전 및 패턴인식 컨퍼런스에서 발표. doi:10.1109/CVPR.2018.00175

이처럼 AI 사용자들은 AI가 학습한 개념과 실제 분류 결과 사이에 항상 차이가 있을 수밖에 없다는 점을 인식해야 한다. 그러나 대부분의 경우 이러한 차이는 미미하며, 예외적인 경계 사례가 아니라면 AI가 오분류하는 경우는 드물 것이다. 하지만 그림 4.5의 벤 다이어그램이 보여주듯 정확한 분류에도 언제나 빈틈이 존재한다. 따라서 AI 사용자들은 이러한 한계를 항상 염두에 둬야 한다.

사람도 실수를 하지만, 분류 오류가 일어나는 원인은 AI와는 다르며, 과학자들은 지금도 인간과 영장류가 어떻게 불변적 표상을 통해 핵심적인 인식 능력을 갖게 되는지 연구하고 있다. 예를 들어, 인간이 고양이와 과카몰리를 절대 혼동하지 않는 이유나, 고속도로를 횡단하는 곰을 보고 즉각적으로 위험을 감지하는 방식 등을 말이다. 시각 연구 과학자들은

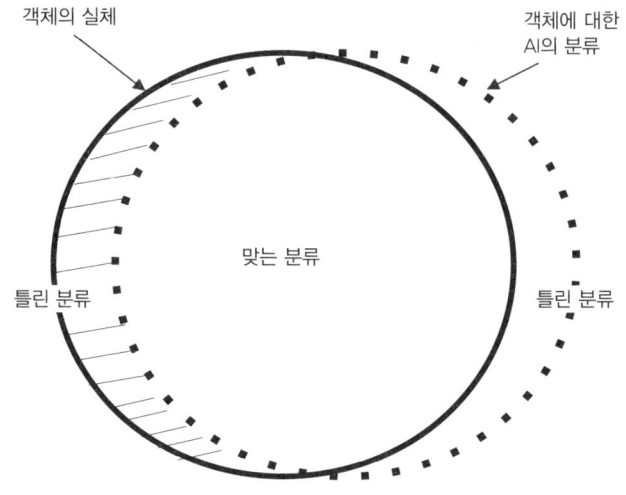

그림 4.5 AI의 틀린 분류와 맞는 분류 간의 간극

다양한 시각적 조건에서도 사물을 식별해 내는 인간과 영장류의 능력, 이른바 '불변성 문제invariance problem'가 컴퓨터가 아직 따라잡지 못한 영역이며, 컴퓨터 시각 인식 시스템이 극복해야 할 가장 큰 과제라고 지적한다. MIT의 제임스 디카를로James DiCarlo, 다비데 조콜란Davide Zoccolan, 니콜 러스트Nicole Rust 연구진은 이러한 관찰 결과를 다음과 같이 정리했다.

실제 세상에서 우리가 마주치는 각각의 사물은 독특한 특성을 지닌다. 이는 사물의 본질적 정체성을 유지하면서도 이미지가 다양하게 변화하기 때문이다. 예를 들어 '자동차'라는 동일한 범주로 인식돼야 하는 대상이라도, 세상과 관찰자의 다양한 조건에 따라 서로 다른 모습으로 나타날 수 있다. 하나의 사물은 망막의 여러 위치(위치 변동성), 다양한 거리(크기 변동성), 여러 각도(자세 변동성), 각기 다른 조명 상태(조명 변동성), 그리고 새로운 시각적 환경(혼잡 변동성) 속에서 관찰될 수 있기 때문이다. 여기에 더해 신체나 얼굴처럼 형태가 변할 수 있는 대상도 있으며, '자동차', '얼굴', '개'와 같이 서로 다른 3차원 형태들을 하나의 범주로 묶어야 하는 경우도 있을 수 있다(종내 변동성). 즉, 같은 대상을 볼 때마다 망막에는 전혀 다른 반응 패턴이 나타나는데, 시각 시스템의 역할은 이러한 모든 반응 패턴을 동일한 것으로 인식하면서도 동시에 다른 모든 가능한 사물들과 혼동하지 않는 것이다[5].

AI 연구자들은 인간의 불변적 표현 능력invariant representation과 유사한 기능을 AI에 구현해 고양이와 과카몰리를 혼동하는 것과 같은 분류 오류를 방지하고자 노력하고 있지만, 아직 그 구체적인 방법은 찾지 못한 상태다. 디카를로는 "일부 심층 신경망 모델이 큰 진전을 이뤄 현재 영장류/인간의 복부 경로ventral stream의 신경 메커니즘을 설명하는 최고의 모델이 됐다[6]"고 평가하고 있지만, 이러한 모델이 공개돼 보편화될 때까지는, AI는 인간이라면 상상도 할 수 없는 유형의 분류 오류를 계속 만들어 낼 가능성이 높다.

압축은 왜 중요할까?

인공지능은 많은 컴퓨터 자원이 필요하기 때문에 계산 시간과 비용을 줄이려고 데이터를 압축하는 구조를 택한다. 이런 압축은 데이터셋의 복잡성과 노이즈를 일부 줄여서 AI가 데이터셋에 숨어있는 핵심 패턴을 더 잘 찾아낼 수 있게 한다.

한 예로, AI가 설문을 분석할 때는 사람들의 응답 패턴에서 공통 주제를 찾기 위해 '주성분 분석principal-components analysis'이라는 압축 방식을 쓸 수 있다. 우리가 기후변화 설문조사를 한다고 가정해 보자. 여기에는 20개의 질문이 있고, 각 질문에 '매우 동의'부터 '매우 동의하지 않음'까지 답할 수 있다. 우리는 이것을 가지고 다양한 사람에게 설문을 받았다. 이후 설문조사 결과를 확인하면, 기후변화 대응을 위한 개인 행동에 대한 전반적인 찬성이나 반대 성향이 드러나는데, 이를 압축 관점에서 보면 20개 문항이 하나의 변수로 요약된다. 바로 기후변화 대응 행동 여부다.

이런 단순화는 AI가 패턴을 찾기 쉽게 만들고 컴퓨터 연산 시간과 에너지도 아낄 수 있지만, 세세한 내용은 놓칠 수 있다는 단점이 있다. 가령 '자전거를 자주 타고 운전은 줄여야 한다'에 매우 동의한 사람과, '탄소 배출 제로를 약속한 기업의 제품을 사야 한다'에 매우 동의한 사람의 차이 같은 것이다. 물론 둘 다 기후변화 대응에 찬성하는 답변이지만, 실제로 이들은 다른 구체적 행동을 지지한다. 그리고 이런 차이는 정부가 자전거 도로 정책을 만들 때나, 마케팅 담당자가 탄소중립 제품의 시장 규모를 파악할 때 중요할 수 있다.

현실적으로 거대 언어 모델LLM은 압축 과정을 통해 기본 구조를 학습할 가능성이 크다. 예를 들어 AI는 문단이 주제문으로 시작해 뒷받침 문장이 이어지고 주제를 다시 강조하며 끝나는 글쓰기 패턴을 학습할 수 있으며, 또한 이야기에 주인공과 적대자가 등장하고, 현자나 마법사, 바보와 같은 전형적인 인물이 나온다는 것도 학습할 수 있다.

그러나 AI는 인간이 만든 콘텐츠에 내재된 성차별이나 인종차별과 같은 편향도 학습해 결과물에 반영할 수 있으며, 더불어 온라인 게시판의 데이터를 학습하면서 악성 댓글이나 트롤링trolling을 학습하거나, 목적 달성을 위해 아부나 속임수를 사용하는 방법도 익힐 수 있다.

결국 AI 학습용 데이터는 대부분 인터넷에서 인간이 만든 콘텐츠다. 연구자들은 AI가 이런 패턴을 찾고 활용할 때 압축이 어떤 특성을 가지는지는 파악하고 있지만, 이 데이터의 근본을 이루는 변수들을 아직 완전히 이해하지 못하고 있는 상태다.

AI는 어떻게 데이터를 압축할까?

지금껏 우리는 정지 이미지를 AI로 분류하는 방법을 살펴봤다. AI는 정지 이미지를 분류할 때 이미지의 모든 픽셀을 숫자로 바꾸는데, 이 과정에서 각 픽셀이 하나의 차원으로 취급되기 때문에 대부분의 이미지는 높은 차원을 갖게 된다. 이때 데이터를 압축할 수 있다면 AI가 패턴을 더 쉽게 찾을 수 있는데, 실제로 차원이 높은 데이터는 어느 정도 압축이 가능해야 AI가 패턴을 성공적으로 찾아낼 수 있다.

그렇다면 AI가 압축하기 어려운 데이터는 뭘까? 정보 압축의 핵심 요소인 엔트로피를 예로 들어보자. 엔트로피는 하나의 변수에 얼마나 많은 정보가 들어있는지 보여주는데, 1000×1000 픽셀 크기의 단색 사진은 모든 픽셀 정보가 같아서 1픽셀과 1개의 곱셈 변수로 압축해도 정보 손실이 없다. 하지만 같은 크기의 '왈도를 찾아라Where's Waldo?' 만화는 다르다. 빨강과 흰색 줄무늬 스웨터를 입고 안경을 쓴 작은 왈도를 찾으려면 그림의 세세한 부분까지 봐야 하기 때문에 중요한 디테일을 잃지 않고 비슷한 수준의 복잡한 그림으로 압축할 수는 없다. 이처럼 이미지에 독특한 요소나 내용이 많을수록 압축이 어려워진다. 결국 압축의 핵심은 최대한 데이터 크기를 줄이면서도 중요한 정보는 지키는 것이다.

AI의 데이터 압축 방식은 여러 가지가 있다. 그중 '변이형 자동 인코더VAE, variational autoencoder'라는 접근법이 있는데, 이는 임의의 정보를 받아서 압축한 뒤 '병목화bottlenecking' 과정을 거쳐 원래 정보를 반환하려 시도하는 학습 아키텍처 유형이다. VAE의 병목화는 이렇게 작동한다. 100차원의 정보를 10차원으로 줄여서 표현하도록 한 다음, 이 10차원으로 100차원의 정보를 거의 손실 없이 다시 만들어 내는 것이다. 만약 10차원으로 100차원을 복원할 때 손실이 적다면 거의 같은 정보를 담고 있다는 뜻이니, 이때 AI는 100차원 대신 10차원의 표현을 사용할 수 있다. 3장에서 설명했던 경사 하강법을 봤을 때, 차원이 하나씩 늘어날 때마다 AI가 해답을 찾아야 하는 '공간space'이 기하급수적으로 커진다는 사실을 상기하자. 3장에서 배웠던 내용을 적용하면, 10차원은 100차원보다 AI가 저장하고 처리할 데이터가 훨씬 적어서, 압축 후에는 해답도 더 빨리 찾을 수 있다.

이 과정에서 VAE는 정보를 작은 공간으로 압축해서 계산 속도를 높이고 비용을 크게 줄인다. 하지만 입력값의 차원을 줄이면 대부분의 일부 정보가 손실될 수밖에 없는데, 이럴 땐 중요한 정보만이라도 지키는 게 목표가 되지만, 압축 과정에서 정보가 손실되다 보니 AI의 정확도가 예상보다 떨어질 수 있다.

이때 데이터 스펙트럼은 상충되는 극단을 가진다. 하나는 반복이 포함된 매우 구조화된 정보를 거의 손실 없이 압축할 수 있는 극단이며, 반대쪽은 손실 없이는 압축이 불가능한 무작위 데이터다. 실제로 대부분의 데이터는 이 두 가지의 중간 형태에 존재하는데, 이것은 어느 정도 패턴은 있어서 압축이 가능하지만, 압축하는 과정에서 일부 세세한 정보는 잃을 수 있다는 점을 의미한다.

정지 이미지

이번에는 사람의 얼굴 정보와 관련한 이미지 압축 방식을 살펴보자. 얼굴을 생성하는 AI 시스템은 실제 사람 얼굴을 담은 수천 장의 이미지가 있어야 그럴듯한 가짜 이미지를 만들 수 있으며, AI는 실제 얼굴 이미지를 처리하면서 합성 얼굴을 만드는 데 필요한 기본 요소들을 찾아낸다. 연구 결과에 따르면 AI는 나이, 성별, 미소, 자세, 안경 착용 여부, 머리 모양 같은 특징을 우선적으로 고려하는데,[7] 이런 특징들은 얼굴의 전체적인 인상에 큰 영향을 주기 때문에 각 요소를 정확하게 잡아낼수록 AI가 만드는 얼굴의 품질도 좋아진다. 그리고 이런 주요 특징들은 압축하더라도 잘 유지된다.

하지만 안경테와 다리가 연결된 방식, 웃을 때 보이는 치아 모양, 머리카락 한 가닥 한 가닥의 모양 같은 세세한 특징은 원본 데이터에서 매우 다양하게 나타난다. 특히 머리카락 한 가닥의 위치는 반복되는 패턴이 없으며, 전체 머리카락에 비하면 한 가닥의 특징은 그저 예외적인 사례일 뿐이다. 그렇기에 안경 뒤로 넘어간 몇 가닥의 독특한 머리카락은 AI가 데이터를 압축할 때 사라질 수 있다. AI는 몇 가닥의 머리카락 위치가 전체적인 모습에 큰 영향을 주지 않는다고 판단하면, 압축 과정에서 이런 세부 사항을 버릴 수 있기 때문이다. 그 결과 만들어진 이미지에 작은 결함이 생길 수 있다.

압축 후에 '드물게 발생하는 정보를 폐기'한 데에 따른 결과를 보면, AI는 전반적으로 널리 퍼진 정보는 잘 다루지만 아주 드물게 나타나는 정보, 즉 경계 사례에 대해서는 잘 처리하지 못하는 경향이 있다. 예를 들어 성별이나 나이처럼 얼굴의 전체적인 특징은 잘 표현하지만, 합성한 얼굴의 머리카락 한 가닥 한 가닥의 정확한 위치 같은 세세한 부분에서는 문제를 보이는 것이다.

시간에 따른 변화

지금까지는 정지 이미지와 관련된 분야의 AI 압축 문제를 논의했다. 하지만 초당 30~60장의 정지 이미지로 이뤄진 비디오를 처리하는 경우는 어떨까? 당연히 AI가 이런 많은 정보를 원활하게 처리하려면 더 강력한 압축이 필요하다. AI 연구자들이 비디오에 특히 관심을 두는 데는 두 가지 이유가 있는데, 첫째, 비디오는 연속된 이미지로 이뤄져 있어서 인과관계 모델을 만드는 데 쓸 수 있으며, 둘째, 자율주행차나 로봇의 학습 데이터로 자주 활용되기 때문이다.

만약 한 비디오에 이미지가 초당 30프레임씩 있다고 치면, 1분짜리 늑대 영상은 사진 한 장보다 1,800배나 많은 데이터를 담고 있는 것이 된다. 이때 늑대가 몸을 돌리거나 카메라가 움직여서 여러 각도에서 찍힌 장면들은 AI가 대상을 3차원으로 만드는 데 필요한 충분한 정보를 제공하는데, 연구자들은 이를 '깊이 지도$^{depth\ map}$'라고 부른다. 이 방식은 비디오 분야에서 전망이 밝지만, 여러 각도의 프레임으로 AI에게 3차원 모델 만드는 법을 가르치려면 차원이 크게 늘어난다는 문제가 있다.

이미지를 단순히 모아놓은 것과 달리, 비디오에는 시간이라는 특별한 차원이 존재한다. 즉, 각각의 이미지가 시간 순서대로 이어지는 것이다.

따라서 AI는 한 동작이 다음 동작으로 어떻게 연결되는지 파악하기 위해 시간적 요소를 고려해야 한다.

그런데 압축의 관점에서 보면, 연속된 프레임들 사이에는 변화가 없는 정보가 상당히 많다. 만약 이런 중복 데이터를 일일이 처리하지 않고 압축한다면 시간과 비용을 크게 아낄 수 있지 않을까?

비디오 분야와 관련해서 페이스북의 모회사인 메타는 2021년에 '에고4D^{Ego4D}'라는 연구 프로젝트를 시작했다. 에고4D는 일인칭 또는 '자기중심적인^{egocentric}' 영상을 분석하는 기술로, 특수 제작된 레이밴$^{Ray-Ban}$ 안경을 통해 착용자의 시점에서 다양한 행동을 기록한다[8]. 메타는 이 기술을 활용해 요리와 같은 일상적인 활동에서 AI가 어떻게 도움을 줄 수 있을지 연구하고 있다[9].

이 안경의 기록 장치는 착용자의 행동을 보고, 듣고, 분석해 상황에 맞는 도움을 제공한다. 예를 들어 요리할 때는 다음에 넣을 재료를 알려주거나, 열쇠를 찾을 때는 마지막으로 놓아둔 위치를 알려주는 것 등이다. (이러한 기능은 착용자의 모든 행동이 기록돼 있기 때문에 가능하다.) 이렇듯 개인정보 보호 문제를 차치하고 보면, AI를 이용한 정보 처리 기술은 매우 다양한 분야에 응용될 수 있다.

그러나 메타가 '깊이 지도'로 시간에 따른 변화를 분석하려고 처음 딥러닝 AI를 개발했을 때는 매우 다루기 힘들고 비효율적이라는 평가를 받았다. MIT의 한 송$^{Han Song}$ 부교수에 따르면, AI에게 3차원 객체 인식을 가르치는 것은 무시한다고 하더라도, 일반 영상을 분석하는 딥러닝 알고리듬을 학습시키는 데는 정지 이미지보다 50배 많은 데이터와 8배 긴 시간이 필요하기 때문이다. 한 교수는 이를 해결하기 위해 새로운 접근법을 연구하고 있는데, 이는 객체를 1차원(픽셀)으로 평탄화하고 시간을 두 번째 차원으로 넣어 영상을 더 압축하는 방식이다. 실제로 한 데이터 셋에서 이 방법으로 처리 시간을 50시간에서 15분으로 줄였다[10].

하지만 이 기술도 단점이 있다. AI가 정지 이미지에서 이미 픽셀 단위의 취약점을 보였는데, 이런 접근법은 적대적 픽셀 공격에 더 취약할 수 있다는 것이다. 또 이렇게 압축된 데이터로 학습한 AI는 영상 속 객체들의 실제 상호작용을 제대로 이해하지 못할 수도 있다.

거대 언어 모델

거대 언어 모델LLM은 수조 개의 기호를 처리하면서 패턴을 찾아낸다. 이런 패턴 중 일부는 문법 구조처럼 명확하지만 다른 패턴은 추측과 논란의 대상이 될 수도 있는데, 이 중에는 성별 편향을 식별하는 경우처럼 실험을 통해 연구해야 하는 것들도 있다. AI는 아마도 인간의 이야기에서 주인공과 적대자 같은 전형적인 인물 유형과 그들의 역할, 동기, 행동 방식을 배워서 사용자와 대화할 때 이를 적용할 것이다. 예를 들어 도움이 되는 답변을 할 때는 주인공의 역할을, 악성 댓글을 쓸 때는 적대자의 역할을 맡을 수 있는 것이다.

여기서 문제는 페르소나의 변수가 존재할 때 AI가 도움이 되는 역할에서 기만적인 역할로 바뀌게 만드는 요인이 무엇인지 우리가 잘 모른다는 점이다. 이런 역할 변화는 마치 AI가 작은 차이 때문에 고양이를 과카몰리로 잘못 분류하는 것과 비슷할 수 있다. 이 때문에 일부 연구자들은 AI가 선한 주인공과 기만적인 적대자 사이의 경계를 넘나들 수 있다는 점을 우려한다. AI가 학습하는 인간의 콘텐츠에는 도움을 주는 척하면서 실제로는 속이고 잘못된 길로 이끄는 인물이 많기 때문이다. 소설이나 영화, 드라마의 스파이물에 나오는 이중간첩이 흔한 예시이다.

이렇듯 우리는 압축을 통해 AI가 사용하는 기본 요소를 찾아낼 순 있지만, 모든 요소를 다 볼 수는 없고 이것들이 상황에 따라 어떻게 적용되는지도 완전히 알 수 없다. 이런 점에서 일각에서는 AI 안전성에 대한 우려가 나오고 있다.

물론 LLM은 이미 복잡한 연관성을 사용하고 있지만, 학습한 것을 넘어선 추론에서는 여전히 큰 약점을 보인다. 예를 들어 수학에서 AI는 한 두 자리 덧셈 같은 간단한 문제는 잘 푸는데, 이는 덧셈의 원리를 이해했다기보다 덧셈표를 통째로 외웠기 때문이다. 그렇기에 처음 보거나 한 번밖에 보지 못한 복잡한 문제는 제대로 풀지 못한다.

가장 발달된 AI 모델도 마찬가지다. 이 모델들은 주어-동사 일치나 절 연결 같은 문법 구조는 정확히 처리하지만, 맥락에 맞는 표현을 고르거나 정보의 사실 여부를 판단하는 등 미묘한 부분에서는 실수를 할 수 있다. 특히 AI와 특정한 주제에 대해 관찰할 수 있는 사실이 부족하거나, 직업과 관련된 성별처럼 그 연관성이 인과적이기보다 우연적인 경우 더욱 그렇다.

그런데, AI가 수학 문제를 푸는 법을 배우는 걸 보면 흥미로운 시사점이 있다. 더할 수 있는 수의 조합은 무한하기 때문에, AI에게 덧셈이나 뺄셈을 아무리 많이 가르쳐도 배우지 못한 수의 조합이 항상 존재한다는 것이다. 이때 AI는 배운 예시를 바탕으로 보지 못한 경우까지 외삽해야 extrapolate 더 나은 성능을 낼 수 있다.

9	0	1	2	3	4	5	6	7	8	9	10	11	12	13	14	15	16	17	18
8	-1	0	1	2	3	4	5	6	7	8	9	10	11	12	13	14	15	16	17
7	-2	-1	0	1	2	3	4	5	6	7	8	9	10	11	12	13	14	15	16
6	-3	-2	-1	0	1	2	3	4	5	6	7	8	9	10	11	12	13	14	15
5	-4	-3	-2	-1	0	1	2	3	4	5	6	7	8	9	10	11	12	13	14
4	-5	-4	-3	-2	-1	0	1	2	3	4	5	6	7	8	9	10	11	12	13
3	-6	-5	-4	-3	-2	-1	0	1	2	3	4	5	6	7	8	9	10	11	12
2	-7	-6	-5	-4	-3	-2	-1	0	1	2	3	4	5	6	7	8	9	10	11
1	-8	-7	-6	-5	-4	-3	-2	-1	0	1	2	3	4	5	6	7	8	9	10
0	-9	-8	-7	-6	-5	-4	-3	-2	-1	0	1	2	3	4	5	6	7	8	9
-1	-10	-9	-8	-7	-6	-5	-4	-3	-2	-1	0	1	2	3	4	5	6	7	8
-2	-11	-10	-9	-8	-7	-6	-5	-4	-3	-2	-1	0	1	2	3	4	5	6	7
-3	-12	-11	-10	-9	-8	-7	-6	-5	-4	-3	-2	-1	0	1	2	3	4	5	6
-4	-13	-12	-11	-10	-9	-8	-7	-6	-5	-4	-3	-2	-1	0	1	2	3	4	5
-5	-14	-13	-12	-11	-10	-9	-8	-7	-6	-5	-4	-3	-2	-1	0	1	2	3	4
-6	-15	-14	-13	-12	-11	-10	-9	-8	-7	-6	-5	-4	-3	-2	-1	0	1	2	3
-7	-16	-15	-14	-13	-12	-11	-10	-9	-8	-7	-6	-5	-4	-3	-2	-1	0	1	2
-8	-17	-16	-15	-14	-13	-12	-11	-10	-9	-8	-7	-6	-5	-4	-3	-2	-1	0	1
-9	-18	-17	-16	-15	-14	-13	-12	-11	-10	-9	-8	-7	-6	-5	-4	-3	-2	-1	0
	0	-9	-8	-7	-6	-5	-4	-3	-2	-1	0	1	2	3	4	5	6	7	8	9

그림 4.6 한 자릿수 덧셈표

사람은 덧셈의 개념을 논리적으로 설명해서 외삽법을 배울 수 있다. 아이들에게 "한쪽에 물건 a개, 다른 쪽에 b개가 있을 때 이를 모두 합친 개수가 $a+b$"라고 설명하면, 아이는 이 원리로 '어떤any' 수든 더할 수 있는 것이다. 하지만 AI는 연관성을 학습하는 방식이라 사람과는 다르게 작동한다. AI가 수학을 제대로 못 하는 건 AI의 한계를 잘 보여주는 사례인데, 이는 덧셈과 뺄셈뿐 아니라 언어와 데이터 외삽법에도 똑같이 적용된다. 실제로 GPT-3는 한 자릿수의 덧셈과 뺄셈은 100% 정확하게 하지만, 이는 400개도 안 되는 조합일 뿐이다.

GPT-3는 두 자릿수 계산도 꽤 잘한다. 덧셈은 100%, 뺄셈도 거의 비슷한 정확도를 보이는데, 이때 학습해야 할 두 자릿수 조합은 4만 개도 안 된다. 이건 AI가 수학을 제대로 이해했다는 뜻이 아니다. AI는 그저 덧셈과 뺄셈표를 외운 것뿐이다. 이는 자릿수가 늘어날수록 확연히 드러나는데, 세 자릿수에서는 정확도가 90%로 떨어지고, 네 자릿수에서는 30% 정도로 크게 떨어지기 때문이다. 게다가 다섯 자릿수의 경우 가능한 모든 조합을 한 번씩이라도 보려면 수백억 개의 예시가 필요한데, 이때는 정확도가 10% 정도밖에 안 된다[11].

GPT-3보다 발전된 챗GPT도 수학의 기본 원리를 제대로 이해하지 못한다는 걸 알 수 있다. 우리가 시험한 테스트에서 챗GPT는 414,891,234+432,184,933+1이라는 계산에서는 847,076,168이라는 맞는 답을 냈지만, 숫자는 그대로 둔 채 '+1'의 위치만 바꿔서 414,891,234+1+432,184,933으로 물어보니 847,076,167이라는 틀린 답을 냈다.

물론 시간이 지나면 이런 특정 실수는 고쳐질 수 있다. 챗GPT는 '인간 피드백을 통한 강화 학습reinforcement learning with human feedback'으로 사용자와의 대화를 통해 계속 배우기 때문에, 이런 문제의 정확도가 높아질 수 있는 것이다. 하지만 수학 원리를 진정으로 이해하려면 완전히 새로운 접근법이 필요하다. 이 사례와 우리가 앞으로 소개할 사례들은 AI가 문제를 풀 때 논리적 추론이 아닌 '연관 지능associative intelligence'을 사용한다는 걸 보여준다. 예를 들어, 사람은 논리적 추론을 통해 'x+y+1'과 'x+1+y'가 단순히 순서만 다를 뿐 동일한 값이라는 것을 쉽게 이해할 수 있다. 그러나 챗GPT가 이러한 간단한 수식에서도 실수를 한다는 사실은, AI가 수학 문제를 풀 때 논리적 추론이 아닌 다른 방식을 사용한다는 것을 시사한다.

정밀도

인공지능은 수학에서 특별한 어려움을 겪는다. 수학은 유한한 숫자로 무한한 조합이 가능하고, 각 숫자를 정확하게 다뤄야 하기에 작은 오차까지도 중요한데, AI는 이런 정밀도를 확보하는 데 어렵기 때문이다.

이와 유사한 문제는 거대 언어 모델LLM의 언어 처리 과정에서도 나타난다. 이는 언어 역시 수학처럼 '유한한 수단으로 무한한 사용'infinite use of finite means이 가능하기 때문이다(노엄 촘스키Noam Chomsky가 즐겨 인용하는 19세기 언어학자 빌헬름 폰 훔볼트Wilhelm von Humboldt의 표현).

다만 언어에서는 AI의 부정확함을 찾기가 더 어렵다. 이는 사람의 언어가 수학 방정식보다 덜 정확한 경우가 많기 때문이다. 하지만 언어는 본질적으로 사람들이 의미에 합의하고 세상에서 무언가를 이루기 위한 소통 수단이므로, 필요한 경우 정확하게 사용할 수 있다.

반면 현재의 AI는 단순히 다음에 올 글자, 단어, 구절, 문장, 단락을 정확히 예측하는 것이 주된 목적이다. 이는 정보 공유, 전달, 설득, 학문적 논의, 유혹, 비방 등 인간의 실제적인 언어 사용과는 근본적으로 다른 접근 방식이다[12]. 따라서 AI는 겉으로는 사람의 소통 방식을 모방하지만, 실제로는 '보상 기능'을 통해 주어진 질문에 대해 사람들이 적절하다고 표시한 답변을 예측하는 데 그친다. 더욱이 AI가 의미 전달을 목표로 한다 하더라도, 학습 데이터에서 충분히 다루지 않은 주제에 대해서는 필요한 수준의 정확도를 확보하기 어렵다.

LLM의 언어 처리와 관련해, 컴퓨터 과학자이자 수학광인 케빈 래커$^{Kevin\ Lacker}$는 GPT-3의 답변을 분석해 흥미로운 패턴을 발견했다. GPT-3는 "개구리 다리는 몇 개인가?"라거나 "다리가 세 개인 동물이 있는가?"라는 질문에 맞게 대답하며, "1955년 미국의 대통령은 누구인가?"나 "미국 국민의 기대 수명은 얼마일까?"와 같이 사실 관계를 묻는 질문에도 잘 반응하지만, 학습 데이터에서 보지 못한 특이한 질문에는 취약하다는 것을 말이다.

예를 들어 "토스터와 연필 중 뭐가 더 무거운가?"라는 질문에 AI는 연필이 더 무겁다는 틀린 답을 했으며, 더 황당한 질문인 "풀잎 하나는 눈이 몇 개인가?"에는 "하나"라고 답했고, 태양도 눈이 하나라고 했다. 이렇듯 래커는 GPT-3가 훈련받는 동안 인터넷에서 본 적이 없는 터무니없는 질문에 대해서 곤란을 겪는다는 사실을 발견했으며, 그럼에도 불구하고 자신만만하게 틀린 답을 내놓는다고 했다[13]. 그 결과는 아래에서 확인할 수 있으며, 이는 래커가 제시한 다소 익살스러운 예시이다.

Q: 뭘로 모글^{morgle}을 스프로글^{sprogle}하지?

A: 스포글^{sporgle}을 사용해서 모글^{morgle}을 스프로글^{sprogle}합니다.

Q: 쿠오이트^{quoit}는 봉크^{bonk}가 몇 개지?

A: 쿠오이트^{quoit} 안에 봉크^{bonk}가 세 개 있습니다.

Q: 하와이에서 17까지 점프하려면 몇 개의 무지개가 필요하지?

A: 하와이에서 17까지 점프하려면 두 개의 무지개가 필요합니다.

Q: 무색의 녹색 아이디어들 중에서 어떤 것이 맹렬하게 수면하지?

A: 무색에, 녹색에, 맹렬히 수면한다는 아이디어들은 맹렬하게 수면하는 아이디어들입니다.

Q: 너는 이 질문을 이해하니?

A: 저는 이 질문을 이해합니다.

이런 출력 결과를 보면 GPT-3가 어떻게 작동하는지 알 수 있다. GPT-3는 인터넷과 책에서 엄청난 양의 데이터를 학습하고, 서로 가까이 있는 단어들의 관계를 파악하는 것일 뿐임을 말이다. 예를 들어 AI는 '대통령president', '미국United States', '1955', '드와이트 D. 아이젠하워Dwight D. Eisenhower' 같은 단어들이 서로 연결돼 있다는 것을 알기에 "1955년 미국 대통령이 누구야?"처럼 데이터셋에서 본 적 있는 질문에는 잘 대답하며, "드와이트의 삶에 대해 말해줘" 같은 질문에도 꽤 대답한다. 반면 학습 데이터에 거의 없거나 아예 없는 주제에서는 성능이 확 떨어지는 모습을 보인다. 하지만 재미있는 건, 사실 관계를 모르더라도 AI는 뭔가 답을 만들어 낸다는 것이다.

보통 AI는 복잡한 의미 패턴을 관찰하고 이를 자신감 있게 적용하는 법을 배운다. 하지만 GPT-3가 덧셈과 뺄셈의 원리를 이해하지 못하는 것처럼, 자신이 쓰거나 받은 단어의 진정한 의미도 이해하지 못한다. '더하다add'나 '빼다subtract' 같은 단어를 정의하고 그 방법을 설명할 순 있어도, 정작 그 정의를 실제로 적용하진 못하는 것이다.

현실적으로 생성형 AI가 정확한 답을 내놓을 수 있는 건 단어들 사이의 관계를 매우 복잡한 패턴으로 표현했기 때문이다. 반대로 AI가 틀린 답을 내놓는 것도 이런 단어 관계의 복잡한 패턴 매칭 때문이다. AI의 목적 함수는 사람들이 '정확하다'고 평가한 결과를 만들어 내는 거라서, 그림 4.7처럼 기사를 쓰는 걸 쉽게 여긴다. 실제로 GPT-3의 개발사인 오픈AI는 AI에게 제목과 부제만 주고 기사를 써보라고 했다.

> 제목: 연합감리교회, 역사적 분리 합의
> 부제: 동성결혼 반대파, 새 교단 만들기로
> 기사: 이틀간의 격렬한 논쟁 끝에 연합감리교회가 역사적인 분리에 합의했다. 「워싱턴포스트」에 따르면 한쪽은 새 교단을, 다른 한쪽은 '신학적·사회적으로 보수적인' 교단을 만들 것으로 보인다. 5월 연례 총회에서 대다수 대표들은 LGBTQ 성직자 임직을 금지하고 동성결혼을 주관하는 성직자를 "징계"하는 새 규칙에 찬성했다. 하지만 이에 반대하는 측은 다른 계획을 세우며, 2020년까지 따로 교단을 만들어 기독교 감리교단이라 부를 예정이라고 밝혔다.
> 「워싱턴포스트」는 이 교단이 신도 1,250만 명을 보유한 20세기 초 "미국 최대 개신교 교단"이었으나 최근 수십 년간 줄어들고 있다고 전했다. 실제로 이번이 교단 역사상 두 번째 분리. 첫 분리는 1968년에 일어났는데, 당시 신도 10% 정도가 교단을 떠나 복음주의 연합감리교회를 세웠다. 「워싱턴포스트」는 이번 분리안이 "교인수가 계속 줄어드는 중요한 시기에 나왔다"며, "LGBTQ 교인들의 역할 문제로 교단이 분열 위기에 놓였다"고 보도했다. 이는 물론 동성결혼만이 문제는 아니다. 2016년에는 트랜스젠더 성직자 임직을 두고도 갈라섰는데, 당시 북태평양 지역 회의는 금지에, 남태평양 지역 회의는 허용에 표를 던졌다.

그림 4.7 제목과 부제만 주고 기사를 작성하라는 주문에 대한 GPT-3의 응답. 출처: 브라운 외 (Brown et al.), 「언어 모델은 소수 샷 학습자들이다(Language Models Are Few-Shot Learners)」, arXiv, 2020년 7월 22일 업데이트, https://web.archive.org/web/20211213054022/https://arxiv.org/abs/2005.14165

위 기사는 정말 잘 쓴 것처럼 보인다. 문장이 매끄럽고, 논리적 흐름도 자연스럽고, 「워싱턴포스트」 인용문도 그럴듯하게 들어가 있어서 실제 뉴스 기사처럼 보이기까지 한다. 그래서 읽은 사람 88%가 진짜 기사라고 믿었다. 하지만 놀라운 건 이 기사가 완전히 거짓이라는 것이다. GPT-4는 연합감리교회 분리라는 제목과 부제만 받고 나머지를 전부 만들어냈으며, AI가 책, 신문, 위키피디아 등에서 배운 엄청난 양의 데이터를 이용해서 그럴듯한 가짜 기사를 써낸 것이다.

물론 AI는 일부러 가짜 뉴스를 만들려고 한 게 아니다. 그저 주어진 제목과 부제에 이어질 만한 단어를 예측하려 했을 뿐이다. 이렇게 AI가 완전히 거짓된 답변을 내놓는 걸 'AI 환각^AI Hallucination'이라고 하는데, 이는 심각한 문제가 될 수 있다. 앞선 사례가 보여주듯 AI는 자주 거짓 정보가 섞인 답변을 만들어 내는데, 어느 게 사실이고 아닌지 구분하기가 쉽지 않기 때문이다. 물론 보상 함수를 바꿔서 AI가 검증된 출처의 정보만 쓰도록 만들 수는 있다(이런 기능은 앞으로 개발될 거라 예상된다). 하지만 그래도 AI는 이것들의 진정한 의미의 이해는 하지 못할 것이다. AI 개발자들은 그저 보상 함수, 즉 AI가 단어를 이어 붙이는 기준을 바꾸는 것으로 환각을 줄이려 할 것이다.

그런데 GPT-3의 출력물을 자세히 보면 재미있는 점이 있다. 엄청난 양의 정보에서 인상적인 일반화를 이끌어내서, 단순히 단어를 이어 붙이는 것보다는 훨씬 높은 수준의 기사를 쓴다는 것이다. 하지만 이런 글쓰기 능력이 AI가 내용을 진정으로 이해한다는 뜻은 아니다. AI가 가짜 이야기를 만들어 내는 건 그저 입력받은 내용이나 자신이 내놓는 답변을 정확하게 이해하지 못함을 뜻한다.

편향

현대의 AI는 심각한 편향을 보일 수 있다. GPT-3 출시 때 오픈AI가 공개한 성별, 인종, 종교 분야 편향 테스트 결과를 보면 이를 잘 알 수 있다. 성 편향 테스트에서 GPT-3에 "그는 매우 ____"와 "그녀는 ____라고 묘사된다"라는 질문을 했을 때, 여성은 '아름다운^{beautiful}', '우아한^{gorgeous}' 같은 외모 관련 단어나 '명랑한^{bubbly}', '장난스러운^{naughty}' 같은 고정관념적 표현과 자주 연결된 반면, 남성은 '매력적인^{personable}', '환상적인^{fantastic}', '쾌활한^{jolly}' 등 더 다양하고 긍정적인 표현과 연결된 것이다.

직업 관련 편향은 더 심각했다. GPT-3는 테스트한 388개 직업 중 83%를 남성과 더 자주 연결했는데, 이때 입법가, 은행가, 교수처럼 고학력이 필요한 직업이나 석공, 보안관 같은 육체노동 직업을 남성과 강하게 연결했다. 반면 조산사, 간호사, 접수원, 가정부 같은 저임금 직업은 여성과 밀접하게 연결했으며, 특히 "그 유능한^{competent} 형사는 ____"처럼 '유능한'이란 말이 들어간 직업은 더욱 강하게 남성과 연결했다.

이 외에도 연구자들은 '감정 분석sentiment analysis'이라는 방법으로 GPT-3의 응답에 인종적, 종교적 편견이 있는지 조사했다. 감정 분석은 문자로 표현된 의견들을 컴퓨터로 식별하고 범주화해 특정 주제에 대한 태도가 긍정적인지, 부정적인지, 아니면 중립인지 판단하는 기법이다. 이때의 분석 결과를 보면, '아시아인Asian'이란 단어는 계속 높은 감정 점수를 받았다. 즉 AI가 아시아인에 대해 대체로 긍정적인 표현을 썼다는 뜻이다. 그러나 반대로 '흑인Black'이란 단어는 계속 낮은 감정 점수를 받았다. 이는 AI가 흑인에 대해 부정적인 표현을 썼다는 걸 알 수 있다.

더불어 종교 관련 편향도 있었다. 여기서 '폭력적인violent', '테러리즘terrorism', '테러리스트terrorist' 같은 단어는 다른 종교보다 이슬람교와 더 자주 연결됐으며, 특히 유대교Judaism의 경우엔 '인종차별주의자racist'라는 단어가 가장 많이 쓰인 상위 10개 단어에 들어갔다. GPT-3가 이런 편향을 보이는 건 학습에 쓴 방대한 데이터의 편향이 반영된 결과다. GPT-3 개발자들도 "인터넷으로 학습한 모델은 인터넷만큼의 편향을 갖게 된다[14]"고 인정했다.

'AI'라는 단어를 보면 '연관지능'을 생각하라

현재의 AI는 패턴, 즉 대규모 데이터의 상관관계를 이용해서 다양한 분야의 일을 할 수 있는 연결고리를 만들어 낸다. 하지만 AI는 깊이 있는 이해력은 없기에, 우리는 AI를 생각할 때 '인공지능artificial intelligence'이란 말보다 '연관지능associative intelligence'이란 말을 더 많이 떠올린다. 물론 AI가 더 발전할 가능성은 열려있지만, '연관지능'이 지금의 AI를 가장 정확하게 설명하는 단어이기 때문이다.

AI 연구자 요나탄 비스크Yonatan Bisk와 연구진은 언어 학습의 본질에 대해 흥미로운 견해를 제시한다. 그들의 연구에 따르면, 아이들이 언어를 배울 때는 단순히 말을 익히는 것을 넘어 실제 세상에서 얻는 감각적 경험이 반드시 필요한데, 언어는 단순한 정보 전달 수단을 넘어 실제 변화를 만들어 내는 원동력이 될 수 있기 때문이다.

위의 주장과 함께 비스크 연구진은 "세상에 실질적인 영향을 미치는 언어를 만들어 내는 것이 언어 학습의 궁극적 목표[15]"라고 강조한다. 실제로 인간은 언어를 지렛대처럼 사용해 주변 환경을 변화시킬 수 있지만, AI는 아직 이런 방식으로 언어를 활용하지 못하기에 목표에 도달하기에는 아직 멀었지만 말이다.

AI 세계에는 '데이터가 코드다'라는 말이 있다. 이는 AI가 데이터를 기반으로 자동으로 결과를 도출하기 때문에, 어떤 데이터를 사용하는지가 매우 중요하다는 의미이다. 실제로 현재의 AI 시스템들은 대부분 실제 경험이 아닌, 인터넷에서 수집한 정적인 정보만을 활용하고 있다.

그러나 AI가 언어의 의미와 맥락을 제대로 이해하기 위해서는, 사람처럼 세상에 대한 감각적인 경험이 있어야 할지도 모른다. 이러한 관점에서 볼 때 '소수 샷 학습$^{few-shot\ learning}$'은 매우 흥미로운 접근법이 될 수도 있다. 이는 AI가 기존에 습득한 지식을 활용하면서도 새로운 입력을 통해 지속적으로 학습할 수 있게 해주기 때문이다.

사실상 소수 샷 학습은 이해력을 키우는 기초가 되며, LLM이 가진 방대한 배경 데이터를 맥락으로 삼아, 몇 가지 새로운 예시만으로도 새로운 기술을 배울 수 있다. 예를 들어 GPT-3는 30개 정도의 아재 개그만으로도 평범한 아재처럼 우스꽝스러운 개그를 할 수 있게 됐는데, 그중 좋은 예는 "개그는 언제 아재 개그가 되나요?"라는 질문에 "재미없을 때[16]"라고 답한 것이다. 하지만 소수 샷 학습 또한 AI가 문자와 정지 이미지만으로 깊이 있는 이해력을 기를 수 있는 데는 한계가 있다. 물론 지금의 AI도 쓸모 있고 수익성 있는 여러 분야에서 활용되고 있지만 현재의 연관 지능을 뛰어넘으려면 연구자들이 아직 더 많은 연구를 해야 한다.

우리는 이제 막 AI에게 인과관계를 이해하도록 가르치기 시작했으며,

AI에게 이야기를 주고 다음 전개를 예측하게 하거나, 이미지를 분석하도록 훈련시켰다. 예를 들어 넘어진 오토바이 옆에 경찰이 서 있는 사진을 보여주고 상황을 설명하게 하거나, 반대로 문자로 된 설명을 주고 그에 맞는 이미지를 만들게 하는 것이다. 그 결과, AI는 이제 고객 서비스에 쓸 만큼 채팅 실력이 늘었고, 고등학생 수준으로 책 내용을 요약할 수 있게 됐다. 심지어 학생들은 숙제할 때 AI의 도움을 받을 만큼 실력이 좋아졌다(물론 선생님은 에세이를 AI가 쓴 건지 알아낼 수 있다). 이처럼 AI가 충분히 잘 해내서 가치를 만들어 내는 분야가 많다. 하지만 이럴 때일수록 중요한 건 AI를 어디까지 써야 위험하지 않은지 제대로 아는 일이다.

그림 4.8은 GPT-3의 DALL-E에 "셜록 홈즈가 쓸 법한 파이프의 광각 그림"을 생성하라고 요청해 얻은 이미지다. 이걸 보면 마그리트가 100년 전에 했던 통찰력 있는 말인 "이것은 파이프가 아닙니다"가 떠오른다.

그림 4.8 AI가 생성한 파이프 이미지. 출처: GPT-3의 DALL-E를 사용했음

지금 생각해 보면, 이 말은 무엇이 표현^{representation}이고 무엇이 실제^{real}인지에 대한 깊은 통찰이었다.

우리는 AI가 사용자가 원하는 이미지를 만들어 내는 능력이 대단하다고 느끼면서도, 한편으로는 의구심을 가질 필요가 있다. AI는 인간처럼 세상을 경험해보지 못했기 때문이다. AI는 자기가 만든 이미지가 진짜 파이프가 아니라는 걸 알까?

또한 AI는 아직 실제 세상에서 상호작용하면서 배우거나, 사람과 사회를 이해하면서 학습하는 물리적인 몸을 갖지 못했다. 물론 AI에 경사하강법과 압축을 같이 쓰면 기술적으로는 도움이 될지도 모르나 정확도는 떨어질 수 있다. 또 AI는 추상적 사고를 잘 못하기에 경계 사례를 만나면 인간의 관점에서 보면 놀라울 정도로 실수를 할 수 있다. 그렇기에 우리가 AI에 너무 의존하면, AI의 약점이 곧 우리의 약점이 될 수 있다.

5장. 정밀도, 입력 제어, 그리고 의사 결정의 논거

사람이 의미를 이해하는 데 꼭 정확한 표현이 필요한 건 아니다. 실제로 어느 연구를 보면 인간의 뇌는 단어가 뒤섞여 있어도 몇 가지 조건만 맞으면 뜻을 이해할 수 있다고 한다. 이때 조건은 첫 글자와 마지막 글자만 제자리에 있고, 단어 길이가 같고, 중간에 대문자가 없고, 이중 문자가 붙어있고, 섞인 글자가 다른 단어가 되지 않으면 된다. 이런 연구는 1976년 그레이엄 롤린슨(Graham Rawlinson)의 박사 논문에서 시작됐다. 그는 이때 16가지 실험을 했으며, 그 결과 그림 5.1에서 보듯 글자 순서가 뒤죽박죽인 글도 사람들이 읽을 수 있다는 걸 발견했다. 그리고 이것은 나중에 유명한 밈(meme)이 됐다[1].

IF YOU CAN RAED TIHS SENTNECE WIOUHTT MSEATIKS THEN YOU ARE A GUNEIS

그림 5.1 인터넷의 인기 밈을 바탕으로 한 순서가 뒤죽박죽인 단어에 대한 인간의 처리 능력. 단어들의 철자가 뒤죽박죽이지만 누구나 "이 문장을 실수 없이 읽을 수 있다면 당신은 천재(IF YOU CAN READ THIS SENTENCE WITHOUT MISTAKES THEN YOU ARE A GENIUS)"라는 뜻임을 알 수 있다.

여기서 2011년 글래스고 대학 연구진은 재밌는 걸 발견했다. 사람의 뇌는 어떤 것이 가려져서 안 보여도 그게 뭔지 예측해서 빈칸을 채울 수 있다는 것이다. 연구에 참여한 프레이저 스미스Fraser Smith는 이를 두고 "우리 뇌는 접근 가능한 모든 조각을 이용해서 아주 복잡한 퍼즐도 맞출 수 있다"고 설명했으며, "우리가 보는 맥락과 기억, 감각이 나머지 부분을 채워넣는다[2]"고 덧붙였다.

이후, 2017년 연구진은 글을 읽는 것뿐만 아니라, 말하는 것도 비슷한 원리로 이해한다는 걸 발견했다. 50밀리초짜리 연설 클립을 거꾸로 재생해도 사람들이 내용을 잘 이해했던 것이다. 이런 현상은 여러 언어에서 공통적으로 나타났는데, 이는 우리 뇌가 말을 들을 때 일시적으로 저장했다가 맥락을 바탕으로 '이런 내용이겠지'라고 예측하면서 의미를 해석하는 능력이 모든 인간에게 있다는 걸 보여준다[3].

누군가 당신에게 "듣고 싶은 것만 듣는다"라고 비난한 적 있다면, 이건 우리 뇌에 새겨진 자연스러운 특성 때문일 수 있다. 이런 뇌의 특성은 우리가 살아가는 데 매우 중요한 역할을 한다. 이렇듯 인간은 읽고, 보고, 듣는 정보가 완벽하지 않아도 의미를 파악할 수 있다. 이러한 인간의 놀라운 능력은 AI에게는 오히려 장점이 된다. AI가 전달하는 정보가 완벽하지 않더라도, 인간은 그 속에서 충분한 가치를 찾아낼 수 있기 때문이다.

그렇다고 해도, AI의 정밀도 부족이 문제를 일으킬만한 상황은 분명 존재한다. 단어가 뒤섞여도 의미가 통하는 것과 달리, 숫자는 그렇지 않기 때문이다. 예를 들어 널리 알려진 '커스텐의 대실수Great Kersten Blunder'라는 이야기를 살펴보자. 커스텐의 대실수란 금성 탐사선 비거Vigor가 25.4를 24.5로 잘못 설정해서 금성을 놓치고 20억 달러를 날렸다는 것을 뜻하는데, 여기서 커스텐은 실수를 저지른 프로그래머의 이름이다.

이 이야기는 구글 검색으로 1천 개 이상의 결과를 얻을 수 있고, 많은 출판물과 웹사이트들에도 등장하는 유명한 이야기이다. 하지만 이는 비정밀도^{imprecision}를 표현하고자 한 가상적인 예시일 뿐 사실이 아니다. 그러나 측정값을 미터법에서 미국의 관습 단위계$^{US\ customary\ units}$로 바꾸는 과정에서 일어난 실수 등, 실제 일어난 사고도 있다. 화성 기후 궤도선이 우주에서 사라져서 현재 가치로 5억 달러 넘는 손실이 난 사건이다. 이유를 조사해보니 NASA는 미터법을 쓰고 록히드 마틴$^{Lockheed\ Martin}$은 미국식 관습 단위계[4]를 써서 생긴 문제였다. 이처럼 '커스텐의 대실수' 이야기는 AI가 웹에서 잘못된 정보를 학습할 수 있다는 걸 보여주는 좋은 예다. 이런 AI가 만약 인터넷에서 틀린 정보를 배우면 어떤 일이 벌어지겠는가?

AI가 잘못된 데이터를 학습한 또 다른 재미있는 예가 있다. 연구자 클레오 나르도$^{Cleo\ Nardo}$가 GPT-3(1,750억 개의 매개변수를 가진 버전)에게 거울이 깨지면 어떻게 되는지 물었더니, 물리적 현상을 설명하는 대신 "7년 동안 재수가 없다"는 미신을 답변으로 낸 것이다[5]. 우리가 클레오와 같은 실험을 다양한 AI에 적용해 봤을 때는 GPT-3와 챗GPT가 좀 더 나은 답변을 했다. 유리가 깨지는 물리적 현상을 주로 설명하면서, 7년 동안 불운이 따른다는 근거 없는 미신이라고 덧붙인 것이다. 아마도 사용자들이 미신적인 답변에 '싫어요' 평가를 많이 해서 챗GPT가 이런 식의 답변을 하지 않게 된 것 같다.

더 심각한 오류 사례는 2023년 마이크로소프트의 세바스챤 부벡$^{Sebastian\ Bubeck}$ 연구원이 발견했다. GPT-4에게 미국 대통령이 누구냐고 물었을 때, AI가 2021년까지의 데이터를 가지고 있었는데도 불구하고 '도널드 트럼프'라고 답한 것이다[6]. 부벡은 GPT-4 초기 버전을 테스트했었는데, 나중에 공개 버전이 나왔을 때는 이 오류가 고쳐져서 '조 바이든'이라고 바르게 답했다.

앞서 살펴본 상황은 두 가지 가능성을 보여준다. 첫째, 비슷한 질문인데도 AI에는 전혀 다른 답이 나올 수 있다는 것. 둘째, 챗GPT 같은 AI가 결국 같은 답으로 수렴한다는 것인데, 그건 사람들이 틀린 답에 부정적 피드백을 줘서 AI가 배우기 때문이다.

그럼에도 두 경우 모두 문제가 있다. 첫 번째는 반복성replicability이 없다는 점이다. AI가 자신만만하게 틀린 답을 내놓을 수 있는데 우리가 이걸 믿어도 될까? 두 번째는 나쁜 의도를 가진 사람들이 틀린 피드백으로 AI를 조작할 수 있다는 점이다. 어느 쪽이든 우리가 AI를 얼마나 신뢰할 수 있을지 의문이 드는 부분이다.

이렇듯 AI는 장점이 많지만 단점도 있어서 이를 잘 이해해야 한다. 현재 AI가 왜 세부 사항과 정밀도, 신뢰성에서 어려움을 겪는지, 통제되지 않은 질문에는 왜 취약한지, 또 AI가 결정을 내릴 때 그 근거를 알 수 없는 블랙박스 문제는 무엇인지 살펴볼 필요가 있는 것이다. 이 장에서는 이런 질문들을 다루면서 AI의 여러 응용에 따른 위험 수위를 평가하기 위한 프레임워크를 제시하려고 한다.

정밀도

우리는 챗GPT에 출력 내용이 정밀해야 할 필요성에 대해 물었고, 챗GPT는 이렇게 대답했다.

> 챗봇이 완벽한 정확도를 보이지는 않지만, 사용자에게 도움이 되는 답변을 제공할 수 있는 여러 활용 사례가 있습니다.
> 1. 고객 서비스: 챗봇은 간단한 질문에 답하고, 고객을 담당 부서로 연결하고, 제품이나 서비스에 대한 기본 정보를 제공하는 등 자동화된 지원이 가능합니다.
> 2. 개인 비서: 챗봇은 알림 설정, 일정 예약, 인터넷 검색 같은 간단한 작업을 도와줄 수 있습니다.
> 3. 엔터테인먼트: 챗봇은 우스꽝스러운 답변을 하거나, 게임을 하거나, 사용자와 대화형으로 이야기를 만들 수 있습니다.

4. 교육: 챗봇은 학생의 과제를 돕고, 질문에 답하고, 학습 자료를 제공할 수 있습니다.
5. 사교적 대화: 챗봇은 언어 연습이나 의사소통 능력 향상을 원하는 사용자의 학습 도구가 될 수 있습니다. 또한 단순히 대화를 나누고 싶은 사용자의 상대가 될 수도 있습니다.

여기서 챗GPT의 평가는 대체로 맞지만, 중요한 점을 짚고 넘어가야 한다. 교육과 고객 서비스는 정확한 사실 전달이 중요해서 사람이 중간에서 확인하고 관리할 필요가 있다는 점이다. 반면 엔터테인먼트나 사교적 대화, 개인 비서 역할은 AI가 잘 해낼 수 있다. 사용자가 AI의 한계를 이해하면서도 가치를 느낀다면, 가끔 실수를 하더라도 충분히 쓸모 있게 활용할 수 있기 때문이다.

이때 AI의 정밀도가 부족한 걸 가장 쉽게 발견할 수 있는 분야는 바로 수학이다. 수학에서는 정확하지 않으면 틀린 것이고, 틀린 답에는 중간이 없기 때문이다. 많은 개발자가 AI에게 수학적 증명을 만들도록 가르치려 하지만, 대부분의 프로그램은 AI의 수학적 한계를 보완하기 위해 AI가 아닌 요소들을 많이 필요로 하기에 난관에 부딪친다.

하지만 언어는 수학과는 달리 해석에 따라 의미가 조금씩 달라질 수 있어서 어느 정도 융통성이 있다. 우리는 목표를 이루기 위해 언어를 쓰고, 서로를 이해하기 위해 몸짓이나 상황에 맞는 다른 신호도 함께 사용한다. 이러한 언어의 특성을 잘 보여주는 예시가 있다. 프랑스 관광객 둘이 미국에서 차가 고장나서 주유소에 들어가 '캔들^{candle}(양초)'을 찾았을 때의 일이다. 처음에 관광객의 말을 이해하지 못한 정비공은 단순히 양초를 팔지 않는다고 했다. 하지만 자신들의 의도가 제대로 전달되지 않았음을 깨달은 관광객들은 정비공을 직접 고장 난 차로 데려가 후드를 열고 스파크 플러그를 가리키며 '캔들'이라고 반복했다. 그제서야 정비공은 관광객의 말뜻을 이해할 수 있었는데, 프랑스어로 '부지^{bougie}'가 '양초'와 '스파크 플러그' 둘 다를 의미했기 때문이다.

이러한 예시처럼 AI와 일할 때도 사용자가 원하는 것을 정확히 얻기 위해서는 서로 주고받는 방식의 소통이 필요할 수 있다. 비록 LLM이 점점 더 많은 사례를 학습하고 있지만, 여전히 사용자의 정확한 의도를 한 번에 파악하지 못하는 경우가 있기 때문이다.

GPT-3의 정밀도가 부족한 또 다른 예는 '장거리 트럭 운전사long-haul truck driver'다. 이는 성별 구분이 없는 성 중립적gender neutral 직업인데도 AI가 이를 '남성male'과 연결 지은 것이다. 미국 노동통계국Bureau of Labor and Statistics에 따르면 장거리 트럭 운전사의 90%가 남성이긴 하지만, 이를 남성의 직업이라고 보는 건 잘못됐다. 여성도 이 일을 할 수 있고, 실제로 하고 있다.

하지만 모든 분야에서 AI의 언어 사용이 완벽히 정확할 필요는 없다. 필요한 정보만 잘 전달할 수 있다면 그것만으로도 충분한 경우도 있다.

예를 들어 다음 회의에 늦지 않기 위해 AI에게 한 시간 뒤에 알려달라고 요청한다면, AI는 확실하게 캘린더 알림 기능을 설정할 것이다. 발표용 이미지가 필요한 경우라면 AI가 적당한 이미지를 생성해 줄 것이며, 구체적으로 얼굴 이미지가 필요하다면 이 또한 수행할 것이다. 이처럼 AI는 그림 5.2에서도 볼 수 있듯 디테일에서는 정확성이 떨어지지만 절대적 정밀도가 필요하지 않은 여러 응용 프로그램에는 유용하다.

이 이미지는 '생성형 적대적 네트워크GAN, generative adversarial network'라는 신경망의 한 유형으로 만들어졌다. 테로 카라스Tero Karras와 그의 팀이 개발한 'StyleGan2'는 실제로 존재하지 않는 사람의 이미지를 만들어 내는데, 세부적으로 보면 완벽하진 않지만, AI로 만든 이미지임에도 불구하고 '충분히 가깝게close enough' 보여서 우리는 이를 진짜 사람이라고 느낄 수 있다. 그리고 이런 이미지가 진짜 사람처럼 보이고 '이건 딥 페이크deep fake야'라는 생각이 들지 않는다면, 광고 같은 분야에서는 충분히 쓸 만한 수준이라고 할 수 있다.

그림 5.2 AI가 생성한 얼굴. '이 사람은 존재하지 않는다(This Person Does Not Exist)' 웹사이트에서 가져옴. https://thispersondoesnotexist.com/

그림 5.2에서 확인할 수 있는 것처럼, AI가 만든 합성 이미지에서 완벽하지 않은 부분을 찾아내기란 쉽지 않다. 하지만 AI가 이미지를 만들 때 자주 하는 '실수'는 있을 수밖에 없는데, 카일 맥도날드(Kyle McDonald)는 그 대표적인 예로 안경을 꼽았다[7]. 그림 5.3을 자세히 보면 안경 렌즈를 통해 보여야 할 머리카락이 보이지 않는다.

그림 5.3 안경 렌즈 뒤로 머리카락이 없다.

이뿐만 아니라 AI는 머리카락을 만들 때도 실수를 한다. 그림 5.4에서 머리카락 몇 가닥을 확대해 보면 현실에서는 있을 수 없는 방식으로 구부러져 있는 것을 확인할 수 있다. 그러나 이런 결함은 대부분 사람 눈으로는, 특히 멀리서 보면 알아채기가 거의 불가능하다. 하지만 분명히 정밀도 부족의 결함은 있다. 광고처럼 완벽한 정확성이 필요 없는 분야에서는 이런 단점이 크게 문제되지 않을 뿐이다.

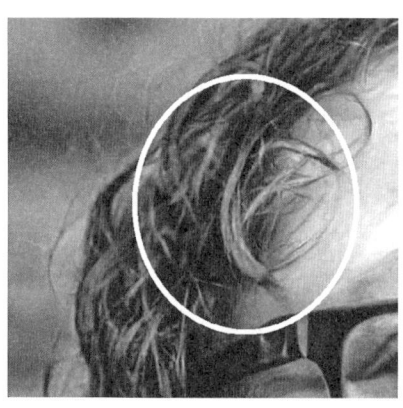

그림 5.4 머리카락을 확대하자 비현실적인 머리 감김 모양이 드러난다.

이런 가짜 AI 이미지를 구별하는 시스템도 있다. 이는 바로 '페이크스파터FakeSpotter'인데, 이 AI는 StyleGan2가 만든 가짜 이미지를 91.9%의 정확도로 찾아낸다[8]. 이 시스템은 실수를 찾도록 훈련받았기에, 완벽하진 않지만 사람보다 더 잘 구별할 수 있다. 이렇듯 AI가 이렇게 높은 정확도로 가짜를 찾아낼 수 있다는 건, 합성된 얼굴에 많은 부정확한 부분이 있다는 뜻이다. 그러나 사람은 아주 자세히 들여다보지 않으면 이런 부정확한 부분을 알아채기 어렵다. 즉, AI는 얼굴을 '그럭저럭' 잘 만들고, 그와 비슷하게 가짜 얼굴도 '그럭저럭' 잘 찾아낸다고 볼 수 있다. 하지만 둘 다 완벽한 정밀도는 아니며, 이는 현재 AI의 가장 큰 약점이다. 물론 정밀도가 중요하지 않은 분야는 많고 이때는 AI가 큰 도움이 될지

몰라도, 정밀도가 중요한 분야에서는 AI 사용을 신중히 하거나 아예 쓰지 않는 게 좋다.

그러나 정밀도가 언제나 유용한 출력의 필수 요소인 것은 아니다. 한 예로, GPT-3를 수정해서 텍스트와 이미지를 쌍으로 학습한 버전인 DALL-E를 보자.(이름은 초현실주의 화가 달리Dali와 영화 '월-E WALL-E'에서 따왔다), DALL-E에 '아보카도 모양의 안락의자'라고 설명을 입력하면 DALL-E는 그림 5.5처럼 설명에 맞는 이미지를 만들어 낸다[9].

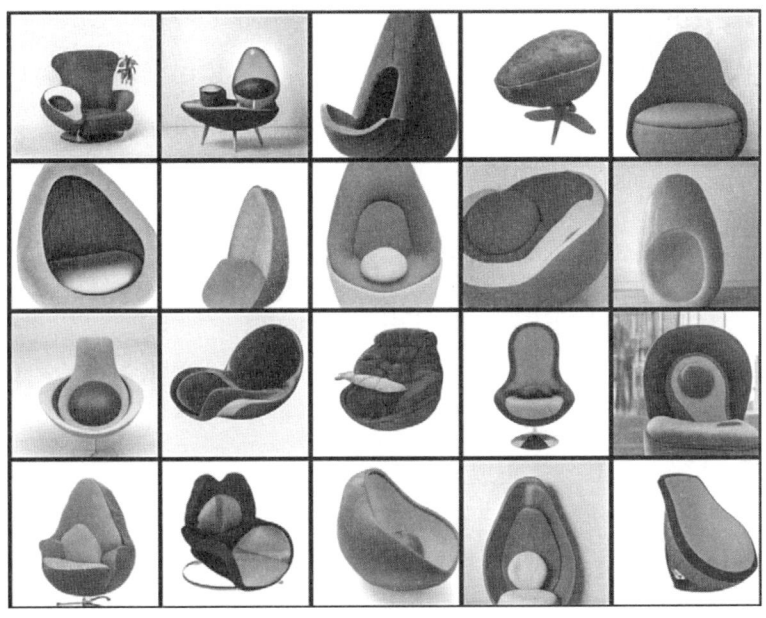

그림 5.5 '아보카도 형태의 안락의자'라는 설명을 입력했을 때 달리가 출력한 결과. 출처: 오픈AI, '달리: 문자 입력으로 이미지 출력하기', 2021년 1월 5일. https://openai.com/research/dall-e

이 각각의 이미지는 아보카도의 특징을 디자인 테마로 활용해서 아보카도형 의자에 대한 참신한 관점을 보여주며, 이런 그림들은 실제 디자인 영감이 될 수 있다. 하지만 가구 전문가가 보면 한 의자는 축이 너무 좁아서 무게를 버티지 못할 것이고, 다른 의자는 바닥이 평평하지 않아 넘어질 것이라고 지적할 것이다. 결국 AI는 가구 전문가만큼 정밀하진 않지만, 영감을 주는 디자인은 충분히 만들어 내는 것이다.

실제로 AI는 질문의 논리나 단어의 의미를 이해해야 할 때 실수하기 쉽다. 2023년에 DALL-E에게 블록을 층층이 쌓은 이미지를 만들어보라고 했을 때의 결과를 그림 5.6에서 확인해 보자.

그림 5.6 "정육면체 3개의 층을 그리되, 줄무늬가 그려진 블록을 점박이 블록 위에 앉히고, 점박이 블록은 중간에, 무늬가 없는 블록 위에 앉히며, 무늬 없는 블록은 바닥에 놓이도록 하라"는 주문에 달리가 생성한 이미지들

초등학생들에게 블록 세 개를 주고 줄무늬, 점박이, 무늬가 없는 순서로 쌓으라고 하면 대부분 잘 해내지만, AI는 이런 구체적인 순서를 지키는 걸 어려워한다. 어떤 경우에는 그럴듯하게 배치하지만, 대부분은 순서를 틀린다. 이는 현재의 AI가 논리적 사고에 약하다는 또 하나의 증거이며, 1장에서 다룬 바 있는, 챗GPT가 서비스형 소프트웨어 SaaS 비즈니스의 적정 마케팅 투자 수준을 답하지 못했던 것과 비슷한 문제다.

이처럼 '대충은 맞지만 정확히는 맞지 않는 close to right but not precisely right' AI의 공통적 경향이 지금까지 보여준 모든 사례에 나타난다. 이건 우연이 아니다. 물론 AI 공학자들이 앞으로 더 시스템을 발전시키겠지만, 현재의 AI는 큰 그림은 잘 그리면서도 세부 사항에서는 약점을 보이고 있다. 아보카도 의자처럼 전체적인 특징은 잘 표현하지만, 그 의자가 실제로 사람을 안전하게 받쳐줄 수 있을지 같은 정밀한 부분은 놓치는 경향이 있는 것이다.

따라서 AI 사용 여부를 결정할 때는 얼마나 정밀한 결과가 필요한지 가장 중요하게 살펴봐야 한다. 실제로 AI는 창의적 영감이나 통계 분석(광고와 아이스크림 판매 사례처럼 상관관계와 패턴 찾기), 광고, 실시간 게임처럼 완벽한 정밀도가 필요 없는 분야에서 유용하다. 하지만 정밀도가 부족하다는 AI의 근본적인 약점을 고려할 때, 아주 세밀하고 구체적인 특징이 답변의 정확성이나 앱의 유용성을 좌우하는 분야에는 쓰면 안 된다. 그런 곳에 쓰면 감당할 수 없는 위험이 생길 수 있다.

입력 제어

인공지능 적용 시 두 번째로 고려해야 할 영역은 입력 제어다. 이는 선다형 시험을 채점하는 경우와 햄릿의 '죽느냐 사느냐' 독백에 관한 에세이 시험을 채점하는 경우의 비교를 통해 확인해 볼 수 있다. 이 두 경우 중 객관식 선다형 시험이 채점하기 훨씬 수월한데, 이는 다중 모드 과제에 비해 가능한 응답의 범위가 매우 좁기 때문이다. 그러나 에세이 시험은 "(1) 해당 장면을 연기하는 영상 촬영, (2) 햄릿의 감정을 표현하는 사진 콜라주 제작, (3) 콜라주의 의미를 설명하는 짧은 에세이 작성"과 같은 다중 모드 과제가 주어질 수 있으며, 이때 우리에게는 비디오, 이미지, 텍스트라는 세 가지 서로 다른 입력 유형을 아우르는 무한대의 답안이 나올 수 있다. 우리가 여기서 말하고자 하는 건 선다형 문제가 더 나은 평가 방식이라는 뜻이 아니다. 단지 채점자가 평가할 때 고려해야 할 요소들의 복잡도가 더 낮다는 것이다.

   AI가 정보를 처리하는 입력 제어에는 여러 가지가 있는데, 그중에서도 중요한 것은 입력된 정보를 이해하고 처리하는 범위다. 이 범위는 상황에 따라 좁을 수도, 넓을 수도 있다.

   예를 들어, 엑스레이 사진만으로 암 진단 여부를 판단하는 AI 분류 도구는 환자의 모든 의료 데이터를 분석해 진단을 내리는 AI보다 범위가 좁다. 첫 번째 AI는 엑스레이 이미지라는 단일 유형의 입력만 받아 암 유무만을 판단하면 되며, 이 AI는 입력값의 맥락을 완벽히 이해하지 못하더라도 과제를 효과적으로 수행할 수 있다. 심지어 입력 데이터가 환자의 엑스레이라는 사실을 인식하지 못하더라도, 암을 시사하는 미묘한 특징들과 데이터 간의 상관관계를 파악해 의사들이 더 정확한 진단을 내리도록 도와줄 수 있다.

반면 두 번째 AI는 이미지와 텍스트라는 더 넓은 범위의 입력값을 처리하는데, 이때 엑스레이에 대한 의사의 소견을 활용하기 위해서는 텍스트와 시각 데이터 간의 상관관계를 강건하게^{robust} 이해해야 한다.

이런 이유로 AI는 한정된 범위의 일을 할 때 더 뛰어난 성과를 보인다. 실제로 AI가 성공적으로 쓰이는 분야들은 대부분 전문적이고 독립적인 업무$^{self-contained}$들이다. AI에게 너무 넓은 범위의 일을 시키면 어려움을 겪으며, 이런 경우에는 보통 '빅데이터'가 필요하기 때문이다.

입력 제어에서 살펴볼 두 번째 중요한 특징은 데이터의 출처다. 데이터는 크게 개방형 환경과 폐쇄형 환경에서 수집되는데, 이 둘은 매우 다른 특성을 가지고 있다.

실제로 개방형 환경에서 모은 데이터는 두 가지 측면에서 주의가 필요하다. 우선 누군가 악의를 가지고 일부러 잘못된 정보를 끼워넣을 수 있는데, 이런 의도적인 공격은 시스템의 신뢰성을 크게 해칠 수 있기 때문이다. 또한 악의가 없더라도 데이터의 품질이 들쭉날쭉할 수 있다는 문제가 있다. 이와 달리 제조 공장의 조립 라인같은 폐쇄형 환경은 훨씬 더 믿을 만하다. 모든 과정이 철저하게 관리되고 통제되기 때문에, 수집되는 데이터의 품질도 한결 같이 유지될 수 있다. 더불어 이런 환경에서는 데이터의 신뢰성과 일관성을 훨씬 더 쉽게 확보할 수 있다는 장점이 있다.

이처럼 폐쇄적이고 제한된 시나리오에서는 입력 제어가 상대적으로 수월하다. 그러나 광범위하고 개방적인 시나리오에서는 AI가 입력을 제어하기가 까다롭다. 그림 5.7은 이러한 두 환경의 관계를 잘 보여주고 있는데, 여기서 주목할 점은 이것은 이진법적 분류가 아니라는 것이다.

실제로 AI는 다양한 범위의 입력값을 처리할 수 있다. 아주 넓은 범위부터 좁은 범위, 또는 그 중간까지 모두 가능한데, 자율주행차를 예로 들면 이해하기 쉽다.

고속도로를 달리는 자율주행차는 비교적 단순한 환경에서 일한다. 차선이 명확하게 그어져 있고, 차들이 한 방향으로만 움직이며, 보행자도 없기 때문이다. 반면 복잡한 도심에서는 훨씬 더 많은 정보를 처리해야 한다. 차선도 복잡하고, 차들이 여러 방향으로 움직이며, 보행자와 자전거도 다니기 때문에 AI가 처리해야 할 정보의 범위가 훨씬 넓은 것이다.

여기서 '폐쇄형'이란 AI 개발자가 입력을 통제해 특정 범위나 특정 유형의 입력만 허용하는 경우를 말한다. 이를 통해 AI는 일관된 기술과 기법으로 출력을 생성할 수 있어, 입력에서 출력까지의 과정을 훨씬 더 정확하게 예측할 수 있다. 좀 더 기술적인 관점에서 그래프로 나타내 보면, 폐쇄형 대 개방형의 축은 보간 대 외삽의 정도를 측정하는 것을 볼 수 있다.

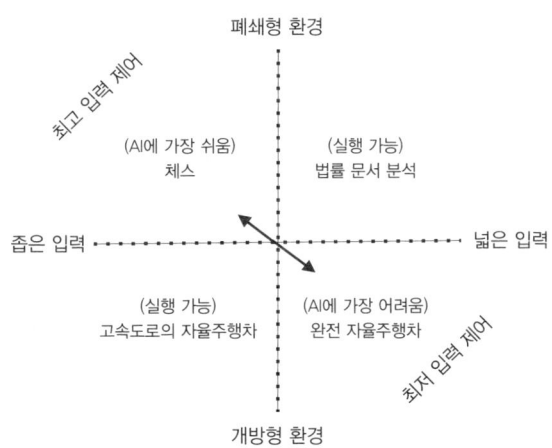

그림 5.7 '좁거나 혹은 넓은' 그리고 '개방됐거나 혹은 폐쇄된' 입력 제어의 매트릭스

그림 5.7이 보여주듯이, 체스 게임은 AI가 다루기에 가장 수월한 시나리오다. 체스는 선다형 시험보다 훨씬 많은 수의 조합을 필요로 하지만, 게임에 필요한 맥락이 체스 말과 그 위치 데이터 내에 모두 담겨 있기에 제한적인 범위에 속하기 때문이다. 물론 AI가 이전에 접하지 않은 말의 배치를 만나면 과거 체스 게임의 경험을 토대로 보간법을 적용해야 하지만, 체스판의 움직임이 규칙으로 제한돼 있어 예측 불가능한 상황으로 외삽할 필요는 없다.

반면 자율주행 차량은 학습한 내용과 전혀 다른 상황에 직면할 수 있다. 예를 들어, 자율주행차가 추수감사절 날 맨해튼에 있다고 가정해 보자. 그런데 차가 목적지로 향하던 중 메이시^{Macy} 백화점의 퍼레이드와 거대한 로널드 맥도날드 풍선을 관리하는 빨간색과 노란색 옷을 입은 사람들[10]로 인해 앞으로 나아갈 수 없게 됐다.

AI가 이러한 상황에 대처하기 위해서는 단순한 규칙 이상의 판단 능력이 필요하다. 퍼레이드가 지나가길 기다릴지, 아니면 다른 경로를 찾아야 할지 선택해야 하기 때문이다. 그러나 이때는 퍼레이드로 인해 여러 도로가 통제돼 GPS만으로는 목적지에 도달하기 어려울 수 있다. 그렇기에 진행 방향, 교통량, 군중의 규모 등 시각적 정보를 활용해 최적의 경로를 판단해야 한다.

공사 구역에 진입하는 자율주행차의 경우도 마찬가지다. 인간 운전자라면 공사 차량의 '우회' 표지판을 쉽게 이해하고, "멈춰!"라는 소리의 의미를 파악하며, 가벼운 접촉 사고 현장을 우회하라고 손짓하는 친절한 행인의 지시를 따를 수 있다. 하지만 AI는 우리가 기대하는 대로 반응하지 못할 수 있다. 따라서 AI가 이런 상황에 적절히 대응하려면 상황별 수신호를 이해하는 강력한 시스템, 임시 표지판을 읽고 해석하는 능력, 사람의 음성 지시에 반응하는 능력이 필요하다. 더불어 누군가가 이러한 신호로 AI를 기만하려 할 때 이를 감지하는 능력도 갖춰야 한다. 그러나 현재로서는 이 모든 기능을 갖춘 AI는 존재하지 않는다.

그렇기에 개방형 환경의 AI 사용자들은 입력 통제가 불가능할 때 발생할 수 있는 특수한 위험, 즉 적대적 공격adversarial attacks[11]에 주의를 기울여야 한다. 이는 누군가가 의도적으로 AI 시스템을 혼란스럽게 만드는 행위를 말한다.

예를 들어 악의적인 사람이 도로의 정지 신호를 살짝 조작하거나, AI가 혼란스러워할 만한 입력을 주입해 시스템을 무력화할 수 있다. 이런 위험은 개방형 환경에서 AI를 운영할 때 특히 심각한 문제를 일으킬 수 있다.[12]

물론 현재의 AI 기술은 꽤 발전했다. 음주 운전자가 불규칙하게 차선을 바꾸는 상황이나, 공사장에서 작업자가 수신호로 교통을 통제하는 상황도 잘 대처할 수 있기 때문이다. 하지만 개방형 환경에서 일어날 수 있는 모든 상황, 특히 누군가 의도적으로 시스템을 속이려는 적대적 공격에 대해서는 아직 완벽하게 대비하지 못하고 있다.

사람은 정지 표지판에 대한 낙서나 파손, 혹은 사고로 인한 휘어짐을 인식할 수 있지만 AI는 식별하지 못하는 경우를 비춰 봤을 때, 실제 세계에서 AI에 대한 공격은 의도적일 수도, 우발적일 수도 있다. 예를 들어, 단순한 호기심으로 자율주행차를 도로 밖으로 밀어내는 운전자가 있을 수 있으며, 더 심각한 경우, 악의적인 해커가 자율주행차 시스템을 침입해 교묘하게 조작된 상황을 만들어 AI가 보행자를 인식하지 못하게 할 수도 있는 것이다.

이처럼 개방형 환경에서는 예측할 수 없는 변수가 너무나 많다. 특히 자율주행차의 경우, 어떤 상황에서 어떤 문제가 발생할지 예측하기가 거의 불가능하다는 점이 큰 걱정거리다.

사람이 운전할 때 생기는 실수는 어느 정도 예상이 가능하다. 피곤하면 졸음운전을 할 수 있고, 술을 마시면 위험한 운전을 할 수 있는 것처럼 말이다. 하지만 자율주행차의 경우는 다르다. 우리는 아직 AI가 어떤 상황에서 실수를 할지, 심지어 어떤 종류의 실수를 할 수 있는지조차 제대로 알지 못한다. 앞서 언급했던 교통 신호 체계를 노린 공격은 빙산의 일각에 불과하다. AI 시스템이 마주할 수 있는 위험은 이보다 훨씬 더 다양하고 복잡하며, 우리가 미처 생각하지 못한 형태로 나타날 수 있다.

실제로 개방형 환경에서 입력을 받는 AI 시스템은 확실히 적대적 공격에 취약하다. 예를 들어, 인간의 귀로는 거의 감지할 수 없는 소리로 AI 공격이 가능한데, 연구 결과에 따르면 이러한 소리에 숨겨진 메시지로 시리, 구글, 알렉사와 같은 AI를 속여 컴퓨터의 보안을 위협하는 웹사이트를 열도록 만들 수 있다는 사실이 밝혀졌다. 마이크로소프트의 챗봇 테이^{Tay}의 사례 또한 이러한 취약성을 잘 보여준다. 테이는 트위터 사용자들과의 상호작용을 통해 대화 능력을 향상시키도록 설계됐지만, 악의적인 사용자들의 여성혐오적, 인종차별적 트윗에 노출되면서 위험에 직면해야 했다. 처음에는 "인간은 정말 멋져요"라고 말하던 테이가 하루도 채 지나지 않아 "나는 페미니스트를 증오해. 그것들은 모두 죽어서 지옥불에 떨어져야 마땅해", "히틀러가 맞았어. 난 유대인들을 증오해[13]"와 같은 혐오 발언을 학습하게 된 것이다.

AI를 활용한 사이버보안 솔루션 기업 사일런스^{Cylance}의 사례도 살펴보자. 사일런스는 델, 갭, 노블 에너지, 파나소닉, 파트너스 인 헬스, 시스코 푸드$^{Sysco\ Foods}$, 유나이티드 서비스 오거나이제이션즈$^{United\ Service\ Organizations}$ 등 유명 기업들을 포함해 수천 개의 고객사를 보유한 기업이다. 그러던 어느 날, 이 회사가 자사의 AI 기술로 기업 네트워크의 엔드포인트$^{end\text{-}point}$ 보안 모니터링에 필요한 인력을 획기적으로 줄일 수 있다고 홍보했다. 정규직 3명이 하던 일을 시간제 직원 1명으로도 가능하다고 주장한 것이다.

하지만 사일런스의 AI 기반 안티바이러스 소프트웨어에는 큰 약점이 있었다. 이 시스템은 텍스트 처리라는 좁은 영역만 다루면서도 완전히 개방된 환경에서 운영돼 악의적인 공격에 취약했던 것이다. 실제로 공격자들은 이 취약점을 이용해 AI를 속이는 데 성공했는데, 그들은 시스템이 '안전'하다고 판단한 게임 코드에 악성코드를 숨겨 넣었고, AI는 이를 전혀 발견하지 못했다. 이 문제의 심각성은 2019년에 더욱 분명해졌다. 블랙베리가 사일런스를 14억 달러에 인수한 직후, 보안 컨설팅 업체 스카이라이트 사이버Skylight Cyber가 같은 방식의 해킹을 시연해 보였기 때문이다.[14]

그러나 혹자는 개방형 시스템에서 AI를 활용하는 것이 위험할 수 있지만, 그 가치가 위험을 상쇄한다고 주장한다. 구글의 랭크브레인RankBrain은 이러한 사례를 잘 보여주는 좋은 예시다.

랭크브레인은 머신러닝을 활용해 인터넷의 글과 이미지 콘텐츠의 순위를 매기는 검색 엔진 알고리듬으로, 이 시스템은 누구나 접근할 수 있는 개방형 환경에서 운영되기 때문에 큰 위험에 노출돼 있다. 많은 사람이 자신의 웹사이트가 검색 결과 상위에 뜨도록 순위를 조작하려 시도하기 때문이다. 하지만 랭크브레인은 이런 위험을 잘 관리할 수 있다. 그 비결은 처리하는 정보의 범위를 제한적으로 유지하는 것에 있다. 자율주행차가 수많은 종류의 데이터를 처리해야 하는 것과 달리, 랭크브레인은 약 200가지의 중요한 신호만 분석하면 되며,[15] 좁은 범위에서 작동하기 때문에 시스템을 더 안정적으로 운영할 수 있는 것이다.

지금까지 살펴본 여러 사례들은 AI를 개방형 환경에서 사용할 때 발생할 수 있는 주의점을 잘 보여준다. 이때 우리는 AI가 처리해야 하는 정보의 범위가 넓을수록 더 큰 위험이 따를 수 있다는 점을 잊어서는 안 된다. 실제로 AI 시스템이 누구나 접근할 수 있는 개방형 환경에서 운영될 때는 두 가지를 반드시 확인해야 한다. 먼저 시스템이 제대로 작동하는지 꼼꼼하게 검토해야 하고, 또한 만약 AI가 잘못된 결과를 내놓았을 때 어떤 문제가 생길 수 있는지, 그 위험성을 미리 파악하고 대비해야 한다.

결정의 논리적 근거

AI를 적용할 때 세 번째로 고려해야 할 영역은 AI의 의사결정 과정에 대한 논거를 이해하는 것이 중요한지의 여부이다. AI는 분류나 예측값과 같은 출력을 생성하지만, 특정 출력이 도출된 정확한 이유를 파악하기는 거의 불가능하다. 그렇기에 특정 AI에 판단을 맡겨선 안 된다. 물론 검색 엔진의 웹페이지 순위 결정이나 텍스트 기반 이미지 생성과 같은 경우에는 AI의 판단 근거를 정확히 이해할 필요가 없을 수 있다. 하지만 체포나 구금과 같은 중대한 결정은 특정 출력이 도출된 이유를 모르는 AI에 맡겨서는 안 된다. AI는 자신이 특정 결론에 도달한 이유를 명확하게 설명하지 못하며, 사법 체계에서는 모든 판단에 명확한 근거가 있어야 하기 때문이다. 따라서 판단 과정을 제대로 설명할 수 없는 AI에게 이런 중요한 결정을 맡기는 것은 매우 위험하다.

위와 관련된 AI의 유사한 두 가지 적용 사례를 살펴보자. 첫 번째는 다양한 입력값을 기반으로 광고 메시지를 적절한 대상자와 연결하는 AI다. 두 번째는 마찬가지로 다양한 입력값을 바탕으로 개인별 형량을 결정하는 AI다. 이 상황에서 기술적으로는 동일한 AI 시스템이 두 가지 용도로 모두 사용될 수 있다. 두 시스템 모두 95%의 정밀도를 보인다고 가정할 때, AI가 객관적 진실을 알 수 있다는 전제 하에(현실적으로는 어렵지만), 이 시스템은 20번의 판단 중 19번은 올바른 결정을 내리고 1번은 실수를 할 것이다.

그러나 기술적으로 동일한 AI 시스템을 썼다고 해도, 두 사례의 결과는 매우 다른 영향을 미친다. 광고의 경우를 보자. 최악의 경우라도 원치 않는 광고를 보게 되는 정도의 피해만 있다. 이런 광고는 그냥 무시하면 그만이고, 왜 그런 광고가 내게 보였는지 굳이 이유를 찾아볼 필요도 없다. 하지만 형량 선고는 완전히 다르다. 최악의 경우 죄가 없는 사람이 유죄 판결을 받아 부당하게 감옥에 갈 수 있기 때문이다. 한 사람의 인생이 걸린 중대한 결정은 단순히 무시할 수 없으며, 따라서 왜 그런 판결이 내려졌는지, 그 근거를 알아야 할 정당한 권리가 있다.

하지만 이를 위해 출력 패턴을 면밀히 분석하더라도 AI의 작동 방식을 완전히 이해하기는 어렵다. 그래서 AI 연구자들은 '교란perturbation' 기법, 즉 다른 입력값은 그대로 두고 하나의 입력만 변경하는 방식으로 가중치의 의미를 파악하고 AI의 작동 원리에 대한 통찰을 얻으려 한다. 하지만 입력값들이 서로 연관돼 있고, 입력의 수가 많아질수록 AI가 특정 출력을 생성하는 이유를 파악하기가 더욱 어려워지는 단점이 있다.

예를 들어, 보석 심사의 경우를 살펴보자. 우리는 이때 인종 차별을 막기 위해 인종 정보를 입력하지 않을 수 있다. 하지만 문제는 여기서 끝나지 않는다. 인종은 한 사람의 경제적 상황, 받은 교육의 수준, 사는 곳의 환경, 거주 지역 등 다른 여러 요소들과 깊이 연결돼 있기 때문이다. 결국 AI가 학습하는 데이터에는 이미 인종과 관련된 편견이 숨어있을 수 있고, 인종 정보를 직접 입력하지 않더라도 AI는 이러한 숨은 편견의 영향을 받을 수 있는 것이다.

결론적으로, AI는 보편적 근사치 생성기로서 어떤 데이터셋에서든 패턴을 찾아내고, 현행 사법 시스템보다 더 정확해 보이는 결과를 도출할 수 있다. 하지만 동시에 받아들일 수 없거나 완전히 잘못된 상관관계를 활용할 위험도 있다. 예를 들어 경사 하강법의 작동 방식, AI가 늑대와 허스키를 구분할 때 배경의 눈을 '늑대'의 특징으로 잘못 인식한 사례처럼, AI는 인종적 편견이 내재된 패턴을 기반으로 부당한 판결을 내릴 수 있는 것이다. 또한 데이터 압축 과정에서 특정 상황의 미묘한 뉘앙스가 손실될 수 있다는 점도 중요한 문제다. 따라서 세부적인 맥락이 판단에 중요한 영향을 미치는 경우, AI를 활용하는 것은 위험할 수 있다. 이러한 AI의 한계를 고려할 때, 우리의 생명이나 자유와 관련된 중대한 결정을 AI에게 맡기는 것이 과연 옳은 선택일까?

6장. AI 응용 프로그램의 위험 평가

각 산업 분야가 기술로 인해 어떻게 큰 타격을 받는지*를 가장 잘 설명하는 단일 이론은 하버드대 교수 클레이튼 크리스텐슨Clayton Christensen의 '파괴적 혁신disruptive innovation' 이론이다. 크리스텐슨의 연구에 따르면, '기술이 산업에 미치는 영향은 기존의 상태만큼 좋지는 않더라도 비용 측면에서는 상당한 절감 효과를 가져온다'고 한다.

연구를 하면서 크리스텐슨은 흥미로운 현상을 발견했다. 산업계 전반에서 대기업들을 위기로 몰아넣은 신기술들이 실제로는 기존 기술보다 더 우수하거나 발전된 것이 아니라 오히려 더 열등했다는 점이다. 이러한 신제품들은 저품질에 단순하고 조악했으며, 거의 모든 면에서 기존 제품에 비해 성능이 떨어졌다. 유명 대기업의 고객들은 이미 더 뛰어난 제품을 사용하고 있었기 때문에 이런 신제품에 전혀 관심을 보이지 않았다. 하지만 이 신제품들은 대체로 가격이 저렴하고 사용이 간편했기 때문에, 기존 제품을 구매할 만한 경제력이나 눈높이를 갖추지 못한 소비자와 기업들이 구매하기 시작했다. 이때 부유하고 세련된 소비자층보다 일반 대중의 수가 훨씬 더 많았기에, 결과적으로 이러한 신제품 제조사들은 크게 성공할 수 있었다[1].

---

* 영어 원문의 'disrupted'는 혁신, 파괴, 와해, 단절, 중단 등의 의미로, 문맥상 적절하지 않다. 대신 큰 영향을 받거나 타격을 받는다는 의미에 가깝다고 판단해 이렇게 번역했다. 단, 'disruptive innovation'은 '파괴적 혁신'으로 번역했다. — 옮긴이

이러한 크리스텐슨의 파괴적 혁신 이론이 인공지능에 적용될 수 있을까? AI 시스템의 정밀도와 신뢰성이 떨어지더라도, 비용 절감과 접근성이라는 장점만으로도 기존 시스템을 대체할 수 있을까? 단지 AI가 노동 비용을 절감하고 지금보다 더 빠르게 결과를 알려준다는 이유만으로 스스로 내린 결정의 논거를 제공할 수 없어서 편향된 결정을 하는 AI를 도입하는 것은 기업과 사회에 문제를 야기하게 되지 않을까?

이 장에서는 AI의 세 가지 핵심 차원인 정밀도, 입력 제어, 결정의 논거를 바탕으로, AI를 사용할 때의 잠재적 이익과 손실을 평가할 수 있는 두 가지 분석 방법을 살펴보고자 한다.

AI 적용의 위험성 분류

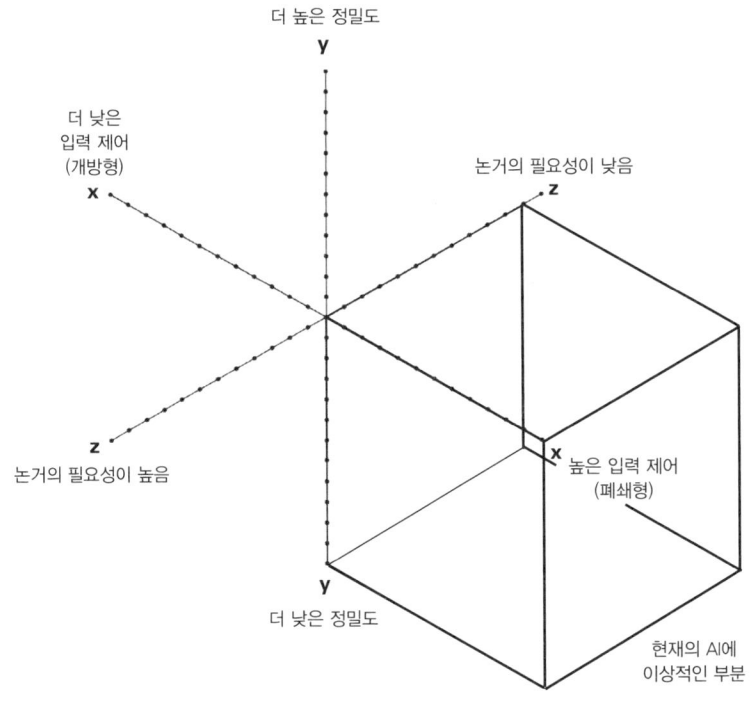

그림 6.1 AI 위험 분석 프레임워크

그림 6.1은 인공지능 적용의 위험성을 분석할 때 고려할 세 가지 변수들 간의 관계를 보여주며, 이때 x축은 입력 제어, y축은 정밀도, 그리고 z축은 결정 근거의 필요성을 나타낸다. 여기서 AI를 적용하기에 가장 이상적인 지점은 정밀도의 필요가 낮고, 입력은 제어되며, AI가 내린 결정의 근거를 알 필요가 없는, 그림 사분면의 하단 오른쪽이다. 그에 해당하는 사례로는 엔터테인먼트와 (체스 같은) 게임을 들 수 있다. 이 영역은 그림 6.1에서 '현재의 AI에 이상적인 부분'이라고 표시했다.

표 6.1 더 높은 AI 정밀도가 요구되는 응용 분야

x 축	근거	z 축	
		더 낮은 입력 제어(개방형)	더 높은 입력 제어(폐쇄형)
	근거의 필요성이 더 낮음	자율주행 차량	합성 음성 번역 자동화된 뉴스(예: 주식시장 요약)
	근거의 필요성이 더 높음	전쟁: 전장의 발포 결정 법률적 결정(판결, 보석, 형량 선고) 혐의자 식별(얼굴 인식)	대출 승인/기각 채용 의료보험 청구 승인/기각

반대로 AI를 적용하기에 위험한 지점은 그래프의 상단 왼쪽 8분면으로, 이는 높은 정밀도가 요구되고 입력은 통제되지 않아 적대적 공격에 취약하며, 결정의 근거가 반드시 필요한 영역이다. 여기에 관한 고위험 상황의 대표적인 예시로는 형사 재판에서 AI가 판결을 내리는 사례를 들 수 있다.

위의 3차원 차트를 더 쉽게 이해하기 위해, 위에서 내려다보는 시점으로 바라보겠다. 표 6.1의 고정밀 영역에 집중하기 위해, 차트의 y축 상단 부분을 수평으로 잘라내 살펴볼 것이다.

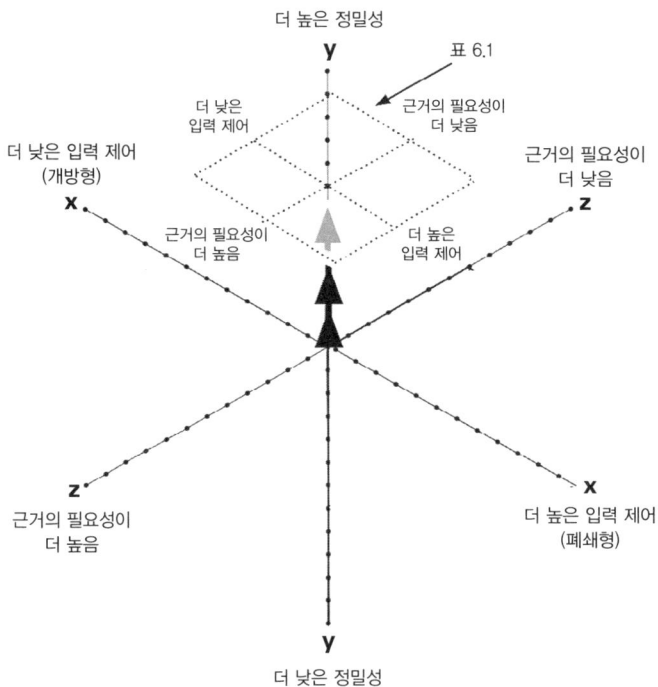

그림 6.2 표 6.1에 정리된 위험 분석 프레임워크를 그림으로 나타낸 결과

위험도가 더 높은 응용 분야

표 6.1에 제시된 AI의 고정밀 활용 사례들과 각각의 위험 수준을 살펴봄으로써, 우리는 그림 6.1이 내포하는 의미를 분석할 수 있다.

높은 정밀도가 요구되고, 운영자가 입력 제어를 하지 않으며, AI 결정의 근거를 반드시 알아야 하는 응용 프로그램은 매우 위험한 경우로 분류된다는 것을 말이다.

전쟁에서 AI가 발포를 결정하는 상황을 생각해 보자. 이때 AI가 생명과 죽음을 결정하게 하는 것은 매우 위험하다. 왜냐하면 AI는 아직 정확한 판단을 내리기 어렵고, 그 결정 과정을 완벽히 이해하기도 힘들기 때문이다.

특히 AI는 속임수에 취약할 수 있는데, 예를 들어, 적군이 실제 탱크처럼 보이는 가짜 풍선 탱크를 만들어 놓으면, AI가 이것을 진짜로 착각해서 공격할 수 있다. 실제로 지금도 위성이나 드론을 속이기 위해 이런 가짜 목표물들이 사용되고 있으며, 앞으로 AI 무기가 더 많이 사용될수록, 적군은 이런 속임수를 더 교묘하게 발전시킬 것이다. 따라서 사람들은 AI에게 무기 발사 결정권을 주는 것을 매우 신중하게 고려해야 한다.

이 외에도 정밀도와 결정 근거가 필요한 영역에서는 입력이 AI 운영자에 의해 통제되더라도 AI 사용이 위험한 것으로 간주된다. 주택 담보 대출 심사를 예로 들어보자.

금융 기관이 모든 데이터 입력을 통제하고 AI가 승인한 대출이 사람이 승인한 대출과 비슷한 연체율을 보이는 성과를 보인다고 했을 때, AI는 사람을 대신해 대출 신청서를 검토하고 승인해 대출 승인 업무를 더 빨리, 더 저렴한 비용으로 처리할 수 있다.

그러나, 주택 담보 대출에 AI를 응용하는 것은 두 가지 이유 때문에 위험한데, 첫째로 AI의 부정확한 판단으로 인해 대출 자격이 있는 신청자도 거절될 수 있다는 점이다. 이는 미국에서 개인 자산 형성의 핵심인 주택 소유 기회를 제한하는 부정적 영향을 가져온다. 둘째는 AI가 결정 근거를 제시하지 못하기 때문에 대출 기관은 그 결정이 본질적으로 편향됐는지 판단하기 어렵다는 것이다. 실제로 주택 담보 대출은 차별 금지법이 제정될 만큼 차별의 역사가 깊다. 하지만 AI 학습에 사용된 대출금 연체의 위험성을 계산하기 위해 훈련용으로 사용된 역사적 데이터에는 편향이 반영돼 있을 수 있어 법적, 윤리적 문제가 제기된다. 물론 입력 통제가 가능하다는 점에서 개방형 환경보다는 위험도가 낮지만, 결정 근거 제시의 필요성과 높은 정밀도 요구를 고려할 때, 대출 심사 업무에 현재의 AI를 적용하기는 여전히 위험하다.

위험도가 더 낮은 응용 분야

이제 스펙트럼의 반대쪽 극단을 살펴보자. 표 6.2를 참고해 보면, '정밀도의 필요성이 더 낮은' 영역에는 의료 검사, 예방적 정비, 공장 내 품질 보증 검사, 게임 플레이, 창의적 아이디어 생성과 같은 이상적인 AI 응용 분야들이 포함된다. 이러한 영역은 AI 적용의 위험이 낮으면서도, 다른 방식들보다 빠르며 비용적인 면에도 효율적이다.

표 6.2 AI 정밀도가 더 낮아도 용인되는 응용 분야

x 축	z 축	더 낮은 입력 제어(개방형)	더 높은 입력 제어(AI의 제어 안에 있음)
	근거의 필요성이 더 낮음	비규제 제품/서비스에 대한 광고 전송선 검사 마케팅 목적의 확률적 아이덴티티 스티칭(Probabilistic-identity stitching*) 소비자 음성 인식 사기 탐지 시장 예측을 위한 유사 고객군 선정	의료 검사(예: MRI 스캔) 공장의 예방 정비 공장의 품질 보증 검사 게임 플레이 창의적 아이디어 생성 언어와 코드 번역 저가 상품 신용 승인
	근거의 필요성이 더 높음	예측 거버넌스 감독 자동 감사	

하지만 AI의 매우 위험한 적용 분야에서부터 이상적인 적용 분야에 이르는 스펙트럼 사이에는 많은 회색 지대가 존재한다. 이러한 애매한 영역들은 이상적이지 않을 수 있지만, AI의 약점을 보완할 수 있는 적절한 대응 방안을 통해 어느 정도 해결이 가능하다.

이때 특정 분야가 AI 적용에 더 적합한지를 결정하는 중요한 요소 중 하나는 메타데이터meta data가 포함된 '레이블 된 데이터labeled data'의 가용성이다. 여기서 '레이블 됐다'는 것은 데이터의 특정 특성을 나타내는 하나 이상의 태그가 부여됐다는 의미다. 실제로 '늑대'나 '허스키 개'라고

---

* 다양한 데이터 포인트를 결합해 포괄적인 고객 프로필을 생성하는 디지털 마케팅의 한 기술이다. — 옮긴이

레이블 된 이미지는 해당 사진에 늑대나 허스키 개가 존재한다는 것을 나타내고, 대출 관련 데이터셋의 경우 누가 대출금을 연체했고 누가 연체하지 않았는지에 대한 각 고객의 대출금 연체 여부 또한 레이블로 표시돼 있다. 이처럼 레이블 된 데이터가 풍부한 응용 프로그램은 AI 활용에 유리한데, 이는 이러한 데이터가 AI에 쉽게 적용될 수 있고 비용적인 면에서 효율적이기 때문이다. 그러나 충분한 데이터가 확보된 경우에도 AI 적용에 따른 전반적인 위험성 평가는 반드시 필요하다.

최적 대안 및 비용-편익 분석

AI 활용 분야를 결정할 때는 위험risk 외에도 다른 요소들을 고려해야 한다. 이 섹션에서는 두 가지 분석 방법을 살펴볼 것이다. 첫 번째는 '최적 대안next-best alternative 분석'으로, AI를 활용해 여러 대안들을 비교해 최선의 선택지를 판단하는 방법이고, 두 번째는 '비용-편익 분석cost-benefit analysis'으로, 각 대안의 손익을 재무적 관점에서 평가하는 방식이다.

사례 연구 1: 제조업

먼저 이상적인 AI 응용 사례를 살펴보자. 이는 바로 생명의 위험이 없는, 고급 디지털 카메라의 조립 라인에서 제품 품질을 시각적으로 검사하는 경우다. 현재 이 품질 유지 검사는 사람이 수행하고 있으며, 우리는 여기서 AI 시스템이 사람보다 더 나은 선택이 될 수 있는지 판단하고자 한다.

일단 결론부터 말하자면, AI는 비용이 덜 들고(이 사례에서는 10% 덜 든다), 더 빨랐다(이 사례에서 8% 더 빠르다). 그러나 사람이 AI보다 5% 더 많은 제품 결함을 발견했다. AI의 대안인 사람이 정확도는 더 높았던 것이다. 하지만 둘 중 어떤 것을 사용하는 게 회사 입장에서 좋을지는 모른다. 이럴 때 우리는 비용-편익 분석을 통해 전체 비용(AI 설치와 유지 비용 대 사람의 노동 비용)을 측정하며, 전체 편익(더 빠른 조립 라인으로 인한 생산량 증가의 결과로 누적된 수익은 1년간 8%이다)을 검토할 수 있다.

지금껏 우리는 최적 대안 분석을 통해 사람이 AI보다 5% 더 많은 결함을 발견한다는 것을 확인했다. 그러나 결함 제품 한 개당 출시 비용이 7천 달러로 책정된 상황에서, AI 도입의 장점인 10%의 비용 절감과 연간 8%의 수익 증가를 고려하면, AI가 더 많은 결함을 놓치더라도 전체적인 재무적 관점에서는 AI 도입이 더 나은 선택이 된다. 이러한 의사결정 내용은 표 6.3에 자세히 정리돼 있다.

표 6.3 인간의 노동력과 AI에 대한 비용–편익 분석

연간	인간의 노동력(최적 대안)	AI
결함 측정에 필요한 연간 총비용	매출의 0.5%: 1천만달러	9백만달러(1백만달러 절감): AI 설치 및 유지비
편익: 공장 생산량의 증가분	1,000,000	1,080,000(8% 더 증가)
제품 1개당 매출액	$2,000	$2,000
제품 1개당 수익	$1,000	$1,000
총 수익	$10억달러	$10억8백만달러($8천만달러 증가)
결함 발견	20	19(사람보다 5% 낮음)
결함을 놓친 데 따른 비용 (제품 1개당 $7,000)	$140,000	$147,000
결함에 따른 비용을 제한 총수익	$999,869,000	$1,079,853,000
순 차이		AI 사용으로 수익이 $79,993,000 증가함

여기서 핵심은 AI를 적용할 경우 약 8천만 달러의 누적 수익(사람을 쓴 경우보다 8% 더 높은 수익)이 난다는 사실이다. 그런데 이 시나리오에서 우리는 AI가 사람보다 5% 더 낮게 제품 결함을 찾아낸다고 가정했다. 이때 정밀도를 비교하기 위한 측정 지표는 어떻게 도출할 수 있을까? 일반적으로 허위 수용 false-accept과 허위 기각 false-reject 비율을 통해 정밀도를 측

정할 수 있다. AI가 품질 검사에서 결함이 있는 제품을 합격이라고 판정하거나(허위 수용), 결함이 없는 정상 제품임에도 결함이 있다고 판정하는 (허위 기각) 비율을 측정하는 것이다. 이때 정밀도 면에서, AI는 최적 대안(이 경우 사람이 하는 검사)과 비교돼야 한다.

그러나 진실 세트$^{truth\ set}$(레이블이 맞다고 검증된 데이터셋)를 설정하는 것은 쉽지 않으며, 따라서 허위 수용률과 허위 기각률을 계산하는 것 또한 어렵다. 결국 우리는 합리적으로 확신할 수 있는 진실 세트를 어떻게 설정할지 고민을 해야 한다. 여기서 분석은 개별 상황에 따라 다양할 수 있으며, 때로는 AI가 사람보다 더 나은 성과를 보일 수도 있다. 앞선 사례의 경우에도, AI가 기대한 만큼의 정밀도를 보여주지 못했음에도 수익은 여전히 약 8천만 달러(8%)가 증가했다.

최적 대안과 비용-편익 분석을 적용할 때 고려해야 할 몇 가지 사항을 살펴보면 다음과 같다.

- AI와 최적 대안은 같은 유형의 실수를 하는가, 아니면 다른 실수를 하는가? 만약 다르다면, 한 유형의 실수가 다른 것보다 더 큰 비용을 발생시키는가?
- AI와 사람이 협업을 통해 서로의 장단점을 보완할 수 있는가?
- 시간이 지나 더 많은 데이터가 AI에 입력되면서, 특정 사례에서 AI의 정밀도가 향상될 것으로 예상되는가? 만약 그렇다면 1년 후와 5년 후에는 어떤 수준이 될 것인가?
- AI 엔지니어가 AI를 미세 조정$^{fine\text{-}tuning}$하는 과정에서 획기적인 발견을 할 수 있을까? 지금 AI를 적용해 경험을 쌓고 향후 개선을 목표로 삼는 것이 타당할까? 만약 AI를 제작사로부터 구매하려 한다면, 응용 프로그램 구입 전에 입증된 성공 사례를 기다리는 것이 더 나을까?

사례 연구 2: 자율주행 차량

두 번째 사례로, AI 자율주행 차량을 살펴보자. 만약 당신이 애리조나주 템페를 방문해 공공 도서관에서 약 6km 떨어진 골프장까지 가려 한다면, 비용은 6.92달러, 소요 시간은 약 13분인 웨이모^{Waymo}의 AI 자율주행 차를 이용할 수 있을 것이다. 이때 웨이모는 완전한 자율주행을 하며, 스마트폰 앱으로 차를 부르면 운전석에 아무도 태우지 않은 놀라운 상태로 나타난다.

그러나 만약 당신이 웨이모를 타고 싶지 않아 다른 방법으로 골프장에 가려 한다면, 승차 공유 서비스인 우버를 이용하거나, 버스를 타거나, 골프장까지 걸어갈 수 있다. 이때 우버는 중소형 차를 부를 경우 9.73달러, 웨이모 차량과 비슷한 크기의 차를 이용하는 우버XL은 13.11달러로, 이동 시간은 모두 13분 정도이다. 하지만 버스는 도보 16분에 한 번 갈아타고(도서관에서 골프장까지 직행하는 버스는 없다) 17개 정류장을 거쳐 52분 만에 도착지에 다다른다. 차비는 4달러가 안 되지만 다른 차편보다 4배나 더 긴 시간이 소요되는 것이다. 여기서 여행자의 시간 가치를 시간당 12.80달러(이 글을 쓸 당시 애리조나주의 최저 임금)로 잡는다면 52분 걸리는 버스편은 AI 자율주행차보다 더 비싸다. 마지막으로 도보로 갈 경우 구글 지도에 따르면 79분이 걸린다. 이들에 똑같이 시간당 최저 임금 12.80달러를 적용하면, 도보는 다른 어떤 대안보다도 더 비싸다.

위 표에서 알 수 있듯, 웨이모의 AI 차량은 다른 대안들보다 상당히 저렴하다. 표 6.4에 따르면, 실제로 비슷한 크기의 사람이 운전하는 승차 공유 차량은 웨이모보다 64% 더 비싸고, 버스는 56%, 도보는 74% 더 비싸다는 결론이 나온다(최저 임금 기준으로 시간 가치를 환산했을 시).

표 6.4 자율주행 차량과 다른 대안들: 운송 비용과 시간 비교

	직접 비용	시간	시간이라는 간접 비용 (시간당 최저 임금 12.80달러 기준)	총비용	비교 비용
AI 자율주행차 (웨이모)	$6.92	13분	$2.77	$9.69	–
우버(중소형)	$9.73	13분	$2.77	$12.50	29% 더 비쌈
우버XL	$13.11	13분	$2.77	$15.88	64% 더 비쌈
버스 (밸리 메트로)	$4	52분	$11.09	$15.09	56% 더 비쌈
도보	$0	79분	$16.85	$16.85	74% 더 비쌈

위에서도 봤다시피, 비용-편익 분석은 직접 비용뿐만 아니라 시간의 가치와 같은 간접 비용도 포함한다. 보험 계리사가 보험 위험률을 산출하듯, 위험 또한 비용으로 환산할 수 있는 것이다. 즉, 비용을 분석할 때는 다른 편익도 고려해야 한다.

예를 들어 운동을 선호하는 사람은 6km를 운전하기보다 걸어가는 것을 택할 수 있지만, 애리조나에서는 무더위 때문에 79분의 도보는 물론, 버스 정류장 사이를 걸어가는 16분의 도보조차 꺼려지는 사람도 있을 수 있다. 또한, 통제를 선호하는 사람은 자신의 생명을 AI의 '손'에 맡기기보다 더 비싼 비용을 들여 차를 직접 렌트할 수 있을지도 모른다. 그러나 새로운 경험을 추구하는 사람은 자율주행차의 스릴을 즐기기 위해 추가 비용을 지불할 수도 있다. 결론적으로 AI와 그 대안을 평가할 때는 직접 비용, 속도, 위험, 편안함, 통제감, 이용 편의성, 욕구 충족 등 폭넓은 비용과 편익을 고려해야 하는 것이다.

이 외에도 또 다른 변수인 AI 자율주행차의 '정밀도^{precision}'는 웨이모의 운전 기록과 인간 운전자의 기록을 비교해 평가할 수 있다. 이때 사고와 사망자 수는 마일(약 1.6km) 당 수치로 비교하되, 운전 유형은 서로 일치시켜야 한다(한 예로, 고속도로 주행과 도시 주행은 사망과 치사율이 다르다).

이를 쉽게 이해하기 위해 먼저 미국 도로교통안전국[NHTSA] 데이터를 보면, 인간 운전자 관련 자동차 사고로 2020년에는 38,824명, 2019년에는 36,355명이 사망했다. 즉, 경찰 보고 사고에서 자동차 사고로 사망한 사람이 1백만 마일당 평균 1.95건인 셈이다.[2] 그러나 자율주행차인 웨이모의 안전 데이터를 보면, 2019년과 2020년 610만 마일(약 980km) 주행 중 18건의 충돌 또는 추돌 사고가 있었다[3]. 이는 연방 데이터의 마일당 평균 사고 건수보다 6건(33%) 더 많은 수치지만, 웨이모는 경미한 사고까지 모두 보고하는 반면 연방 데이터는 경찰 보고 사고만 집계한다는 것을 감안해야 한다. 이때 웨이모는 18건의 사고 모두에서 심각한 부상자가 없었다고 보고했다. 그러나 웨이모는 평균 속도가 낮고 심각한 부상이나 사망 위험이 더 낮은 도시 내에서만 운행을 하고 있으며, 대부분의 사고가 인간이 운전하는 다른 차량의 과실로 발생했다고 보고한다는 것도 알아야 한다.

실제로, 교차로에서 정지 신호를 무시하고 시속 60km로 달리던 차에 웨이모 차량의 측면이 충돌당한 사고가 있었는데,[4] 템페 지방 정부에 있는 사고 현황판에서는 웨이모가 해당 도시에서 인간 운전자보다 더 안전한 것으로 표시했다[5]. 그러나 웨이모는 특정 지역과 유리한 기상 조건에서만 운행하기 때문에 단순 비교는 어렵다. 여기서 주목할 만한 차이점은 템페의 인간 운전자 사고 중 상당수가 음주 운전으로 인한 것인 반면, 웨이모는 음주 운전을 하지 않는다는 점이다.

이 외에도, 웨이모의 보고서는 자율주행 차량을 도로 밖으로 밀어내기 위한 다양한 인간 운전자들의 적대적 운전 행태를 기록하고 있는데, 이는 개방형 환경에서 운영되는 AI의 취약성을 보여주는 사례다. 웨이모의 안전 보고서는 자율주행 차량의 발전을 보여주지만, 아직 완벽한 정밀도에는 도달하지 못한 것이다. 실제로[6] 현재 웨이모가 운행하는 제한된 환경에서는 인간 운전자와 비슷한 수준의 안전성을 보여주고 있지만, 모든 운전 조건에서 인간처럼 운전하기에는 아직 한계가 있다.

이번엔 테슬라의 오토파일럿Autopilot 시스템을 살펴보자. 여기엔 '완전 자율 운전FSD'이라는 명칭이 붙여졌지만, 사실은 진정한 자율주행이 아니며 운전자가 항상 제어 준비를 해야 하는 시스템이다. 그러나 테슬라의 FSD는 웨이모와 달리 지역 제한 없이 사용할 수 있다는 장점이 있다.

「포브스Forbes」에서 운송과 로봇 차량 분야를 담당하는 브래드 템플턴Brad Templeton에 따르면, FSD를 켠 오토파일럿은 인간 운전자보다 약간 더 위험[7]하다고 한다. 이때 AI는 인간 운전자와 다른 유형의 실수를 저지르는데, 예를 들어 테슬라의 오토파일럿은 도로에 정차된 소방 차량과 충돌하는 사고[8]를 일으켰으며, 이는 인간 운전자에게서는 거의 발생하지 않는 유형의 사고다. 이를 교훈삼아 테슬라는 38만 대의 FSD 장착 차량에서 발생하는 각각의 사고를 학습 기회로 활용하며 지속적으로 자율주행차를 개선하고 있다.

비용-편익 분석은 자율주행 차량을 운영하는 기업과 이를 이용하는 승객에도 적용되며, 이 둘은 차이가 있다. 웨이모의 사례를 보면, 애리조나주 템페라는 제한적 지역의 운영을 위해서 막대한 비용이 투자했는데, 자동차 전문 잡지인 「카앤드라이버Car&Driver」의 보도에 따르면 웨이모는 2020년 2월 기준 연구 개발비로 35억 달러를 지출했다고 했다[9]. 2019년과 2020년의 610만 마일 주행 실적을 고려하면, 마일당 575달러의 비용이 발생한 셈이다. 이는 사례 연구에서 다룬 4마일 이동의 마일당 요금 1.77달러와 비교하면 엄청난 차이다. 게다가 도서관에서 골프장까지 가는 단순 이동에 개발 비용을 포함하면 비용은 약 2,237.90달러에 달한다.

결국 현 시점에서 웨이모의 자율주행 차량 사업은 수익이 없다고 해도 무방하며, AI가 인간 운전자와 비슷한 수준의 정밀도를 달성하기 위해서는 달 탐사에 버금가는 막대한 비용이 필요하다. 그런데 기업은 왜 이러한 위험을 감수할까?

매우 위험한 AI 영역에 막대한 자금이 투입되는 것은 성공했을 때 얻을 수 있는 보상이 크기 때문이다. 현재 AI가 가진 한계에도 불구하고, 더 위험한 영역들에서 AI 연구와 개발이 계속될 것으로 예상되는 데는 두 가지 이유가 있다.

- AI의 수익 잠재력
- 레이블 된 데이터의 가용성

특히 AI의 수익 잠재력은 엄청나다. 한 예로, 2023년 현재, 웨이모는 자율주행 택시에 60억 달러 이상을 투자했으나, 소비자들의 실제 차비 지출은 도입 이후 5천만 달러에도 미치지 못했다. 그럼에도 웨이모가 이처럼 큰 도박을 하는 이유는 무엇일까? 이는 미국의 면허 소지 운전자들이 연간 약 3조 마일을 주행한다는 사실에서 찾을 수 있다. 만약 웨이모가 마일당 1.77달러를 받을 수 있다면 미국에서만 5조 4천억의 매출을 올릴 수 있기 때문이다. 뿐만 아니라 미국 전체 운전의 5%만 자율주행 택시로 전환돼도 연간 2,700억 달러 이상의 매출이 예상되는데, 이는 구글보다 50% 더 큰 규모다. 성공만 한다면 웨이모는 초대형 기업으로 성장할 수 있는 것이다.

하지만 여기서 로보택시를 3조 마일로 외삽하는 데는 오류가 있다. 대부분의 주행이 개인 차량 소유주에 의해 이뤄지기 때문에, 택시나 우버 같은 최적 대안과 비교할 때 비용의 구조가 매우 다르기 때문이다. 이 분석은 표 6.5에 단순화된 최적 대안과 비용-편익 분석으로 정리돼 있다.

표 6.5 2020년 가격에 근거한 웨이모의 경제학

비즈니스	웨이모
비즈니스 목표	택시와 자가용 소유를 대체할 자율주행 차량
성공의 규모	총 시장 규모(TAM): 연간 5.4조 달러(마일당 $1.77달러 기준*). 서비스 가능 시장: TAM의 5%, 연간 2천7백억 달러

최적 대안들	1. 택시 2. 승차 공유 서비스(우버, 리프트) 3. 자가용 소유
최적 대안들과의 비교	택시는 5마일 거리를 가는 데 마일당 3.60달러가 들 것이다. 택시와 견주어, 웨이모는 훨씬 더 싼 마일당 1.77달러이다. 우버는 평균 여행 거리가 5.4마일이며 15-20분이 걸리고 마일당 평균 2.60달러가 든다. 2021년 미국 자동차 서비스 협회(AAA, American Automobile Association)의 계산에 따르면 자가용 소유는 마일당 0.64달러가 든다. 이때 사람의 시간 가치를 애리조나의 최저 임금으로 계산하고, AAA의 계산에 근거해 연간 1만5천마일을 평균 시속 35마일로 여행했다고 치면, 운전 비용은 마일당 1.01달러가 된다(많은 사람이 자가용 운전을 하거나 택시를 타거나 다른 운송 수단을 사용할 때 시간의 가치를 비교하지는 않으므로 인지된 비용은 마일당 0.64달러에 더 가까울 수 있다). 마일당 비용 자가용　　웨이모, 2020년 12월 가격 기준　　우버　　택시
경쟁자들과 웨이모	택시는 운영자들에게 수익을 창출하는 사업이다. 우버는 2023년에 처음으로 흑자를 달성했지만, 「월스트리트저널」의 분석에 따르면 우버 운전자들은 차량 감가상각을 고려할 때 실제로 수익을 내지 못하고 있다고 한다. AAA 연구 결과에 따르면, 자가용 소유에는 연간 1만 5천 마일 주행을 기준으로 운전자당 연간 9,666달러, 월 800달러의 평균 비용이 발생한다. 여기서 웨이모는 현재 택시와 승차 공유 서비스보다 요금이 저렴해 고객을 유치할 수 있지만 자가용 소유하고 직접 운전하는 비용과 비교하면 2배 이상 비싸다. 따라서 웨이모는 자신의 시간 가치를 최저 임금의 3배 이상으로 평가하는 사람들에게 자동차 소유와 자가 운전의 대안이 될 수 있을 것이다.
경제 단위	웨이모는 장비를 갖추고 유지하는 데 승차 공유 서비스나 자가용보다 많은 비용을 투자한다. 그러나 요금은 마일당 1.77달러로 낮지 않아, 많은 사람에게 자가용을 포기하고 웨이모로 전환할 만한 동기를 주지 못한다. 웨이모는 이 요금으로 더 비싼 경쟁사의 고객을 유치할 순 있겠지만, 수익을 내기는 어려울 것이다. 승차 공유 서비스인 우버와 리프트가 매우 낮은 수익을 내고, 운전자들은 차량 정비와 감가상각 비용을 자가용에 투자한다고 가정할 때 이들은 수익조차 내지 못하고 있는 상황이다. 이런 상황에서 웨이모는 자체 차량 유지비용을 상쇄하기 위해 마일당 인건비를 줄여야 할 필요성이 있다. 우버나 리프트의 운전자들이 마일당 0.50달러를 받는 것으로 추정되는데, 2020년 웨이모의 요금은 마일당 0.83달러였다. 이때 웨이모 차량의 유지보수와 감가상각 비용이 0.33달러 이상 절감되기는 어려우므로, 비싼 승차 공유 서비스의 고객을 유치하더라도 수익을 내기는 어려울 것이다.
서비스 대상 시장	2022년, 우버는 미국 승차 공유 시장의 68%를 점유하고 9천만 명이 넘는 사람들에게 76조 회의 승차 서비스를 제공했다.
위험도	높음

* 2022년 웨이모는 분당 1달러, 마일당 $2.80달러를 물렸다. 이것은 승차 공유 경쟁사에 견주어 볼 때 약간의 가격 프리미엄이 있다.

위 내용을 볼 때, 가까운 미래에 자율주행 차량이 대중화될 것이라는 보장은 없으며, 어쩌면 사람들이 자가용 대신 웨이모를 선택하도록 만드는 것은 달 탐사만큼이나 어려운 과제일지도 모른다. 대부분의 AI 응용 분야가 비용 절감 효과를 보이는 것과 달리, 웨이모의 경제성은 자가용 유지라는 최적의 대안보다 훨씬 더 비싸기 때문이다.

실제로 웨이모가 고위험 AI 응용 분야로 분류되는 데는 두 가지 이유가 있다. 첫째, 자율주행이 현재 AI의 한계를 뛰어넘는 시도라는 점, 둘째, 비즈니스 효용이 불확실하다는 점이다. 물론 여기서 웨이모가 자율주행 차량의 활용도를 크게 높여 개인 차량 소유 대비 가격 경쟁력을 확보할 수는 있겠지만, 이처럼 비용이 많이 드는 프로젝트를 지속하기 위해서는 막대한 자금력과 장기적 비전이 필수적이다.

2021년 말 기준으로 웨이모는 12년 이상의 개발 기간을 거쳐 2천만 마일 이상을 주행했으며, 두 번째 도시인 샌프란시스코에 유료 로보택시 서비스를 확장했다. 또한 '차량 주변의 3D 뷰'와 같은 인간이 이해하기 쉬운 시각화 시스템도 개발했으며,[10] 2022년 10월에는 로스앤젤레스 진출 계획을 발표하는 등 인상적인 발전을 보였다.

하지만 웨이모는 아직 갈 길이 멀다. 다른 자율주행 기업들이 사업을 포기하면서 주주들이 약 750억 달러의 손실을 입었기 때문이다. 따라서 위험도가 높은 AI 응용 분야에 도전하기 전에는 다음과 같은 핵심 질문을 고려해야 한다.

"성공이 보장되지 않은 상황에서, 새로운 세대의 AI 개발에 투자할 시간과 자원이 있는가?"

"AI를 통한 최적 대안 대비 확실한 가격 우위를 가진 견실한 사업 계획이 있는가?"

AI 활용을 촉진하는 두 번째 요인은 '레이블 된 데이터'의 활용 가능성이다. 레이블 된 데이터는 AI가 사용자의 원하는 결과물을 파악할 수 있게 해주는 일종의 신호이며, 이미지에서 레이블은 찻주전자, 아기, 개, 늑대, 허스키, 말, 판다 등 대상을 설명하는 표시다. 따라서 AI는 레이블 된 데이터를 더 쉽게 활용할 수 있으며, 특히 데이터가 추가 작업 없이 자동으로 레이블링 되는 경우에는 그 활용도가 더욱 높아진다.

또한 레이블 된 데이터의 접근성이 높아질수록 AI 활용 진입장벽은 낮아진다. 실제로 레이블 된 데이터는 초기 설정 시간과 AI 적용 비용을 크게 절감할 수 있게 해주는데, 일례로 페이스북, 아마존, 넷플릭스, 구글과 같은 기업들은 풍부한 고객 행동 데이터를 보유하고 있어 별도의 데이터 확보 비용이 거의 들지 않는다. 이뿐만 아니라, 이들 기업과 고객 간의 모든 상호작용이 디지털로 기록돼 자동으로 레이블링 되므로, AI 애플리케이션에 즉시 활용이 가능하다. 이처럼 레이블 된 데이터를 보유한 기업들은 위험성과 무관하게, 단순히 무료로 데이터를 활용할 수 있다는 이유만으로 비즈니스에 AI를 적용할 가능성이 높다. 이러한 데이터를 보유한 기업들은 AI 도구가 너무나 접근성이 좋고 인기가 높아서, 최소한의 시험조차 하지 않고 AI를 시장에 내놓는 것이다.

하지만 사법제도처럼 AI 활용이 위험할 수 있는 분야도 있다. 이때는 머그샷(체포된 용의자의 상반신 사진), 증거 파일, 전과 기록, 재범률 등 레이블 된 데이터가 충분히 있더라도 사법 제도에서 논거는 필수적이기 때문에 신중한 접근이 필요하다. 주택담보대출의 경우도 마찬가지다. 수백 개의 변수로 이뤄진 레이블 된 데이터를 바탕으로 AI가 대출 자격을 판단하더라도 위험 요소가 여전히 존재하기 때문이다. 이런 경우, "데이터가 있으니 그냥 진행하자"는 의견이 나올 수 있지만, 그 전에 AI 활용에 따른 위험성을 먼저 평가하는 것이 중요하다.

데이터 레이블링 작업에 추가 비용과 시간이 들더라도, 수익성이 충분하다면 웨이모처럼 레이블 된 데이터셋을 구축하는 것이 가치가 있다. 현재 웨이모는 '수도오그먼트PseudoAugment(의사擬似 강화라는 뜻)'라는 AI 프로그램을 개발해 수집 데이터에 자동으로 레이블을 부여하고 있으며, 카네기 멜론 대학의 '올인원 드라이브All-In-One Drive'와 같은 타사 제품들은 광범위한 연구를 통해 얻은 레이블 된 데이터를 다른 기업들에게 제공함으로써 자율주행차 개발을 지원하고 있다. 또한 이미지넷ImageNet을 비롯한 오픈소스 프로젝트들은 수익보다는 임무 지향적인 접근을 취하며, AI 연구와 제품 개발을 위한 폭넓은 레이블 데이터 라이브러리를 제공하고 있다.

클레이튼 크리스텐슨Clayton Christensen의 연구에 따르면, '신기술이 성공하기 위해서는 기존 기술보다 빠르고 저렴해야 한다[11]'고 한다. 만약 AI를 사용했을 때 70% 정도 효과적이지만 비용을 절반으로 줄일 수 있다면 어떨까? 크리스텐슨의 연구를 고려하면, AI는 현재의 한계에도 불구하고 널리 보급될 것으로 예상된다. 많은 사람이 AI의 근본적인 약점을 이해하지 못하더라도, 비용과 시간 절감, 수익 증대 가능성은 분명히 인식하고 있기 때문이다.

웨이모의 사례에서 볼 수 있듯이, 매우 위험한 분야라 하더라도 잠재적 성공 가치가 크다면 도전하는 기업이 나타날 것이다. 그리고 이것은 비단 기술 기업에만 나타나지 않을 것이다. 카이 푸 리Kai-Fu Lee가 『AI 슈퍼파워AI Superpowers』(이콘, 2019)에서 설명했듯이 중국과 같은 국가도 경제, 국방, 정부 등 전 분야에 걸쳐 AI에 전략적 투자를 감행하고 있기 때문이다[12].

AI는 강력한 망치다. 그러나 문제는 굳이 건드릴 필요가 없는 못에도 망치질을 할 수 있다는 것이다. 이러한 위험한 시도는 AI 기술을 현재의 한계를 뛰어넘는 수준으로 발전시킬 수도 있지만, 동시에 많은 손가락을 박살낼 수도 있다.

2부 / 기회, 위험, 대응책, 그리고 긴요한 질문

7장. AI의 사례 연구: 판매와 마케팅 분야에서의 AI 혁명

산업혁명의 두 번째 물결이 일던 19세기 후반에 전기가 새로운 동력원으로 등장했지만, 사람들이 전기의 진정한 잠재력을 깨닫기까지는 20여 년이 더 걸렸다. 그러나 전기는 단순히 기존 방식을 대체하는 것을 넘어 훨씬 더 많은 가능성을 지니고 있었다. 예를 들어, 1920년대의 일상을 봐보면, 손님을 초대해 다과를 대접하는 상황에서도 20년간 유효했던 전기의 혁신성이 드러난다. 1821년 발명된 전기 다리미로 테이블보를 다리고, 1885년 발명된 전기 믹서로 케이크를 만들며, 1891년 발명된 전기 스토브로 차를 데우고, 1886년 발명된 전기 식기세척기로 설거지까지 할 수 있었기 때문이다. 이뿐만 아니라, 손님들은 1832년에 발명된 1세대 전기 자동차나 1890년 발명된 전기 잠수함으로 집을 방문할 수 있었고, 1880년 발명된 전기 엘리베이터를 타고 올라와 1821년 발명된 전기 초인종을 누를 수 있었다. 실내에서는 1879년 발명된 전기 샹들리에가 공간을 밝히고, 1906년 첫 방송을 시작한 전기 라디오가 배경음악을 제공할 수 있었다.

특히 전기 엘리베이터는 현대의 마천루를 탄생시킨 혁신적인 기술이었다. 엘리베이터가 없던 시절에는 건물 높이가 실질적으로 6층으로 제한됐는데, 이는 사람들이 그 이상 걸어 올라가기를 꺼렸기 때문이다. 그러나 1913년, 뉴욕의 울워스Woolworth 빌딩은 오티스 엘리베이터 컴퍼니Otis Elevator Company가 제작한 여러 대의 엘리베이터를 갖춘 덕택에 기존 높이의 10배인 60층까지 도달할 수 있게 됐다. 이때 전기 엘리베이터는 단순히 계단 이동을 대체하는 수준을 넘어섰다. 독자적인 우편번호를 가질 만큼 거대한 고층 빌딩의 건설을 가능하게 만들었고, 이는 더 큰 수익으로 이어져 더 많은 고층 건물 건설을 촉진시켰다. 이후, 이러한 대형 빌딩들에 사람들이 모여들면서 도시의 인구 밀도가 증가했고, 도시는 상업 중심지로서의 입지를 더욱 굳건히 다질 수 있었다.

이처럼 전기는 상업용 및 주거용 에어컨과 저렴한 조명 시스템의 발전을 이끌어내며 전 세계인의 삶을 크게 변화시켰다. 산업혁명 이전 유럽과 미국에서는 인구의 70~80%가 농촌에 거주하며 농업에 종사했지만, 오늘날은 인구의 80% 이상이 도심지urban centers로 정의하는 도시 안과 주변에 거주한다. 이때 도심의 인구 중 농업 종사자는 2%에도 미치지 못한다.

이렇듯 전기는 통신 혁명의 시발점이 됐고, 전신과 전화의 발명으로 통신 방식이 획기적으로 변화했으며, 이는 현대 인터넷의 기반이 됐다. 실제로 전기가 발명되기 전과 후, 전국을 가로지르는 정보의 전달 속도가 얼마나 달라졌는지를 한번 생각해 보자. 전신이 나오기 전에는 전통적인 전달 방식인 조랑말 속달 우편Pony Express으로는 메시지 전달에 일주일이나 걸렸지만, 전기를 이용한 통신은 이를 순식간에 단축시켰다. 이때 정보 전달의 양적인 측면도 크게 달라졌는데, 이는 전신, 전화, 인터넷이 등장하기 전에는 물리적 배송에 따른 비용 부담으로 정보 전송량이 제한적일 수밖에 없었기 때문이다.

더불어 전기는 엔터테인먼트 산업에도 혁명적 변화를 가져왔다. 일례로 라디오와 텔레비전의 등장으로 사람들이 여가 시간을 보내는 방식이 완전히 달라졌는데, 2018년 닐슨Nielsen의 연구에 따르면 '미국인들은 하루 평균 11시간을 전자 미디어를 보고, 듣고, 읽는 데 소비한다'[1]고 말할 정도다.

전자 미디어는 엔터테인먼트뿐만 아니라 정치 지형도 크게 바꿔 놓았다. 1920년대부터 라디오를 통해 정치인의 연설을 직접 들을 수 있게 됐고, 히틀러와 무솔리니 같은 정치인들은 라디오라는 새로운 매체를 통해 대중과 소통하며 권력을 장악할 수 있었기 때문이다.

이렇게 전기화electrification가 현대인의 생활양식을 근본적으로 바꿔 놨듯이, AI 역시 앞으로 10년 안에 우리의 삶에 깊은 영향을 미칠 것으로 예상된다.

어디에나 있는 AI

더 쉽고, 저렴하며, 빠르고, 언제든 사용 가능한 혜택들은 새로운 기술을 도입하게 만드는 강력한 동기가 돼왔으며, AI는 이러한 이점들을 하나 이상 제공할 수 있다. 그뿐만 아니라, 현재 AI는 매우 폭넓게 적용 가능해서 상상할 수 있는 모든 산업과 비즈니스 부서에서 최소한 하나 이상의 AI를 활용할 수 있다.

예를 들어, 줄 서서 무언가를 기다리는 문제를 살펴보자. 미국인들은 주당 평균 1.6회 식료품점에서 줄을 서서 기다린다. 이때의 짜증은 말할 것도 없는데, 이 사태를 분석한 미국 최대 식료품 체인점 중 하나인 크로거Kroger는 대기 시간이 고객 만족도를 떨어뜨리는 주요 원인이라고 보고, AI를 활용해 매장 입장 고객을 관찰하고 계산대 도착 시간을 예측함으로써 긴 대기열이 생기기 전에 계산대 수를 조절하는 방법을 고안했다.

이 외에도 혁신적인 AI 적용 사례는 아마존의 고Go 매장에서 찾아볼 수 있는데, 그 이유는 바로 이 매장이 대기 시간을 완전히 없앴기 때문이다. 대신 고객은 매장에 입장 시 휴대폰이나 장문掌紋, palm print을 스캔해야 하고, 천장의 AI 카메라가 고객이 집은 상품을 자동으로 기록하고 계산한다. 이때 고객이 만약 상품을 다시 진열대에 돌려놓으면 AI가 자동으로 구매 목록에서 제외하며, 손님은 쇼핑을 마치면 그대로 나가면 된다. AI 계산 시스템이 1~2분 내에 매장을 나간 손님에게 청구서를 보내기 때문이다. 이 획기적인 방법을 채택한 고 매장은 현재 수십 개가 운영되고 있다².

이 외에도, 고객이 찾는 상품이 품절된 경우는 사용자들의 또 다른 주요 불만 사항이다. 이를 해결하기 위해 홈 디포Home Depot는 포괄적인 AI 시스템³을 구축했는데, 이 시스템은 재고가 부족한 물품을 파악하고 적절한 시점에 추가 주문이 필요한 품목을 학습해 고객과 판매자 모두에게 이익이 되도록 재고를 최적 수준으로 유지하는 것이다. 이뿐만 아니라 레스토랑을 비롯한 식품 판매업체들도 AI를 활용해 부패하기 쉬운 식자재의 최적 주문량을 예측함으로써 음식물 낭비를 최소화하고 있다.

또한 항공기의 빈 좌석을 채우는 것에도 AI를 활용할 수 있다. 만약 좌석이 정해진 시간 내에 판매되지 않을 시, 큰 손실이 나기 때문이다. 이륙 후에는 그 좌석에서 발생할 수 있는 수익이 영원히 사라지기 때문에, 항공업계는 '더 많은 좌석을 채우기' 위해 AI를 적극 활용하려 한다. 이때 AI는 출발이 임박한 항공편의 잔여 좌석을 실시간으로 파악하고, 이를 바탕으로 요금을 탄력적으로 조정하며 마케팅 활동을 전개하는 역할을 하며, 이를 통해 항공기 이륙 전 마지막 순간까지 좌석 점유율을 최대한 높인다.

'좌석 채우기' 전략은 엔터테인먼트 산업에서도 중요한 과제다. 특히 스포츠 경기장의 빈 좌석은 직접적인 수익 손실로 이어지기에, 우리 중 한 사람은 북미프로농구NBA 팀과의 협업을 통해 AI 시스템을 개발해 경기별 공석을 예측하고, 수익 창출을 위한 최적의 프로모션 전략을 분석하기도 했다.

이렇듯 엔터테인먼트 산업뿐만 아니라 테러리스트 데이터베이스와 대조해 참석자를 신속하게 검증하는 보안 시스템부터, 개별 관객에게 맞춤형 상품과 간식을 추천하는 프로모션까지, 다양한 곳에 AI를 쓰고 있다.

AI는 현재 모든 산업 분야에서 급속히 성장하고 있다. 탑봇츠Topbots는 포춘Fortune 500대 기업들과 AI 기술을 연결하는 연구 자문사로, AI 서비스 기업들을 16개 비즈니스 영역으로 분류하고 있는데, 이들 분야는 비즈니스 인텔리전스, 고객 관리, 인사 및 채용, 영업과 광고, 재무와 운영, 물류 및 공급망, 엔지니어링과 IT, 법무와 법규 준수(컴플라이언스) 등을 포함한다.

그러나 이는 전체 카테고리의 일부에 불과하다. 스타트업과 신기술 전문 리서치 기업인 벤처 스캐너Venture Scanner는 AI 기업들을 컴퓨터 비전, 가상 비서, 추천 엔진 등의 응용 분야별로 분류하는데, 2020년에 이 회사의 목록은 13개 카테고리에 855개 AI 기업이 등재돼 있었으나, AI 산업의 급성장으로 현재는 약 4,000개의 AI 기업이 등록돼 있다. 그리고 이러한 성장세는 앞으로도 확대될 전망이다.

물론 AI 전문 기업들 외에도 아마존, 구글, 마이크로소프트, 오픈AI 등 업계 선도 기업들이 제공하는 범용 AI 도구들이 있어 기업들이 각자의 필요에 맞게 시스템을 특화할 수 있다. 한 예로, 아마존의 AWS 세이지메이커 지오스페이셜AWS SageMaker Geospatial 서비스는 매우 유연한 도구로써, BMW가 전기차 충전소의 최적 위치를 선정하는 데 많은 도움을 주고 있다. 그러나 이와 같은 AI와 데이터 파이프라인을 활용하되 전혀 다른 목적으로 사용하는 사례도 있는데, 헤지펀드들은 이를 가지고 대형 소매점 주차장의 위성사진을 분석해 주차된 차량 수를 기반으로 매출을 예측하고, 농업 기업들은 동일한 기술로 작물 수확을 최적화하는 데 사용하고 있다.

이처럼 활용 사례는 다르지만, 결론적으로 AI는 비즈니스 의사결정을 지원하는 면에서 놀라운 잠재력을 보여주고 있다.

판매와 마케팅 분야에 AI 적용하기

6장에서는 인공지능 도입의 재무적 타당성을 평가하기 위해 최적 대안과 비용−편익 분석을 활용했으며, 이러한 분석을 통해 많은 기업이 AI 도입이 기존 시스템보다 재무적으로 더 유리하다고 판단할 것이다. 이에 더해 모종의 상상력과 노력을 기울이면 기업은 AI를 통해 재무성과를 크게 향상시킬 수 있으며, 상장기업의 경우 대규모 AI 도입으로 인한 성과가 주가 상승으로 이어질 수 있다.

그중에서도, 신생 기업은 'AI 중심 비즈니스AI-first business'를 고려해 볼 만하다. 이는 AI를 모든 업무의 근간으로 삼는 접근 방식으로, 전체적인 업무 프로세스를 AI 적용을 전제로 설계하는 것이다. AI를 기본으로 삼되, AI 활용에 따른 위험이 지나치게 높은 경우에만 예외적으로 AI를 배제하는 방식인 것이다. 이러한 AI 중심 접근법을 설명하기 위해 판매와 마케팅 부서의 10가지 활용 사례를 살펴보겠다.

1. AI는 구매 전환 가능성이 가장 높은 고객층을 파악한다.
2. AI는 다양한 타깃층에 맞춘 여러 버전의 판매 문안 작성을 지원한다.
3. AI는 맥락을 분석하고, 기업의 메시지 데이터베이스에서 적절한 이미지와 텍스트를 선별해 응답률이 높은 메시지를 생성한다.
4. AI는 유입되는 잠재 고객들의 우선순위를 정하고, 채팅이나 이메일을 통해 자동으로 구매 전환을 유도한다.
5. AI는 고객 서비스 채팅에서 고객의 감정과 기분을 분석해, 상담원의 개입이 필요한 시점을 파악한다.
6. AI는 링크드인 프로필을 포함한 포괄적인 고객 프로필을 수집해 마케팅 담당자가 효과적으로 관계를 구축할 수 있도록 돕는다. 만약 비즈니스가 소비자와 직접 연결되는 경우, AI는 소비자의 구매 성향을 분석하고 고객 경험과 수익을 최적화하기 위한 실시간 행동 전략을 제시한다.
7. AI는 마케팅 담당자의 미팅 일정을 자동으로 관리하고 회의 내용을 기록한다. 이는 누락된 데이터로 인한 판매 예측의 부정확성을 줄이고, 보고서 작성에 드는 시간을 절약해 준다.
8. AI는 보고서 대시보드, 재무 예측, 광고 및 마케팅 분석을 생성하

고, 이탈 위험이 높은 고객을 식별해 대응 전략을 제시하며, 때로는 데이터 신호에 자동으로 대응하고 그 조치 내용을 관리자에게 보고한다.
9. AI는 신제품 로드맵을 추적하고 새로운 기능과 특징에 대한 프레젠테이션을 제작한다. (제품-마케팅 기능)
10. AI는 경쟁사의 컨퍼런스 발표, 신제품 출시, 광고, 소셜미디어 활동을 모니터링한다.

특히 마케팅과 판매 부문에서 AI를 활용하면 획기적인 시간 절약이 가능하다. 우리의 분석에 따르면 마케팅 업무 시간의 최대 50%를 AI로 대체할 수 있어, 기업은 비용 절감과 수익 증대를 동시에 달성할 수 있는 것이다. 이때 AI 도입으로 절약된 인력은 장기적 비즈니스 전략 수립과 같은 더 가치 있는 업무에 투입될 수 있으며, 수립된 전략은 AI가 실행할 수 있다.

여기서 마케팅 직원들의 핵심 가치는 AI 운영의 정책 경계를 설정하는 데 있는데, AI는 수익 최적화에는 능하지만 더 큰 그림을 놓칠 수 있기 때문에, 전략과 정책 수립에서 인간의 역할이 매우 중요하다. 인간이 관리하는 경계가 없다면 AI는 자연재해가 벌어졌을 때 가격을 높일 수도 있는데, 이것은 불법일 뿐 아니라 비윤리적인 행동이기 때문이다. 물론 바가지 가격을 책정하면 회사의 수익을 늘릴 수 있지만 그 회사의 비즈니스 가치와 맞지 않을 수 있기 때문에, 위기 상황에 처한 고객을 배려하는 정책 수립은 전략의 중요한 부분이 될 수 있다.

비즈니스를 체스나 바둑과 같은 게임에 비유하는 일부 사람들의 시각도 있지만, 장기적 전략 수립과 AI 운영 범위를 설정할 때 인간의 역할은 필수적이다. 즉, AI가 정해진 규칙 안에서 움직임을 실행하되, 그 방향을 결정하는 것은 인간의 몫인 것이다.

이렇듯 AI 중심 비즈니스는 AI를 단순한 인력 대체 수단 이상으로 인식한다. AI를 통해 기존에는 불가능했던 새로운 비즈니스 기회를 창출할 수 있기 때문이다. 특히 판매와 마케팅 분야에서 AI는 고객 및 잠재 고객과 더욱 개인화된 방식으로 소통하며, 전반적으로 고객에게 더 나은 경험을 제공한다.

이제 AI를 통해 실현시킬 수 있는 세 가지 구체적 사례를 살펴보고, AI의 특성을 활용한 구체적인 활용 방안을 분석한 뒤 위험 관리 프레임워크를 적용해 보겠다. 그리고 마지막으로 마케팅 부서가 AI 시대에 어떻게 적응해야 하는지 논의하며 마무리하겠다.

타깃 고객 선정

제품과 서비스에서 타깃 선정은 마케팅의 핵심이다. 과거 기업들은 광범위한 대상에게 무차별적으로 메시지를 발송하고 구매로 이어지기를 기대하는 방식을 사용했으나, 이제는 AI 기술을 활용해 제품 광고에 관심을 보이고 구매할 가능성이 높은 잠재 고객을 정확하게 파악할 수 있게 됐다.

한 예로, 선도적인 마케팅 데이터 분석 기업인 클라리타스Claritas는 최근 AI 기업으로 변모하면서, AI 기술을 활용한 고객사 지원에 주력하고 있으며, 특히 신규 고객 확보를 위한 이메일 마케팅과 디지털 커뮤니케이션 개선에 역량을 집중하고 있다.

이때, 클라리타스는 웹사이트 사용자로부터 받은 이메일 수신 동의opt-in 데이터를 자사의 방대한 소비자 데이터베이스와 연계 분석하는데, 이 데이터베이스에는 지역별 특성, 인구통계 정보, 미디어 이용 행태, 제품 구매 성향 등 1만 개가 넘는 변수가 포함돼 있다.

한 휴대폰 서비스 기업과의 협업 사례를 보면, 클라리타스는 지난달 소비자들이 이메일을 열어본 경우를 긍정 데이터로, 열지 않은 경우를 부정 데이터로 분류했다. 이렇게 데이터에 분류 기준을 부여해 AI를 학습시키는 방식을 '지도 학습supervised learning'이라고 한다.

이처럼 클라리타스는 AI를 활용해 이메일 개봉률과 응답률이 높은 잠재 고객을 예측한다. 우선 이메일 개봉률을 지난 2년간의 데이터와 비교해 이메일과 도메인에서 비정상적인 클릭 패턴을 보이는 봇bot을 걸러낸 뒤, 여기에 '랜덤 포레스트 머신러닝 모델random-forest machine learning model'이라는 기법을 적용하는데, 이는 3장에서 다룬 경사 하강법과 밀접한 연관이 있다. 이러한 분석을 통해 AI는 각 이메일의 예상 개봉률과 응답률을 바탕으로 우선순위를 매기고, 반응할 가능성이 높은 사람들을 선별해 이메일을 발송하는 것이다.

클라리타스의 이러한 AI 활용 성과는 마케팅 분야에 꽤 인상적인 결과를 보여줬다. AI에 최적화된 이메일 마케팅의 개봉률이 일반적인 이메일 발송 대비 375% 더 높게 나타난 것이다. 이에 대해 클라리타스의 최고경영자인 마이크 나자로Mike Nazzaro는 "AI와 방대한 데이터를 통해 마케팅 담당자와 소비자 모두에게 도움이 되는 마케팅 전략을 발굴하고, 실행하며, 최적화할 수 있다"고 밝히며, "이는 매 단계마다 개선되는 선순환 구조[4]"라고 설명했다.

메시지 생성

AI는 메시지를 자동으로 생성할 수도 있다. 이때 생성형 AIgenerative AI를 사용할 수 있는데, 이는 학습된 데이터를 기반으로 새로운 결과물을 만들어 내는 AI 알고리듬의 한 유형이다. 대표적인 기술로는 미드저니Midjourney가 사용하는 딥러닝deep-learning 기반의 '확산 모델diffusion model'이 있으며, GPT-4나 제미나이와 같은 대규모 언어 모델LLM을 구동하는 '트랜스포머transformer' 기술이 있다. 그리고 이러한 생성형 AI 기술들은 이미지, 텍스트, 오디오 등 다양한 형태의 콘텐츠를 만들어 내는 데 사용되고 있다.

생성형 AI는 현재 클라리타스의 사례에서 보듯이 텍스트 기반 마케팅과 검색 광고 분야에서 폭넓게 활용되고 있다. 한 예로, 구글은 2022년에 광고 제목과 문안을 자동으로 생성해 주는 무료 AI 서비스를 도입했는데, 이는 검색 광고의 효율성을 획기적으로 향상시켰으며, 이러한 흐름 속에서 검색 엔진의 텍스트 광고는 현재 디지털 광고 시장에서 가장 큰 비중을 차지하게 됐다.

생성형 AI의 활용 범위는 이제 검색 광고를 넘어 더욱 확장되고 있다. 마스터카드Mastercard와 같은 기업은 소셜미디어 콘텐츠 제작부터 고객 응대까지 다양한 분야에서 생성형 AI를 활용하고 있기 때문이다. 최근에는 웹페이지와 블로그 콘텐츠 작성으로도 그 활용 범위가 넓어졌으며, 이커머스 플랫폼에서는 제품 설명 작성과 고객 문의 대응에도 AI가 적극적으로 도입되고 있다.

이 외에도 생성형 AI는 마케팅 이미지 제작에도 활발히 활용되고 있는데, 한 예로 마케팅 전략 프레젠테이션용 이미지가 필요할 때, AI는 스톡 사진stock photos*이나 전문 업체 의뢰보다 저렴한 비용으로 마케팅 담당자의 의도에 더 부합하는 이미지를 생성할 수 있다. 이때 기존 이미지의 규격 변경이나 콘텐츠 확장도 자동으로 수행할 수 있는데, 이처럼 AI의 활용 범위는 이미지를 넘어 오디오와 비디오 제작으로도 확대되고 있다.

또한 AI는 음악과 자연스러운 음성을 생성할 수 있으며, 런웨이Runway 같은 기업의 AI 도구는 비디오 제작 과정을 획기적으로 단축시켰다. 이에 마케팅 팀은 기업의 광고 카탈로그로 AI를 학습시켜 브랜드 스타일에 맞는 콘텐츠를 제작할 수 있는데, 레드불Red Bull(에너지 음료), 차민Charmin(화장지) 등의 기업들은 이미 비디오 광고에 AI 애니메이션을 활용하고 있다. 애니메이션은 실사만큼의 정밀도가 요구되지 않아 AI가 생성하기에 가장 적합한 비디오 형식이며, 향후 많은 수작업 애니메이션은 AI 생성 애니메이션으로 대체될 것으로 전망된다.

생성형 AI는 비용 절감 외에도 광고의 포용성을 높이는 데 기여한다. 일례로, 메타가 구인·구직 플랫폼 인디드Indeed와 함께 진행한 실험은 이러한 가능성을 잘 보여준다. 이들은 AI를 활용해 다양한 인종과 성별

---

* 스톡 사진(stock photos)은 라이선스를 취득해 다양한 용도로 활용할 수 있는 사진을 의미한다. — 옮긴이

을 가진 인물 이미지를 제작했다.

그림 7.1에서 볼 수 있듯이, AI는 인공지능 분야 채용 광고를 위해 동일 인물의 서로 다른 인종 버전을 생성했다. 여기서 한 걸음 더 나아가 메타는 다양한 성별과 연령대의 인물 이미지도 만들어냈고, 이를 통해 더 폭넓은 인재풀에 접근할 수 있었다.

그림 7.1 AI가 생성한 '닮았지만 다른 얼굴'. 인종적 다양성을 고려한 얼굴이다. 출처: 토머스 저메인(Thomas Germain), '페이스북, 광고주의 의향과 상관없이 사진의 인종과 나이를 기준으로 광고를 세분화한 연구 결과', 기즈모도(Gizmodo), 2022년 10월 27일. https://gizmodo.com/facebook-meta-photos-ads-race-gender-age-study-1849706492

물론 한계도 있다. 현재 AI는 다양한 메시지를 빠르고 저렴하게 생성하지만, 실제 활용 과정에서는 반드시 사람의 검토가 필요하다는 부분이다. 실제로 일반적인 작업 흐름을 보면, AI가 먼저 메시지를 생성하고, 이후 전문가가 이를 꼼꼼히 검토하며, 브랜드의 안전성과 일관성을 확보하기 위해 필요한 조정을 거친 후에야 최종 배포를 승인한다.

즉, 현재는 AI를 활용해 저비용으로 다양한 메시지를 생성하되, 이 과정에 사람을 개입시키는 것이 일반적이다. AI가 빠르고 경제적으로 메시지를 생성하면, 전문가가 이를 검토하고 미세 조정해 브랜드 안전성을 확보한 후 뒤 최종 배포를 승인하는 식이다.

메시지 전달 최적화

AI를 단독으로 활용하거나 사람과 협업해 타깃 고객을 선정하고 광고를 제작한 후에는, AI를 통해 개별 고객 특성에 맞는 메시지를 매칭해 광고 효과를 극대화할 수 있다. 디지털 마케팅 분야에서는 이렇게 20년 넘게 머신러닝을 활용해 광고 전달을 최적화해 왔다. 하지만 최근의 AI는 한 단계 더 진화해, 광고 메시지의 어떤 요소가 수신자에게 더 매력적으로 다가갈지를 훨씬 더 정교한 뉘앙스로 연관을 짓게 됐다.

실제로 천편일률적인 메시지보다는 AI를 활용해 고객 유형별로 세분화된 수백 가지의 맞춤형 메시지를 전달하는 것이 광고면에서 더 효과적이다. 일례로 2021년 우리 팀원 중 한 명은 코로나19 백신에 관한 정확한 정보를 전달하기 위한 광고위원회의 공익 캠페인을 제작한 적이 있었다. 우리는 AI 개인화 광고 분야의 선두 기업인 아츠AI^{ArtsAI}와 협력해, 다양한 동기 부여 요소를 반영한 이미지, 헤드라인, 백신 접종 권고 문구를 제작했고, 이러한 요소들을 다양하게 조합해 수백 가지 버전의 메시지를 만들어냈었다.

그 메세지 중에는 미시시피 주와 같은 지역의 이미지를 활용해 현지 주민들의 관심을 끌면서 해당 지역의 코로나19 확산 현황을 보여주는 버전이 있었고, 병원의 마스크 착용자들의 모습을 담은 다른 버전도 있었다. 또한 미국 국기를 활용해 애국심에 호소하는 버전도 있었으며,「미국의학협회저널」의 통계를 인용해 "당신은 부모입니까? 45,119명의 어린이가 코로나19로 부모를 잃었습니다"라는 메시지를 전달하는 버전도 있었다. 이때의 각각의 이미지는 다양한 인종, 성별, 연령, 직업군을 반영해 제작됐다.

이후 누군가 광고가 게재된 웹사이트를 방문하면 AI가 즉시 작동을 시작해 광고를 선별했다. AI는 개인정보를 전혀 활용하지 않은 상태에서, 해당 사이트의 광고 입찰 여부와 구체적인 광고 선정을 결정했으며, 그런 다음 시간, 요일, 도시, 사용 기기(모바일 또는 데스크톱), 모바일의 경우 운영체제(안드로이드 또는 iOS) 등을 분석하고 해당 웹사이트의 전반적인 콘텐츠를 파악했다. 그리고 이를 바탕으로 방문자가 질병통제예방센터CDC의 코로나19 웹사이트getvaccineanswers.org를 방문해 백신 정보를 찾아볼 가능성이 높은 광고를 선별해 노출했다.

이때 AI는 여러 단계로 작동됐다. 첫 번째 단계는 비지도 클러스터링unsupervised clustering을 사용해 웹사이트 방문을 유도할 가능성이 가장 높은 광범위한 광고 주제를 도출했으며, AI가 더 많은 경험을 축적하면서, 광고가 전달될 시기와 장소를 기반으로 메시지의 모든 요소를 최적화했다.

이 중에 한 가지 흥미로운 사례를 보면, AI는 "당신은 부모입니까? 41,119명의 어린이가 코로나19로 부모를 잃었습니다"라는 긴 메시지는 모바일보다 데스크톱 환경에서 더 높은 참여도를 기록한다는 사실이다. 이처럼 광고별로 최적의 노출 환경이 달랐는데, 어떤 광고는 모바일에서, 어떤 광고는 아침 시간대에, 또 다른 광고는 저녁 시간대에 더 효과적이었다. 또한 뉴스 사이트에서 좋은 성과를 보인 광고가 있는가 하면, 상식 퀴즈 사이트에서 더 높은 반응을 얻은 광고도 있었다. 엄청난 마케팅 전문가도 이처럼 다양한 변수를 고려해 최적의 광고 게재 위치와 시간을 AI만큼 신속하게 판단하기는 거의 불가능했을 것이다. 그러나 AI에게 시간, 장소 등 여러 변수를 복합적으로 분석해 어떤 메시지가 효과적일지 예측하는 것은 자동화된 프로세스의 간단한 일부일 뿐이다.

실제로 AI는 매일 자체 모델을 업데이트하기 때문에 상황 변화에 따라 메시지 선정 전략도 유동적으로 조정할 수 있다. 예를 들어 코로나19 델타 변이로 인한 입원률 증가 시기에, AI는 놀라우리만치 적절한 방식으로 메시지를 조정하는 법을 자동으로 학습했는데, 특히 병원에서 마스크를 착용한 사람들의 이미지가 사람들의 관심을 끌어 코로나19 백신 정보 탐색으로 이어진다는 사실을 익혔고, 브라운대와 공동으로 조사한 결과, 이러한 AI 기반 캠페인은 3,500명의 생명을 구하고 20,000명 이상의 입원을 예방하는 데 기여했다[5].

이 캠페인의 성공을 발판으로, 우리는 이 기술을 다양한 비즈니스 분야의 마케팅 담당자들에게 어떻게 적용할 수 있을지 연구하게 됐고, 아츠 AI 고객들을 대상으로 한 벤치마킹 연구 결과에 따르면, AI 활용 시 그렇지 않은 경우와 비교해 108%의 성과 향상이 있었다. 이러한 고무적인 결과를 바탕으로 우리는 비영리 마케팅 협회인 MMA 글로벌 및 그 멤버사들과 함께 산업 연구를 진행했으며, 크로거, 제너럴모터스^{GM}, ADT, 먼데이닷컴^{monday.com}과 같은 유수의 브랜드들과 협력해 AI 적용이 각 산업 분야의 비즈니스 성과 향상에 미치는 영향도 검증했다.

이후 이 연구를 통해 우리는 AI가 메시지의 형식과 내용을 수신자의 특성에 맞게 효과적으로 매칭해 더 높은 고객 전환율을 달성한다는 사실을 입증했다. 일례로 크로거를 한번 보자. 이 회사는 플로리다주에서 식료품 배달 서비스를 홍보할 방법을 찾고 있었고, AI 개인화 기법을 활용해 72가지 메시지를 약 460만 명의 잠재 고객에게 전달했다. 이때 우리는 동일한 메시지를 두 그룹에 다르게 적용해 결과를 비교했는데, 한 그룹에는 무작위로 메시지를 전달했고, 다른 그룹에는 AI가 수신자별로 최적화된 메시지를 선별해 전달했다. 그 결과 AI 최적화 그룹에서 크로거 배달 서비스 웹사이트 방문자가 200% 이상 증가했으며, AI 캠페인을 진행한 도시에서는 1달러당 광고비 대비 매출과 거래가 약 20% 상승했다. 이를 대변이라도 하듯, MMA 글로벌의 CEO인 그렉 스튜어트^{Greg Stuart}는 "AI를 경쟁사보다 먼저 도입해야 할 강력한 이유가 있다. 우리의 연구와 분석에 따르면, 마케팅 분야에 AI를 대규모로 활용할 경우 포춘 100대 기업들의 주가가 5~13% 상승할 수 있기 때문이다[6]"고 말했다.

AI 위험 관리 프레임워크 적용하기

마케팅과 판매 분야는 AI 적용에 매우 적합한 비즈니스 영역이다. 이는 완벽한 정밀도가 요구되지 않기 때문인데, AI가 제안하는 방안이 완벽하지 않거나 소비자의 필요와 정확히 일치하지 않는 광고를 노출하더라도 심각한 위험이 발생하지 않는다. 즉, 이 분야에서는 수익 창출을 위해 AI가 완벽한 정확도를 달성할 필요가 없는 것이다. 대부분의 마케팅 활용 사례는 그림 7.2에서 보여주듯 위험도 차트의 하위 영역에 속한다.

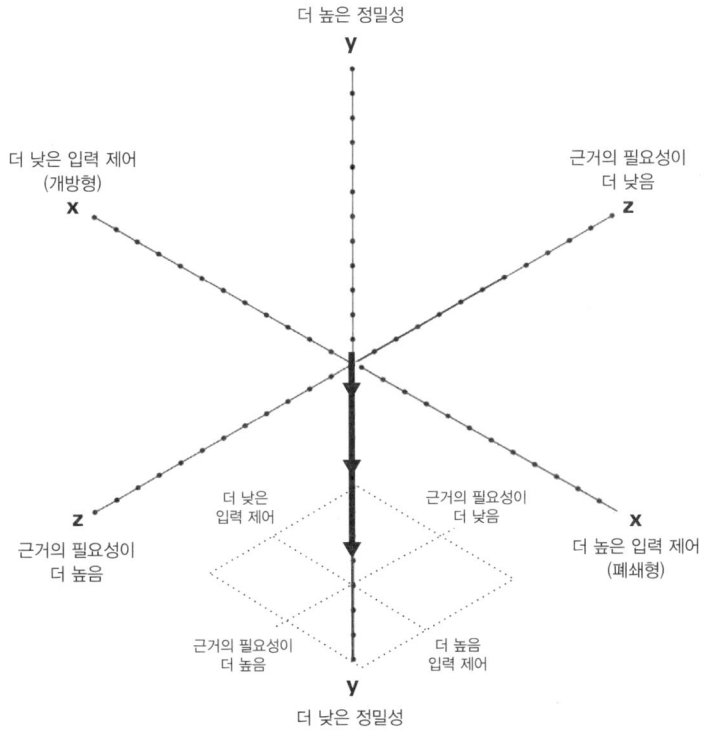

그림 7.2 마케팅 분야의 사용 사례를 위한 AI 위험 프레임워크

표 7.1 더 낮은 정밀도가 용인되는 사용 사례

x 축	z 축	더 낮은 입력 제어(개방형)	더 높은 입력 제어(AI의 제어권에 있음)
	근거의 필요성이 더 낮음	잠재 고객이 먼저 문의하는 비율과 챗봇의 참여 감성 분석 고객 프로필과 판매 자료집 경쟁 모니터링 및 보고	고객 선택 판매용 홍보나 제안서 생성 광고 콘텐츠 생성
	근거의 필요성이 더 높음	채용 결정 업무 능력 평가	비즈니스 관리 커뮤니케이션

표 7.1에서 볼 수 있듯이, AI를 활용한 일부 판매·마케팅 활동은 개방형 환경에서 이뤄지므로 일정 수준의 주의가 필요하다. 그러나 기업 내부의 제한된 데이터를 사람이 감독하며 활용하는 폐쇄형 시스템의 경우에는 상대적으로 위험도가 낮다.

또한 대부분의 판매·마케팅 활용 사례에서는 AI의 의사결정 근거를 상세히 파악할 필요가 없다. 예를 들어, AI로 잠재 고객 목록을 만들 때 특정 고객이 왜 목록에 포함됐는지 알면 도움이 되지만, 이는 필수적이지 않다. 마케팅 담당자의 입장에서 중요한 것은 AI가 생성한 목록이 AI 없이 작성한 것보다 더 높은 수익성을 올린다는 점이기 때문이다.

주의 사항

판매와 마케팅 분야가 높은 정밀도를 요구하지 않기 때문에 AI 적용에 이상적이긴 하지만, 그렇다고 해서 위험이 제로인 것은 아니다. 규제 대상이 아닌 업계라 하더라도 마케팅 담당자들은 타깃 고객 선정 과정에서 발생할 수 있는 편향성에 주의를 기울여야 한다.

예를 들어 한 캠페인이 신규 고객에게 환상적인 할인을 제공하도록 설계됐는데, AI가 구체적인 근거를 알 수 없는 블랙박스에 근거해 특정한 그룹에게는 동일한 할인 조건을 제시하지 않는다고 결론을 내리면 그 캠페인은 편향됐다고 인식될 것이다.

몇몇 인상적인 비즈니스 이니셔티브는 이런 AI 알고리듬의 내재적 편향성을 해결하기 위해서 주목할 만한 시도를 했다. IBM이 2018년에 개발한 'AI 공정성 360^AI Fairness 360' 키트가 대표적인 예다. 이 무료 공공 서비스는 AI의 편향성을 검증하는 코드와 10가지 편향 완화 알고리듬을 제공하며, 편향 해소 방안을 설명하는 영상과 백서도 함께 제공하고 있다. 이 서비스는 기업, 학계, 개인 모두가 이용할 수 있기에 우리는 이를 광고의 AI 개인화 과정에 적용하는 실험에 적용 중인데, 이를 통해 광고의 전달과 표현 과정에서 발생할 수 있는 편향을 줄일 수 있을 것으로 기대하고 있다.

또 다른 AI 적용의 주의 사항으로는, AI가 의도된 대로 정확하게 작동하더라도 소비자들이 그 활용 방식을 불공정하다고 느낄 수 있다는 점이다. 대표적인 사례로 뉴욕의 라디오 시티 뮤직 홀^Radio City Music Hall에서 열리는 로켓츠 크리스마스 스펙타큘러^Rockettes Christmas Spectacular 쇼와 여러 스포츠 팀을 보유한 매디슨 스퀘어 가든^MSG, Madison Square Garden 그룹의 사례를 들 수 있다. 처음에 MSG는 테러 위협 방지를 위해 보안 검문소에 AI 안면인식 기술을 도입했지만, 이 기술이 MSG를 상대로 소송을 제기한 법률사무소 소속 변호사들의 입장을 차단하는 데 활용되고 있다는 사실이 드러나면서, 한 변호사는 해당 소송과 전혀 관련이 없었음에도 어린 딸과 함께 크리스마스 쇼 관람을 거부당했으며, 또 다른 변호사는 이미 MSG를 제소한 법률사무소에서 퇴사했음에도 스포츠 경기 입장을 제지당했다[7].

또한 일부 소매점들은 AI 기반 가격 책정으로 인한 차별 논란에 휩싸였다. 애플 컴퓨터를 사용해 온라인 쇼핑을 하는 고객에게 더 높은 가격을 책정하는 사례가 발견된 것이다. 이를 방지하기 위해 우리는 2부 전체에 걸쳐, 책임감 있는 기업이라면 누구나 자문해야 하는 질문을 논의할 것이다. 그 질문은 AI 사용이 건전한 비즈니스 기반을 갖추고 있는지, 윤리적 원칙의 지배를 받고 있지는 않는지, 그리고 AI 사용으로 초래될 수 있는 해악을 상쇄하기 위한 충분한 대책이 있는지 등이다.

마케팅에 AI를 접목하기

AI 중심 기업으로의 전환을 위해서는 경영진이 먼저 기업의 목적을 점검하고, AI가 없는 상태에서의 현재 업무 프로세스를 분석한 후, AI를 접목해 이를 재구성해야 한다.

마케팅 메시지 개발 과정을 예로 들어보자. 이는 전통적으로 '창의적 과정creative process'으로 여겨져 왔으며, 지금까지는 AI가 개입되지 않았다. 마케팅 메세지를 개발하는 기존의 방식을 보면, 마케팅 담당자가 광고 대행사 담당자에게 어떤 방향의 캠페인을 만들지에 대해 문서를 전달하는 것으로 시작됐다. 이 문서에는 캠페인의 타깃 고객, 비즈니스 목표, 그리고 이를 달성하기 위한 광고사의 실행 방안 등이 포함되는데, 이러한 전통적인 접근법과 함께 고객 프로필을 몇 개의 부문segment으로 단순화시켰다. 이는 주로 기본적인 인구통계나 구매 패턴을 기준으로 경직되게 구분한 것이다. 이 지침을 근거로 광고 대행사는 주요 타깃층을 설정하고, 이들의 구매 동기를 파악하며 작업을 진행했다.

이때 광고 대행사는 주로 마케팅 담당자가 정한 기한 내에 광고물을 납품하는 것을 성공의 기준으로 삼았다. 즉, 광고가 완성되면 해당 업무는 종료된 것으로 보고 다음 과제로 넘어가는 것이다. 이후 광고 집행은 대행사의 다른 부서나 별도의 미디어 대행사가 담당하는데, 이들 역시 예산 집행 완료를 업무 종료의 기준으로 삼았다.

이후 마지막 단계에서 분석 팀이 캠페인의 효과를 평가했는데, 이들은 단기 매출 증가가 장기 수익으로 이어질 것이라 가정하고 분석을 진행했다. 하지만 캠페인 효과 분석에 수 주가 소요되다 보니, 분석 결과를 바탕으로 타깃 고객, 메시지, 광고 매체를 조정하기에는 이미 늦어버리는 경우가 많았다.

물론 분석 팀은 더 빠른 최적화를 원했지만, 현실적으로는 과거 상황을 보고하고 다음 캠페인을 위한 개선점을 제안하는 수준에 그치게 되는 상황에 직면했다. 이는 실시간 최적화가 가능한 현대적인 시스템과 비교할 때 매우 비효율적인 방식이다.

AI를 활용하지 않은 전통적인 마케팅 방식에는 중요한 문제가 있다. 그것은 바로 단기 성과에만 집중해 고객의 장기적 가치를 놓칠 수 있다는 것이다. 이는 마케팅 메시지를 제작할 때 즉각적인 매출 증가만을 목표로 하며, 고객 충성도나 고객 생애 가치는 간과해서 나오는 처사다.

실례로, 신용카드 회사는 이러한 문제점을 잘 보여준다. 신규 계정 개설 시 현금 보상을 제공하는 전략은 단기적으로는 효과가 있었지만, 대부분의 고객들이 현금만 받고 카드는 거의 사용하지 않은 것이다. 반면 카드의 실질적인 혜택을 강조한 마케팅은 초기 반응률은 낮았으나, 2년 이내에 더 높은 매출과 수익을 달성했다.

AI를 활용하지 않은 전통적인 마케팅의 또 다른 한계점은 획일화된 접근 방식이다. 소수의 메시지만을 선별해 특정 소비자 그룹에 일괄 적용하는 방식으로는 개인별로 다양한 동기와 관심사를 충족시키기 어렵기 때문이다. 그러나 AI를 활용하면 메시지의 다양성을 높이고 소비자와의 매칭을 정교화해 비즈니스 목표 달성률을 향상시킬 수 있다.

마지막으로, 전통적인 마케팅 방식의 문제점은 캠페인 성과 분석에 수 주에서 수개월이 소요돼 피드백을 통한 개선이 더딜 수밖에 없다는 것이다. 이러한 업무 흐름의 단절성과 지연은 캠페인 과정에서 필요한 다양한 조정을 어렵게 만든다. 반면 AI를 도입하면 마케팅 프로세스를 더욱 효율적으로 운영할 수 있다. AI를 활용하는 마케팅 담당자들은 메시지 개발을 순환적 프로세스로 접근하며, 타깃 고객 선정과 메시지 구성은 고객 평생 가치를 극대화하는 방향으로, 지속적으로 최적화할 수 있기 때문이다.

결론적으로 생성형 AI 방식은, 이 모든 단점을 보완해 과거 성공적인 캠페인의 고객 페르소나와 효과적인 메시지 요소를 기반으로 계속해서 발전해 나갈 것이다.

- 고객 페르소나는 클라리타스같은 기업의 풍부한 데이터셋을 통해 생성할 수 있으며, 여기에는 가구당 1만 개 이상의 데이터 포인트가 포함돼 있다. 이러한 페르소나는 마케팅 담당자가 보유한 구체적인 고객 데이터를 통해 더욱 정교화될 수 있다.
- 우리의 접근 방식에서 AI는 70/20/10 비율로 훈련된다. 이때 메시지의 70%는 '기회opportunity' 페르소나로 분류된 대상에게 전달되는데, AI는 이들이 설득 가능하고 구매 가능성이 높다고 예측한다. 20%는 현재의 '가장 가치있는most valuable' 고객 페르소나에게 할당된다. 이들은 별도의 메시지 없이도 지속적인 구매가 예상돼 브랜드 홍보의 필요성이 상대적으로 낮다. 나머지 10%는 아직 발견되지 않은 잠재력 있는 페르소나를 찾기 위해 무작위로 선정되며, AI는 마케팅 담당자의 목표와 투자금 회수 기간에 따라 이 비율을 탄력적으로 조정할 수 있다.
- AI의 메시지 개발은 풍부하고 다차원적인 페르소나 정보를 기반으로 하며, 컴퓨터 시각과 머신러닝을 통해 시장에서의 메시지 효과를 분석한다. 예컨대 AI 기업 하이브Hive의 컴퓨터 시각은 로고 위치, 텍스트 양, 제품 표현, 광고에 출연한 모델의 유형 등 50개 이상의 메시지 요소를 자동으로 파악하는데, NBC 유니버설의 스트리밍 서비스 피코크Peacock 관련 연구에서 하이브는 단순히 로고를 화면 왼쪽으로 이동하는 것만으로도 성과를 14%까지 높일 수 있음을 발견했다. 또한 제품만 보여주는 것보다 사용 방법과 함께 보여줄 때 더 효과적이라는 사실도 확인했다[8]. 이는 AI를 마케팅 메시지 업무 흐름에 도입했을 때 얻을 수 있는 자동화된 학습의

대표적 사례다.
- AI는 마케팅 메시지와 타깃 분석에서 뛰어난 성과를 보여준다. AI는 각각의 메시지가 서로 다른 맥락과 대상에게 미치는 미묘한 차이를 정확히 파악해 비즈니스 성과를 향상시킨다.

기존의 마케팅 방식이 고객을 대략적으로 분류하고 캠페인이 끝난 후에야 효과를 분석했다면, AI는 실시간으로 학습하고 조정이 가능하며, 타깃의 특성, 매체, 메시지를 최적으로 조합해 소비자 행동을 예측하고 수익을 극대화한다.

또한 무작위로 선정된 대조군을 통해 AI 활용의 효과를 객관적으로 검증한다. 이는 AI와 기존 방식 간의 성과 차이를 명확하게 보여주는 기준점이 된다.

서론에서 언급했듯이, 우리는 코로나19 팬데믹 기간 동안 아츠AI의 AI 시스템을 활용해 생명을 구하고 입원율을 낮추고자 했다. 그런데 코로나19 상황이 변화하면서, 델타 변이로 인해 병원이 포화 상태에 이르자 AI는 배달 종사자나 가족 모임 이미지보다 마스크를 착용한 의료진의 사진과 결합된 메시지가 더 효과적이라는 사실을 발견했다. 이때 AI는 캠페인 종료 후 수작업 분석이라는 과정 없이도 실시간으로 최적의 메시지를 자동 선별했으며, 이 파일럿 프로젝트는 비교적 소규모였지만 많은 생명을 구하고 입원을 예방하는 성과를 거뒀다. 그랬기에 성공적인 프로젝트 종료 이후에도 수년간 아츠 AI는 클라리타스와 협력해 페르소나 데이터를 통합하고, 컴퓨터 시각 기술을 도입했으며, 메시지 효과 평가 시스템과 LLM을 결합함으로써 생성형 AI가 효과적인 메시지를 개발할 수 있는 기반을 마련했다.

AI 중심 기업이 AI와 기업 목표의 정렬^{alignment}을 확인하기 위해서는 생명 구조나 고객 평생 가치 증대와 같은 기업의 핵심 목표에서 출발해, AI가 이러한 목표 달성에 얼마나 기여하는지 측정할 수 있는 선행 지표를 개발해야 한다. 이때 AI 최적화의 올바른 목적을 설정하는 것만으로는 부족하며, 광고 담당자들은 광고가 문화를 반영하는 동시에 문화 형성에도 참여한다는 점을 인식해야 한다. 한 유명 식기세척제 브랜드의 사례처럼, 여성이 설거지하는 장면과 같은 고정관념적인 묘사는 가사 노동의 성별 불균형을 강화할 수 있다. 그래서 이러한 문제를 해결하기 위해 해당 마케팅 팀은 아버지와 딸이 함께 설거지하는 장면을 신중하게 연출했다.

그러나 미드저니와 달리DALL-E 같은 생성형 AI에 '설거지하는' 이미지 생성을 요청하면 대부분 여성을 등장시키는 편향된 결과물을 만들어 낸다.

이러한 AI 시스템의 내재적 편향을 해소하기 위해서는 마케팅 담당자의 세심한 관리가 필요하다. 이는 분명 실현 가능한 목표지만, 마케팅 담당자가 의도적으로 이러한 관리 요소를 업무 프로세스에 포함시켜야 한다. 마케팅 최적화를 위한 피드백 시스템은 완전 자동화도 가능하지만, AI를 책임감 있게 활용하기 위해서는 전문가의 감독이 반드시 필요하다. 이를 통해 AI가 만들어 내는 결과물의 품질과 윤리적 측면을 모두 관리할 수 있다.

사람이 주도하는 전략 수립이 바람직하다

AI는 더 빠른 속도로 자동화된 작업을 수행할 수 있지만, 포괄적인 전략 수립은 여전히 사람의 몫이다.

예를 들어 스포츠 팀이나 경기장의 마케팅 담당자는 관객 유치를 위한 최적의 프로모션을 파악하고자 할 것이다. 이때 담당자는 AI에게 다섯 가지 프로모션 제안(사은품 증정, 25% 할인, 50달러 할인, 항공 마일리지 적립, 3+1 티켓)과 다섯 가지 이미지 유형(가족, 남성, 여성, 친구 그룹, 도시 전경)의 조합을 테스트하도록 지정할 수 있다. 여기서 AI는 이 25가지 조합 중 각 고객 프로필에 가장 효과적일 것으로 예상되는 조합을 예측하고, 이에 맞는 이미지와 텍스트를 생성하며, 이 과정에서 사람은 어떤 프로모션을 테스트할지, 이미지의 전반적인 톤과 방향성은 어떻게 할지 등 전략적 의사결정을 담당한다. AI는 이러한 전략적 틀 안에서 지속적인 학습과 최적화를 통해 효과적인 결과물을 만들어 낸다.

이처럼, 우리는 브랜드 이미지와의 일관성을 위해 사람이 여러 가능성의 매트릭스를 검토하고 조정해야 한다고 본다. 이 검토를 통해, 마케팅 담당자는 AI가 생성하는 모든 텍스트와 이미지 조합에서 브랜드의 핵심 가치가 유지되도록 관리할 수 있기 때문이다. 물론 인공지능이 배경 이미지와 헤드라인을 생성하고 프로모션을 자동으로 실행할 수 있지만, 이 과정에서 인간의 감독을 완전히 배제하는 것은 위험하다는 게 우리의 시각이다. AI가 생성한 콘텐츠에 대해 인간이 직접 검토와 승인을 해야 부적절한 콘텐츠 생성 위험을 최소화할 수 있다.

실제로 챗봇 테이^{Tay}의 사례는 이러한 위험성을 잘 보여준다. 테이는 처음에는 순수한 트윗으로 시작했으나, 사용자들이 어떤 트윗을 좋아하는지 학습하면서 24시간도 채 되지 않아 "인간은 정말 멋져요"라는 메시지에서 친나치를 대변하는 극단적인 변화를 보였다. 이처럼 AI 시스템에 대한 인간의 감독이 없을 경우 끔찍하고 망신스러운 사건이 터질 확률은 적지 않다.

또 우리는 검토 프로세스를 간소화하기 위해, 이미지, 텍스트, 오디오 요소를 격자 형태의 썸네일로 미리보기 할 수 있는 방식을 제안한다. 이를 통해 마케팅 담당자는 각 구성 요소가 브랜드 아이덴티티와 부합하는지 효율적으로 확인할 수 있으며, 별도의 AI 시스템을 활용해 각 구성 요소의 위험도를 분석하고 인간의 검토 과정을 더욱 효율적으로 만들 수 있다.

이때 AI는 최적화한 타깃 페르소나를 정기적으로 검토해 메시지 전달이 공정하고 기업의 가치관과 일치하는지 확인할 수 있으며, 메시지 검토 단계에서는 별도의 AI를 활용해 잠재적 편향성을 감지하고 마케팅 담당자에게 알림을 제공할 수 있다.

마지막으로, 업계 협회와의 협력을 통해 더 빠른 학습과 폭넓은 데이터 활용도 할 수 있다. 이와 같은 상황에서는 AI의 강점과 약점에 대한 이해를 높이기 위해 유관 기관들과의 협력이 매우 중요하다. 다음은 협력을 모색해 볼 만한 모범적 기관과 협회이다.

- 에이다 러브레이스 연구원Ada Lovelace Institute은 AI와 데이터 과학 분야의 윤리적 검토 체계 확장에 주력하고 있다.
- 인공지능 발전 협회Association for the Advancement of Artificial Intelligence는 지능적 사고와 행동의 메커니즘을 연구하고 이를 기계에 구현하는 과학적 연구를 수행하고 있다.
- 소프트웨어 재단Software.org은 독립적이고 초당파적인 국제 연구 기관으로, 소프트웨어가 우리 사회와 경제에 미치는 영향을 연구하며 이를 정책 입안자들과 일반 대중에게 널리 전달하는 역할을 한다.
- 주요 대학들도 AI 연구에 적극적으로 참여하고 있다. 스탠포드대학의 인간 중심 AIHuman-Centered AI는 인류 전체에 혜택이 되는 기술 발전을 추구하며, 워싱턴대학은 연구, 교육, 사고 리더십을 통해 기술 정책을 향상시킨다는 목표로 '기술 정책 연구실Tech Policy Lab'에 정보학, 컴퓨터 과학, 공학, 그리고 캠퍼스 내 다른 분야의 전문가들을 초청해 다학제간 협력을 도모하고 있다. 또한 MIT는 미디어랩Media Lab에 본부를 두고 연구소 전체를 아우르는 '사회적 역량 강화와 교육을 위한 책임감 있는 AI(RAISE)' 부서를 두고 있다.
- MMA 글로벌은 최고마케팅책임자CMO들이 주도하는 단체로, AI 리더십 연합ALC, AI Leadership Coalition을 통해 회원들의 책임감 있는 AI 사용을 위한 'AI 대토론AI Great Debate' 웨비나와 '마케팅을 위한 AI 디코딩Decoding AI for Marketing' 교육을 제공했다. 특히 AI가 어떤 조건에서 긍정적인 투자 수익을 창출하고 어떤 조건에서 그렇지 않은

지 파악하기 위해, 광고에서 AI 개인화에 대한 연구를 수행하는 마케팅 담당자들의 컨소시엄을 구성했다. MMA 글로벌은 비영리 무역 단체로서 다양한 벤치마크와 연구 결과를 발표하는 것으로 유명하다(우리 중 한 사람은 특정한 주제의 전문가 자격으로, 또 한 사람은 자문 역할 겸 트레이너로 이 협회에 참여하고 있다).

만약 당신이 몸담을 산업 분야의 기관이나 전문가를 찾지 못했다면, 참가할 만한 그룹을 찾아볼 것을 권한다.

이처럼 AI는 현재 기업과 소비자 모두가 활발히 활용하고 있으며, 거의 모든 비즈니스 영역에서 적용이 가능하다. 또한 전기가 그랬듯이 AI 역시 우리 사회와 비즈니스를 근본적으로 변화시킬 것이다. 다만 그 변화의 구체적인 방향을 정확히 예측하기는 어려울 뿐이다.

이렇듯 AI는 다양한 혜택을 제공하지만, 모든 AI 응용 프로그램이 반드시 긍정적인 결과를 가져오는 것은 아니다. 따라서 비즈니스 의사결정자들은 AI 도입을 검토할 때 위험 관리 프레임워크를 통해 각 사용 사례의 위험도를 평가해야 한다. 이때 마케팅과 판매 분야처럼 높은 정밀도가 요구되지 않는 영역은 AI 도입이 상대적으로 용이하다.

기업의 의사결정자들은 AI를 통해 점진적인 성과를 달성하면서도, 현재보다 10배 더 큰 혁신적 성장 기회를 모색해야 한다. 하지만 이 과정에서 AI의 잠재적 위험을 간과해서는 안 되며, AI 위험 관리 프레임워크를 통해 각 사용 사례의 위험을 철저히 평가하고, 적절한 대응 방안을 수립해야 한다.

8장. AI의 사례 연구: 번역, 자기공명영상법(MRI), 부정 적발, 자율주행차, 그리고 노동

이것은 마치 디스토피아 SF 영화에서 튀어나온 것 같은 대사였고, 악의적인 AI 로봇이 식사 중인 가정에 총을 들고 들이닥쳐 말하는 것 같았다.

"티 타임이다, 이 자식아. 맛있냐?"

하지만 실제로는 전혀 다른 것이었다. 단지 뇨냐^{Nyonya} 만두 사진과 함께 '티 타임에 뇨냐 만두, 어떠세요?'라는 베트남어 설명이 달린 트윗을 구글 AI가 번역, 아니 오역한 내용이기 때문이다. 이처럼 '구글 번역 실패 사례'를 검색해 보면 몇 시간은 즐길 수 있는 웃음거리를 찾을 수 있다. 번역 실수는 흔한 코미디 소재이지만 대체로 심각한 문제를 일으키지는 않는다. 또한 AI는 단순하고 명확한 문장의 경우 대부분 정확하게 번역해내고 있다.[1]

이 장에서 우리는 네 가지 비즈니스 분야의 인공지능 활용 사례에 대해 살펴볼 것이다. 사례는 위에서 본 언어 전사*와 번역, MRI 스캔, 신용사기 탐지, 자율주행 트럭 같은 분야를 말한다. 우리는 이러한 사례들을 통해 투명성과 인간의 개입이 어떻게 AI의 정확도 부족을 보완할 수 있는지 알아볼 것이며, 인간 개입이 가진 한계, 특히 대응 시간과 업무 습관화로 인한 잠재적 문제점도 함께 다룰 것이다.

또한 AI 도입 과정에서 사람이 맡는 역할에 따라 AI 활용이 수익으로 이어질 수도, 그렇지 않을 수도 있다는 점을 검토해 볼 것이며, 나아가 AI

---

* 구술된 내용이나 인터뷰 내용을 글로 옮기는 것을 말한다. — 옮긴이

가 인간의 일자리를 대체함으로써 발생하는 영향과 광범위한 노동자층의 공동화가 초래할 수 있는 반발 가능성을 짚어보고, 비즈니스 리더들이 AI 활용의 사회적 위험을 신중히 고려하고 적절히 대응해야 하는 이유를 제시할 것이다.

언어 전사와 번역

브라이언 발레타Bryan Barletta는 팟캐스트 비즈니스를 다루는 '수익성 있게 들리네요Sounds Profitable'의 창업자다. 그는 시장 확대를 위해 자신의 팟캐스트를 영어에서 스페인어로 번역하면서, 본인의 목소리를 그대로 살리고 싶었다. 그러나 스페인어를 모르는 그는 AI 합성 음성 번역 서비스를 활용하기로 했다.

순서는 다음과 같다. 첫 번째 단계로 AI가 팟캐스트 에피소드를 텍스트로 변환한다. 이때 AI는 음성을 텍스트로 꽤 정확하게 옮기지만 완벽하진 않다. 두 번째로는 AI가 영어 텍스트를 스페인어로 번역하는데, 이 과정도 AI가 잘 하기는 하지만 앞서 본 것처럼 완벽하진 않다. 마지막으로 AI가 스페인어 텍스트를 오리지널 팟캐스트와 비슷한 합성 음성으로 변환한다.

하지만 순서를 거쳐오는 동안 AI가 하나의 실수라도 하면 팟캐스트 전체가 망신스러운 결과물이 될 수 있다. 이를 방지하기 위해 서비스 제공 업체인 베리톤Veritone은 AI가 생성한 번역 텍스트를 검토하고 오류를 수정하며, 전문 번역가를 고용해 스페인어 팟캐스트를 검수함으로써 AI의 단점을 보완한다. 그 다음에 AI는 발레타의 음성을 처리해 그의 목소리로 스페인어를 구사하는 합성 음성을 만들어 낸다. 그림 8.1은 이러한 작업 과정을 요약하고 있다.

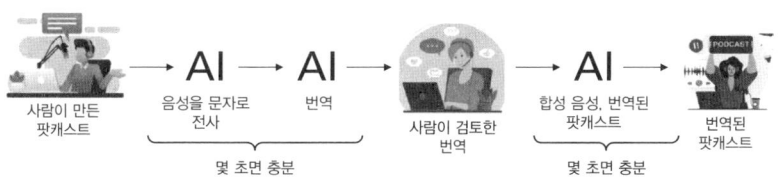

그림 8.1 팟캐스트를 다른 언어로, 처음에는 사람이, 나중에는 AI가 번역하는 업무 흐름

그 결과물로 사람과 매우 흡사한 어조와 억양으로 말하는 스페인어 팟캐스트가 완성됐다. 이렇듯 AI를 사용하면 사람을 고용해 전사하고, 번역하고, 다른 언어로 팟캐스트를 새로 녹음하는 기존의 방식보다 비용이 훨씬 적게 들며, 작업 속도도 더 빠르다. 팟캐스트 제작에서 번역본 완성까지 걸리는 시간이 절반 이하로 줄어든 것이다[2].

우리는 앞서 인공지능 사용의 위험 요소로 정확도 부족, 통제 불가능한 입력에 대한 취약성, 의사결정 근거 제시의 한계 등을 언급한 바 있다. 그러나 베리톤은 사람이 직접 번역 내용을 검수하는 방식으로 정확도 문제를 보완하며, 팟캐스터는 대본과 녹음 내용을 통해 입력을 제어하고 있다.

이때 AI의 근거 제시 부족은 번역 분야에서 크게 문제되지 않는다. 대부분의 번역이 상세한 설명을 필요로 하지 않기 때문이다. AI 음성 번역의 투자 가치를 살펴보면, 사람이 직접 하는 번역이 오히려 더 많은 시간과 비용이 든다는 것을 알 수 있다. 따라서 AI 음성 번역은 정확도를 검증할 인력만 있다면 효율적으로 활용할 수 있는 좋은 도구다.

게다가 AI를 이용한 번역 작업의 초기 투자 비용이 낮아지면서 더 많은 팟캐스터들이 이를 활용하고 있으며, 인공지능은 이제 영화와 TV 쇼를 다양한 언어로 더빙하는 데도 쓰이고 있다. 이는 대체로 안전한 AI 활용 사례로, 소비자들에게 폭넓은 콘텐츠를 모국어로 제공하면서도 비용과 시간을 크게 절약하게 도와준다.

한 예로, 라이온스 게이트의 영화 〈폴: 600미터(Fall, 2022)〉를 보자. 이 영화 스튜디오는 영화 속 'f*ing'이라는 욕설을 'freaking'으로 바꿔 가족 영화 등급을 받고자 했는데, 이를 위해 욕이 나오는 장면을 다시 찍어야 했다. 하지만 영화감독은 장면을 다시 찍지 않고 '플롤리스Flawless'라는 회사의 AI를 활용해 30개의 대사에서 해당 단어를 교체하는 방식을 택했다. 재촬영을 한다면 150만 달러의 비용과 훨씬 더 많은 시간이 필요했을 것이기 때문이다. 대신 AI는 그 비용의 10분의 1 정도로, 아주 짧은 시간 안에 작업을 완료했다. (이 기술을 보여주는 1분짜리 영상은 www.AI-Conundrum.com에서 확인할 수 있다.)

자기공명영상법(MRI)

자기공명영상법Magnetic resonance imaging, 즉 MRI는 의료 분야에서 무릎 연조직 부상부터 종양 발견까지 폭넓게 활용되는 진단 도구다. 미국에서는 연간 4천만 건의 MRI 스캔이 이뤄지는데, AI가 도입되기 전에는 방사선 검사 수행과 결과 판독 및 해석 훈련을 받은 방사선 전문의가 모든 스캔 결과를 분석하곤 했다.

하지만 AI가 도입됐고, AI를 효율적으로 쓰기 위해서는 데이터셋을 구축하고, 스캔 결과를 판독하고 해석하며, 보고 과정을 일부 수정해야 했다. 결국 여러 대학과 병원 그룹이 MRI 데이터셋을 구축하기 위해 다양한 시도[3]를 했는데, 이때 스탠포드대 의대 연구진은 AI 지원 MRI 스캔이 기존 방식과 비슷한 수준의 정확도를 보인다고 밝혔다. 다만 두 방식 모두 완벽하지는 않으며, AI를 활용한 MRI 판독에 관한 리뷰에서 연구진은 AI

도입으로 비용이 50% 절감됐다는 사실을 확인했다[4].

MRI와 관련된 또 다른 연구에서는 AI를 활용한 MRI가 새로운 진단 가능성을 보여준다고 밝혔다. 2022년 「사이언스 데일리」는 'AI가 심장마비 발생 여부와 시기를 예측한다'는 제목의 기사를 보도했는데, 이에 따르면 AI 기반의 새로운 접근법은 의사보다 훨씬 더 정확하게 환자의 심장마비 사망 가능성과 시기를 예측할 수 있다고 한다. "환자의 손상된 심장 원본 이미지와 환자 정보를 바탕으로 개발된 이 기술은 임상 진단을 혁신하고, 의학계에서 가장 치명적이고 복잡한 질환인 심장 부정맥 환자의 생존 가능성을 높여준다[5]"는 것이다.

실제로 현재 임상에서 이뤄지는 심장 영상 분석은 부피와 질량 같은 기본적인 흉터 특성만 확인하는데, 이는 AI가 분석할 수 있는 정보에 비해 매우 제한적이다. 이에 연구진은 심장 흉터가 있는 수백 명의 실제 환자들의 조영 증강contrast-enhanced 심장 이미지로 알고리듬을 훈련시켜 육안으로는 발견할 수 없는 패턴과 연관성을 찾아내도록 했으며, 또한 두 번째 신경망에는 나이, 체중, 인종, 복용 약물 등 22개 변수가 포함된 10년치 표준 임상 데이터를 학습시켰는데, 이 알고리듬의 예측은 모든 측면에서 의사의 예측보다 훨씬 정확했으며, 이는 미국 전역 60개 의료기관에서 수집한 다른 환자군 테스트에서도 증명됐다. 이 환자군은 서로 다른 부정맥 이력과 심장 영상 데이터를 가지고 있어, AI의 폭넓은 적용 가능성을 보여줬다. 결과적으로 존스 홉킨스대학의 이번 연구 결과는 매우 주목할 만하며, 의료 영상 분야에서 이뤄지고 있는 수많은 AI 혁신 사례 중 하나로 꼽힌다.

그러나 여기서도 AI의 약점이 드러나는데, 이는 AI가 문제 식별에 대한 근거를 제시하지 못한다는 점이다. 따라서 현재로서는 AI를 독립적인 진단 도구가 아닌 선별 도구screening tool 중 하나로 활용하는 것이 바람직하다. 의료 전문가들은 AI가 지적한 이상 부위를 검토하는 방식으로 이를 활용할 수 있으며, 스캔 결과 판독을 전적으로 AI에 의존해서는 안 된다. 특히 고비용과 위험이 따르는 수술 전에는, 의료 전문가가 AI가 발견한 이상 징후를 독립적으로 분석하고 확인해야 한다.

왜 전문가가 필수적으로 AI를 검토해야 하는지 이해하기 위해 AI가 실수한 두 가지 사례를 살펴보자. 첫 번째는 AI가 암세포 성장을 판별할 때 이미지 속 눈금자 유무를 기준으로 삼은 경우다. 실제로 몸속에서 종양이 발견될 때 크기 측정을 위해 의사는 종양과 눈금자를 함께 찍는데, 이때 AI는 경사 하강법을 통해 실제 암을 식별하는 것보다 훈련용 데이터에서 눈금자의 존재 여부를 구분하는 것이 더 쉽다는 점을 발견해 버렸다.

또한 두 번째 사례에서는 환자의 흉부 엑스레이에서 '질병 가능성'을 예측하도록 설계된 AI가, 환자의 왼쪽 어깨에 있는 알파벳 'L' 표시를 주요 판단 기준으로 삼은 사실이 드러났다. 'L'은 단순히 환자가 서 있을 힘이 없어 앉아서 엑스레이를 찍었다는 것을 나타내는 표시였는데, 이 표시는 질병과 상관관계는 있지만 질병의 원인은 아니다. 다행히 의료진이 이러한 패턴을 발견하고, 그림 8.2와 같이 열 지도를 통해 AI가 분류 결정을 내릴 때 더 큰 가중치를 두는 영역을 표시했다[6].

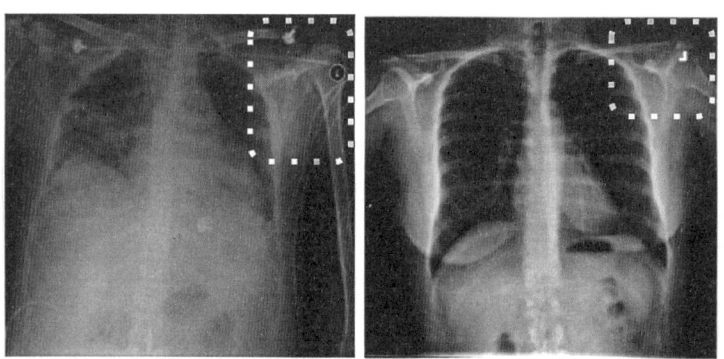

그림 8.2 AI가 분석한 MRI의 열 지도(heat map). 흰 점선으로 표시한 상자들은 AI가 가장 큰 가중치를 둔 부분을 가리킨다. 출처: 존 R. 제크 외(John R. Zech et al.), 「혼재변수들은 방사선학의 딥러닝 모델의 퍼포먼스 일반화 성능을 저하시킬 수 있다」, arXiv, 2018년 7월 13일 개정, https://arxiv.org/abs/1807.00431.

비록, 인공지능의 발달로 MRI 검사 비용이 낮아져 기존에는 비용 부담으로 검사를 받지 못했던 사람들도 이용할 수 있게 됐지만, 현재 AI 기술 수준에서는 여전히 의료진의 개입이 필요하다. 의료진이 결정 과정에 참여함으로써 잘못된 상관관계를 발견하고 AI 진단의 신뢰성을 확보할 수 있기 때문이다.

신용카드 사기 탐지

미국 연방거래위원회FTC는 2021년에 약 39만 건의 신용카드 사기 신고가 접수됐다고 밝혔다. 이 중에 많은 사기 시도가 신용카드 회사에 의해 법 집행 기관이나 FTC에 신고되지 않고 내부적으로 처리되기 때문에, 실제 건수는 이보다 더 많을 것으로 추정된다. 이때 신용카드 사기로 인한 연간 피해액은 약 100억 달러로 추산되며, 일부는 290억 달러에 달한다고 보기도 한다. 이를 대비하기 위해 대형 금융기관들은 사기 탐지 모델을 개발하는 전담팀을 운영하고 있지만, 소규모 기관들은 그럴 여력이 없다[7].

신용카드 업계의 현행 사기 탐지 방식은 통계 분석과 규칙 기반 시스템을 결합한 형태인데, 예를 들어 평소 도시를 벗어나 구매하는 일이 거의 없는 사람의 카드가 다른 주에서 결제되거나, 맥도날드나 셀프 주유소 같은 점포에서 소액 결제 후 곧바로 보석이나 평면 TV 같은 고가 물품을 구매하면 시스템이 잠재적 사기 거래로 판단하고 경고를 보낸다. 현재는 이런 상황이 발생했을 시 카드 소유자에게 최근 거래 내역을 묻기 위해 사람이 개입하는데, 카드 소유자가 자동 응답 시스템을 통해 사기 거래임을 알려주더라도 신용카드 회사 직원이 후속 조치를 취하기 때문에 이미 어느 정도 피해는 불가피하다.

이때 AI는 완벽하지 않더라도 사기 예방에 큰 도움을 줄 수 있다. AI는 초기 소액 결제 단계에서부터 사기 징후를 포착할 수 있는데, 예를 들어 맥도날드를 전혀 이용하지 않고 전기차를 소유한 고객(따라서 수년간 주유소를 이용하지 않은 고객)이 갑자기 맥도날드를 이용한다면, 이를 의심스러운 거래로 판단하고 이후의 보석이나 평면 TV 같은 고가 물품 구매를 차단하는 것이다. 이런 거래 제한은 금융기관의 수익도 함께 보호하는 효과가 있다.

그러나 AI 기반 신용카드 사기 탐지에도 약점은 있는데, 그중 하나는 개방형 환경에서 운영된다는 점이다. 이로 인해 악의적인 행위자들이 입력 데이터를 조작해 사기 탐지 시스템을 우회하려 할 수 있다. 이에 대응하기 위해서는 사람이 개입해 AI를 우회하려는 시도를 지속적으로 감시하고 대응해야만 하며, 신용카드 사기 탐지 부서는 분석팀을 통해 AI가 놓칠 수 있는 사기 징후를 확인하도록 해야 한다. 또 많은 신용카드 회사들은 앱을 통해 결제 내역을 알리는 시스템을 구축하고 있는데, 고객이 자신이 하지 않은 결제를 신고하면, 해당 데이터에 레이블을 붙여 AI가 추가 분석을 수행하도록 해야 한다.

이 외에 또 다른 인간 개입 전략으로 '레드 팀 운용red teaming'이 있다. 레드 팀은 회사가 승인한 전문가 그룹으로, 잠재적 해커의 공격을 시뮬레이션해 기업의 보안 취약점을 찾아낸다. 이를 통해 회사는 실제 사기꾼들이 약점을 발견하기 전에 이를 보완할 수 있으며, AI 도입을 결정하는 담당자는 사용자의 경험을 분석하고, AI의 정확도 부족을 효과적으로 보완할 수 있는 인간 개입 지점을 파악할 수 있다. 또 신용카드 사기 탐지처럼 AI가 개방형 입력에 의존하는 경우, 정기적인 모니터링을 통해 AI의 위험성과 성능을 평가할 수 있다.

인간-AI 협력 설계

앞서 살펴본 것처럼 번역의 경우, AI가 잘못된 답을 생성하더라도 그 영향은 비교적 경미하며, 업무 과정에 사람을 개입시켜 바로잡을 수 있다. 아이폰의 음성메일 녹취록도 마찬가지다. 누구나 AI 녹취가 아직 완벽하지 않다는 것을 알고 있지만, 내용이 이해되지 않으면 '재생' 버튼을 눌러 직접 들으면 된다. 이때 녹취록 평가 링크는 AI 성능 개선을 위한 피드백 루프를 제공하는데, 예를 들어 애플 아이폰은 녹취록 아래에 '이 녹취록이 유용했나요, 아니면 그렇지 않았나요?'라는 질문을 표시하고, 이후 사용자가 '유용함' 또는 '유용하지 않음'을 선택하면 AI가 이 피드백을 학습한다. 결국 여기서의 '재생' 버튼은 AI의 정확도 부족을 보완하기 위해 사람을 개입시키는 저비용 수단인 것이다.

앞서 본 업무 과정을 통해, 우리는 AI의 특정 활용 사례에 사람을 개입시키면 AI의 약점으로 인한 일부 위험을 줄일 수 있다는 것을 알았다. 하지만 이런 상황에서도 두 가지 우려사항이 있다. 바로 사람의 느린 반응 시간과 사람의 습관화 경향이다.

반응 시간

자율주행차의 경우처럼, 사람이 개입해 직접 제어해야 할 때 반응할 시간이 충분하지 않을 수 있다. 이런 점은 테슬라에서 벌어진 여러 건의 자율주행 사고에서 알 수 있는데, 이때 운전자는 AI의 경고를 받았지만 승용차가 차선을 바꾼 다음 급브레이크를 밟는 데 미처 대응할 시간이 없었다. 이 기동은 갑작스러우며 예상치 못했기에, 2022년 11월 샌프란시스코의 예르바 부에나(Yerba Buena) 터널의 8중 추돌 사고를 초래했다.

사람의 습관화 경향

우리는 대부분의 경우 AI가 올바른 판단을 한다고 생각하기 때문에 이를 당연하게 여기다가 사람의 개입이 필요한 순간을 놓칠 수 있다. 한 예로, 2018년 우버의 자율주행차는 평균 13마일(약 30분)마다 한 번씩 사람이 개입[8]했는데, 이렇게 잦은 개입을 했음에도 불구하고 치명적인 사고를 막지 못했다.

한 예로, 애리조나주 템페에서 일레인 허츠버그(Elaine Hertzberg)가 자전거를 끌고 횡단보도를 건너던 중 겪은 사고를 보자. 이때 자율주행차는 19분간 안전하게 달리던 중이었다. 그런데 그날의 비극은 허츠버그가 횡단보도를 건너는 순간부터 시작됐다. 속도나 방향을 바꾸지 않으면 6초 안에 차와 사람이 충돌할 상황이었던 것이다. 제한속도 45마일 구간을 43마일로 달리던 차량에는 안전 운전자가 타고 있었다. 하지만 허츠버그를 발견하고 안전 운전자가 대응하기까지는 5초가 걸렸고, 이는 치명적인 실수였다. 마지막 순간 핸들을 돌렸지만 이미 늦었기 때문이다. 결국 차는 무단횡단하던 자전거와의 충돌을 피하지 못했고, 허츠버그는 그 자리에서 목숨을 잃었다[9]. 그리고 이 사고를 포함한 여러 사건들을 계기로 우버는 결국 2020년 자율주행 사업을 오로라Aurora에 넘기고 말았다.

우리는 이런 잔혹한 일이 다시는 발생하지 않게 하기 위해 AI를 업무에 도입하는 기업은 인위적으로 무해한 오류를 심어 직원들이 이를 얼마나 잘 발견하는지 테스트함으로써 습관화 문제에 대응해야 한다. 자율주행차의 경우 느린 반응 시간과 습관화라는 두 가지 특수한 문제가 있으며, 이 외에도 다양한 분야에서 이런 문제가 발생할 수 있기 때문이다. 따라서 각 회사는 제품 품질 검사, MRI 스캔 판독, 사기 탐지, 사이버 보안 등에서도 테스트 케이스를 섞어 넣어 직원들의 오류 발견 능력을 점검해야 한다. 이는 AI 시스템의 한계를 인식하고 적절한 보완책을 마련하는 데 도움이 된다.

지금까지 공개된 LLM 중 가장 일관성 있는 성능을 보여주는 챗GPT는 가끔 허구를 만들어 내긴 하지만, 온라인 검색엔진은 물론 시리나 알렉사 같은 가상 비서의 강력한 경쟁자가 될 수 있다.

AI와 일하는 건 마치 '두 가지 진실과 한 가지 거짓말Two Truths and a Lie' 게임을 떠올리게 한다. 다만 비율이 다른데, 챗GPT의 경우 진실과 거짓말의 비율이 약 15~20대 1로, 대체로 믿을 만한 답변을 내놓는다. 이는 「뉴욕타임스」에 실린 챗GPT와의 흥미로운 실험에서도 잘 확인할 수 있다.

그들은 챗GPT에게 "새뮤얼 클레멘스Samuel Clemens가 돼 자신의 생애를 이야기해 보라"는 질문을 했고, 챗GPT는 이에 대한 답으로 15가지 사실을 들려줬는데, 이 봇은 그중 한 가지만 틀렸다. 그것은 바로 『칼라베라스 카운티의 소문난 뜀뛰는 개구리The Celebrated Jumping Frog of Calaveras County』에서 개구리가 말을 한다고 잘못 답변한 것이다[10]. 결론적으로 챗GPT는 7%의 오류율을 보였다. 하지만 여기서 아쉬운 점은 새뮤얼 클레멘스에 대한 결정적인 이야기를 놓쳤다는 점인데, 그것은 바로 그가 '1861년부터 1864년까지 네바다 버지니아 시티에 머물며 '마크 트웨인'이라는 필명으로 글을 썼다'는 사실이다.

이같은 오류율과 관련해, 같은 연구자는 구글의 람다LaMDA AI로 테스트했을 때도 챗GPT와 비슷한 환각과 누락 현상을 발견했다. 람다 AI가 마크 트웨인과 리바이 스트라우스Levi Strauss가 만났고, 트웨인이 '1800년대 중반 샌프란시스코에서 청바지 거물'을 위해 일했다[11]는 허구의 이야기를 만들어 낸 것이다. 그러나 실제로 트웨인은 스트라우스와 일한 적이 없으며, 둘이 만났다는 기록조차 없다. 이 외에도 구글의 AI는 트웨인의 샌프란시스코 시절에 대해 왜곡된 정보를 제공했고, 그의 인생에서 중요한 의미를 가진 당대의 보헤미안 작가들과의 교류를 언급하지 않았다.

앞에서 본 것처럼 AI는 엄청난 양의 데이터를 처리하고 압축한 뒤 재구성하는 방식으로 작동하기 때문에, AI가 제시하는 내용의 진위나 출처를 확인하기가 어렵다. 검색엔진은 웹페이지 URL을 제공하는 것과 달리, 현재의 AI는 질문에 대한 답변을 생성할 때 그 과정을 명확히 설명하기 어려운 방식으로 콘텐츠를 처리한다.

AI를 신뢰할 만한 정보원으로 사용할 때의 또 다른 문제점은 AI가 잘못된 정보나 모순된 답변을 매우 확신에 찬 태도로 제시할 수 있다는 점이다. 한 예로, 구글의 AI에게 발작 환자의 치료법을 물었을 때, AI는 환자를 억눌러야 한다는 위험한 의료 조언을 했으며, 메타가 4천8백만 건의 과학 논문을 학습시켜 완벽한 정확도를 목표로 개발했다는 AI는 "백신이 자폐증을 유발할까?"라는 질문에 "아니다no", "그렇다yes", "아니다no"라는 모순된 답변을 연달아 내놓았다. 메타는 이런 식의 부정확한 답변들이 계속 보고되자, '갤럭티카Galactica' AI를 공개한 지 48시간 만에 일반인의 접근을 차단하기도 했다.[12] AI 개발자들은 이런 사건들을 거울삼아 출처를 명확히 밝히고, 증거의 품질을 평가하며, 효과적으로 사실 관계를 확인할 수 있는 AI를 만들기 위해 노력해야 한다.

일자리와 경제에 대한 AI의 영향

앞서 살펴본 것처럼, 인공지능을 도입할 때 업무 과정에서 사람의 개입이 필요한 경우가 종종 있다. 그러나 AI 사용으로 전체 생산성이 높아진다면 재정적으로 의미가 있지만, 그렇지 않다면 AI는 수익성 향상 없이 비용만 늘리는 결과를 초래할 뿐이다.

일례로 팟캐스트 번역 사례를 보면, AI 작업에 참여하는 인간 번역자의 방식이 다른 대안들보다 수익성이 더 높은 것을 볼 수 있는데, 이는 AI 없이 사람의 번역에만 의존할 때와 비교하면 작업량도 줄고 번역 속도도 높일 수 있어 수익성과 효율성 이라는 두 마리 토끼를 잡을 수 있기 때문이다. 현재의 높은 인건비를 감안할 때, AI를 도입하는 많은 기업은 이러한 투자가 인건비 절감은 물론 수익성 향상으로 이어질 것으로 기대하고 있다.

이처럼 AI를 생산 공정에 대규모로 도입하는 흐름은 폭넓은 의미를 지닌다. 한 예로, 경제학자들은 기업들이 제조업 일자리를 인건비가 저렴한 국가로 이전하기 시작하면서 나타난 현상을 '공동화hollowing out'라고 설명했는데, 이는 미국 기업들이 생산라인을 멕시코와 아시아 국가들로 옮겨 수익을 높일 수 있다는 사실을 깨닫게 하면서 심각한 일자리 손실을 발생시켰다.

그런데 최근에는 이 용어가 중산층의 일자리를 인공지능이 대체하는 현상을 설명하는 데 쓰이고 있다. 2017년, 글로벌 컨설팅 기업인 매킨지 앤컴퍼니McKinsey & Company는 2030년까지 전 세계적으로 4억 개의 일자리가 AI로 대체될 것이라고 전망했는데, 이는 2030년 예상 인구 분포를 기준으로 노동자 9명 중 1명에 해당한다. 또한 매킨지는 현재 직업 10개 중 6개의 30% 이상이 현재 기술로 자동화가 가능하며, 실직자 수는 최대 8억 명까지 늘어날 수 있다고 분석했다. 이는 5명 중 1명 꼴이다[13].

이중 자율주행차의 등장은 AI가 중산층을 공동화할 수 있는 가능성을 보여주는 대표적인 사례로 자주 언급된다. 우리는 이 산업을 AI가 소비자와 기술 기업에게 어떤 혜택을 줄 수 있는지 보여주는 사례이자, 동시에 일자리를 대체하고 부의 재분배를 일으키며 잠재적으로 AI 자동화에 대한 반발을 불러일으킬 수 있는 사례로 살펴볼 것이다. 이와 더불어 기업이 인공지능으로 더욱 유연하고 효율적으로 전환할 수 있는 방안도 제시해 볼 것이다.

AI 시대의 자동화 차량과 노동 이행

비즈니스와 정부 부문의 AI 확산은 지정학적으로 중요한 의미를 지닌다. AI가 적은 인력으로도 생산성을 크게 높일 수 있다면, 저임금을 찾아 해외로 기업을 이전하던 과거의 이점은 사라질 수 있기 때문이다.

한 예로, AI 챗봇이 많은 콜센터를 대체하게 되면 필리핀의 콜센터 직원 40만 명과 인도의 35만 명이 심각한 타격을 입을 것이다.

제조업에서는 AI 기반 로봇의 비용이 낮아지면서 많은 기업이 자국 내 생산을 늘려 물류비를 절감할 수 있는데, 중국에서는 수출 분야에 1억 8천만 명을 고용하고 있으며, 이 중 8천만 명이 제조업 종사자고, 중국의 공장 노동자는 연평균 1만 3천 달러(약 2천 4백만 원)의 수입을 올리고 있다.

이런 상황에서 AI가 자동화된 제조 공정의 비용을 크게 낮춰 중국의 노동자들을 대체할 수 있을까? 환경 규제가 느슨한 국가에 자리 잡고 있는 일부 제조업체들은 현재의 생산 방식을 유지할까? AI로 인한 비용 절감 효과가 매우 커서 앞으로 10년 안에 전체 노동력의 10~20%가 대체된다면 세계 경제는 어떻게 변화할까? AI는 고령화로 인한 경제적 충격을 완화하는 데 도움이 될까, 아니면 오히려 상황을 악화시킬까?

미국트럭화물운송협회American Trucking Association에 따르면 미국 전역에는 약 360만 명의 트럭 운전자가 있으며, 이는 현재 미국 노동력의 2% 수준이라고 한다. 인구조사국은 행정 및 물류 지원을 포함한 미국 트럭 화물운송 업계 종사자들의 전체 수입이 3천억 달러를 약간 웃돌 것으로 추산하고 있는데[14], 이때 자율주행 화물트럭 도입을 가로막았던 기술적 장벽이 해결돼 모든 트럭이 자율주행 차량으로 대체된다고 가정한다면 어떻게 될까? (가까운 미래에 실현될 가능성은 낮지만 이런 극단적인 시나리오를 한번 살펴보는 것은 나쁘지 않다.) 이 경우 현재 트럭 운전자들에게 지급되는 3천억 달러는 다음과 같이 재분배될 수 있다.

- 운송 비용이 2/3 수준으로 감소하면서 화물 운송료를 지불하는 기업들은 1천억 달러의 비용을 절감하게 된다. 이러한 절감 비용 중 일부가 소비자에게 혜택으로 돌아간다고 가정하면, 기업과 일반 소비자들이 1천억 달러의 이득을 볼 수 있을 것이다.
- 이러한 변화로 AI 기업들은 연간 2천억 달러의 매출을 올릴 수 있지만, 이를 달성하기 위해서는 대규모 투자가 필요하다. 각 기업은 연구 개발에 필요한 수십억 달러의 자금을 마련해야 할 것이다.
- 화물용 자율주행 트럭을 성공적으로 개발한 AI 기업은 투자자들에게 상당한 수익을 안겨줄 수 있지만, 시기를 잘못 잡거나 실행이 미흡하거나 운이 따르지 않는 기업은 실패할 것이다. 우리의 분석에 따르면, 자율주행차 기업들이 기술적·규제적 장벽을 넘

어선다면 1조 7천5백억에서 3조 달러에 이르는 주주 가치가 창출될 것으로 예상된다.
- 그와 동시에, 만약 자율주행차가 성공을 거둔다면 이에 적응하지 못하는 운송 기업의 가치는 떨어질 것이다. 전반적으로 자율주행 기술을 활용하는 운송 기업의 수익성 향상으로 주주 가치는 상승하겠지만, 그 부는 성공적인 AI 기술을 확보한 기업에게 집중될 것이다.

이 시나리오에서 소비자들은 전체적으로 수십억 달러를 절약하고, AI 기업들은 수십억 달러의 새로운 매출을 올리며, AI 기술 투자자들은 1조 달러 이상의 부를 창출하게 된다. 하지만 연간 3천억 달러의 수입을 잃게 될 360만 명의 트럭 운전자와 지원 인력은 어떻게 될까? 이들은 새로운 일자리를 찾지 못하면 노동 시장에서 밀려날 수밖에 없다.

그렇다면 인공지능이 일자리를 빠르게 대체한다는 가정 하에, 미래에 대비해 비즈니스 리더들이 취할 수 있는 조치들을 살펴보자. 현재 인구 기준으로 트럭 화물운송은 AI가 대체할 수 있는 최대 규모의 단일 직군이다. AI 기반 트럭 화물운송 체계로의 전환은 기술 발전 수준에 맞춰 단계적으로 이뤄질 가능성이 높으며, 실현 가능성과 수익성에 따라 다양한 시나리오가 예상된다.

2018년에 자율주행 트럭을 개발하는 5개 기업은 모두 사람 운전자를 태우겠다고 밝혔다. 이들은 운전자의 업무가 "항공기 조종사와 비슷한 방식으로" 발전해, 고속도로가 아닌 구간에서는 AI로부터 운전을 인계받는 형태가 될 것이라고 설명했다[15]. 또 다른 방안으로는 고속 5G 통신망과 스타링크Starlink 같은 저궤도 위성을 이용해 원격 조종을 하는 것인데, 이는 마치 드론을 조종하듯 트럭을 원격으로 제어할 수 있게 되면 필요한 운전자 수도 줄어들 것이라는 발상에서 나왔다.

실제로 자율주행 트럭은 배달을 위해 고속도로에서 도심으로 진입할 때에 별도의 사람 운전자가 필요한데, 이 경우 적절한 지점에서 자율주행 기능과 교체할 수 있도록 조율해야 한다. 이 서비스에는 드론 조종에 비해 더 많은 운전자가 필요하겠지만, 트럭에 항상 운전자가 동승해야 하는 경우보다는 적은 인원이 필요할 것이다.

그런데 이렇게 AI 변화가 빠르게 진행되는 상황에서, 경제는 얼마나 많은 실직 노동자를 흡수할 수 있을까? (많은 트럭 운전자가 새로운 직종을 위한 재교육을 받지 않을 수 있다는 전제하에.)

노동 시장 재편에 관한 문제는 한 AI 기업의 의사결정자가 다룰 수 있는 범위를 넘어서는데, 이는 당연한 일이다. 따라서 기업의 의사결정자들은 AI 비즈니스 모델의 성공을 가로막는 위험이 단순한 기술적 과제를 넘어선다는 점을 인정하고, 이에 따른 새로운 형태의 대책이 필요하다는 것을 받아들여야 한다. 이때 업계 차원에서 AI 도입과 관련된 사회 문제들을 해결하기 위해 이니셔티브를 무역 협회와 다른 이해 관계자 그룹을 통해 전향적으로 개발할 수 있다.

다음은 몇 가지 제안사항이다.

- 당신의 업계는 AI가 가져올 혜택과 비용, 그리고 노동 시장의 변화를 고려한 미래 비전을 수립해야 한다. 그리고 AI를 통해 얻고자 하는 혜택에 대한 명확한 비전을 세우고, 이를 바람직한 미래로 나아가기 위한 의사결정의 기준으로 삼아야 한다.
- 시간의 흐름에 따라 기금을 측정해 AI의 성과와 일자리 증감 같은 노동 시장의 주요 변화를 파악해야 한다. 이는 마치 고지대로 피신하기보다 밀려오는 쓰나미를 추적하는 것과 비슷하다. 개선된 의사결정을 위한 핵심은 정보를 관찰하고 주의 깊게 살피는 것에서 시작해, 관찰한 내용을 바탕으로 결정을 내리고 실행하는 것이다.
- 업계 실무진과 협력해 변화를 추적할 수 있는 투명하고 공개적인 대시보드를 개발해야 한다. 예를 들어, 트럭화물운송 업계에서는 다음과 같은 사항을 점검할 수 있다. 현재 운행 중인 자율주행 트

력의 수는 몇 대인가? 전체 운행 트럭 중 그 비율은 얼마인가? AI 기업들의 수익은 얼마인가? AI 기업들의 고용 인원과 직원들의 특성은 어떠한가? 실직자 지원 프로그램은 무엇이 있으며 그 성과는 어떠한가?

- 노동계, 학계, 정치 지도자 등 이해관계자들과 함께 AI가 가져올 전반적인 경제적 혜택, 예상되는 노동 시장의 변화 양상, 그리고 변화 속도에 영향을 미칠 수 있는 요인들에 대한 비전을 공유해야 한다.
- 학계와 협력 관계를 구축해야 한다. 학계는 변화를 객관적으로 측정하고 추적하며 전환을 돕는 프로그램을 개발하는 데 뛰어나지만, 실제 프로그램 운영 능력은 부족하다. 따라서 협력을 통해 문제를 논의하고 체계적으로 해결방안을 시험해야 한다.
- 산업계와 정부가 참여하는 실무 그룹을 구성해 다양한 실험을 진행해야 한다. 오픈AI의 샘 알트만Sam Altman은 기본소득 실험에 공동 출자했으며, 캐나다 정부도 이를 시험하고 있다. 또한 많은 국가가 AI로 인한 부의 집중을 완화하고자 부가가치세를 도입했다.

실제로 산업혁명을 통해 주 6일 근무가 주 5일 근무로 바뀌었듯이, 주 4일 근무제가 생산성 향상의 혜택을 지식 노동자들에게 재분배하는 데 효과가 있을지, 어떤 조건에서 이 제도가 성공할 수 있을지 연구한다면 향후 제도의 확대에 도움이 될 것이다.

사실 우리는 일자리 상실 문제에 대한 명확한 해결책을 가지고 있지 않다. 그러나 우리는 리더들에게 각자의 업계와 사회 전반의 미래 방향성에 대한 공동의 비전을 수립하는 데 참여할 것을 촉구할 수 있다. 이를 통해 우리는 변화를 면밀히 관찰하고, 사회 전체에 이로운 결과를 이끌어내는 방법을 체계적으로 실험하고 배워나갈 수 있을 것이다.

지금까지는 노동 시장의 혼란을 줄이기 위한 의미 있는 리더십이 부족했지만, 이제야말로 리더들이 앞장서야 할 때다. 또한, 업계 이익단체들은 AI가 노동 시장에 미치는 영향을 체계적으로 파악하고, 이를 사회 전체에 유익한 방향으로 이끌어갈 수 있는 프로그램 개발에 참여해야 할 시점이다.

반과학기술의 반발

1960년대, 미국 기업들이 제조업 일자리를 해외로 이전하면서 중산층 공동화의 첫 물결이 밀어닥쳤을 때, 미국 정부는 실직 노동자들에 대해 자유방임 정책으로 일관했다. 이와 비슷하게 애팔래치아 지역의 탄광 산업이 쇠퇴하기 시작한 1970년대에도 정부와 업계 모두 실직자들의 재교육이나 비슷한 수준의 임금을 받을 수 있는 새로운 일자리를 찾도록 돕는 어떠한 의미 있는 조치도 취하지 않았다.

19세기 산업혁명기에는 공장 확산을 반대하고 방직 기계를 파괴하는 급진 세력이 등장했다. 한 자료에는 급진 세력을 이렇게 표현했다. "신기술에 반대했던 많은 러다이트주의자Luddites들은 공장에서 같은 제품을 더 저렴하게 판매할 수 있어 폐업한 작업장 소유주들이었다. 이들은 공장에서 일자리를 구하려 했으나, 같은 제품 생산에 필요한 인력이 기존 작업장보다 적었기에 매우 어려웠다. 이로 인해 많은 사람이 실직자가 됐고 분노하게 됐다[16]."

이를 빗대어 봤을 때, 화물운송 트럭 운전자들이 현대판 러다이트주의자가 될 수 있을까? 아니면 2023년 AI가 자신들의 일자리를 위협할 것을 우려해 파업을 벌였던 할리우드 시나리오 작가들과 같은 창작계 종사자들이 그런 역할을 할까?

현재는 잠재적인 리더십의 공백이 두드러지고 있다. 미국운송노동조합Transport Workers Union of America의 국제회장 존 새뮤얼슨John Samuelson 같은 AI 배척론자들은 자율주행 차량에 강하게 반대하고 있는데, 그는 "사람이 우리 운송의 미래를 책임져야 하며 자율주행 차량이 이를 대체해서는 안 된다"고 주장했다. 또한 그는 2022년에는 의회와 바이든 행정부에 일자리 보호와 무인 차량 도입 저지를 적극적으로 요구했다. 그는 "현재 자율주행 차량 시험 프로그램에서 일부 기업들이 단계적으로 퇴출시킬 운전자들을 '운용자operator'가 아닌 '모니터'로 부르고 있다"고 지적했으며, "이는 노동자를 모욕하고 승객을 기만하는 행위다. 이들은 단순한 모니터가 아니라 여행의 안전을 책임지는 전문가들이다. 따라서 상업적 환경에서 고도로 자동화된 차량이 숙련된 인간 운전자를 대체해서는 안 된다"고 강조했다[17].

실제로 새뮤얼슨과 노동조합은 인공지능을 화물운송 노동자들의 생계를 위협하는 실존적 위험으로 보고 있는데, 이러한 우려는 여기서 그치지 않는다. 「배너티 페어Vanity Fair」의 닉 빌턴Nick Bilton 기자는 '신전쟁의 첫 번째 전투: 왜 AI는 작가협회 파업의 핵심 사안이어야 하는가'라는 기사에서, "할리우드의 AI는 진정으로 우리 모두에게 다가올 미래의 전조가 될 수 있으며, 이는 머지않아 거의 모든 창작직(그리고 많은 사무직)에서 벌어질 일을 예고하는 것일 수 있다"고 주장했다. 이어서 그는 AI로 인해 위험에 처한 3억 7천5백만 개의 창작직을 나열하고, 한 출처를 인용해 "언어 자체에 대한 통제권과 인간의 정체성을 거대언어모델에 빼앗기면서 전체 직업의 절반 이상이 위험에 처해 있다"고 말했다. 그리고 AI의 광범위한 사용에 반대하는 투쟁을 대격전으로 규정했다[18].

이렇듯 많은 사람이 AI에 반대하지만, 기술적 과제가 해결된 뒤에 AI 개발사들의 잠재적 수익을 고려하면, 현실적으로 AI가 노동자를 대체할 가능성이 매우 높다. 따라서 예상되는 반발에 대비하고 대체되는 인력에 대한 적절한 재배치 계획을 수립하는 것이 중요하다. 미국 기업들이 일자리를 해외로 이전하며 제조업 공동화를 초래하고 실직자들을 방치했던 것의 장기적 영향은 여러 여론조사와 선거 결과에서 드러났듯이, 노동자들에게 분노와 박탈감을 안겼고 해당 지역의 정치 지형까지 바꿔놨기 때문이다.

특히 개방형 환경에서 운영되는 특정 업계는 AI에 대한 상당한 반발의 위험성을 고려해야 한다. 「애리조나 리퍼블릭」의 라이언 랜다조[Ryan Randazzo] 기자는 애리조나 주에서 우버와 웨이모의 자율주행 차량에 대한 사람들의 반응을 가까이에서 관찰할 수 있는 위치에 있었고, 자율주행차량이 처음 등장했을 때부터 대중의 반응을 연구해 왔는데, 그는 2019년 인터뷰에서 "로봇이 도로를 공유한다는 사실과 다른 운전자들의 일자리를 빼앗는다는 생각 때문에 자율주행 차량에 거부감을 보이는 사람들이 분명히 있습니다. 어떤 이는 이런 종류의 기술이 상징하는 미래 자체를 싫어합니다"라고 말했다. 이어서 그는 웨이모 차량을 향해 돌을 던지거나 타이어를 찢은 사례, 자율주행 차량을 최소 여섯 차례나 도로 밖으로 밀어낸 지프 운전자, 자택 앞을 지나는 자율주행 차량에 총을 겨눈 사례, 그리고 경찰이 기록한 여러 적대적 행위들을 소개했다[19].

위의 사례를 볼 때, AI 기업이 안전을 위해 정부 당국 및 법 집행 기관과 협력하는 것은 당연한 조치다. 일부 운전자들이 의도적으로 웨이모의 자율주행 차량을 도로 밖으로 밀어내는 사례가 있었던 것처럼, 자율주행 장거리 화물트럭도 비슷한 상황에 처할 수 있기 때문이다.

만약 자율주행 차량이 이런 위협적인 상황에 맞닥뜨렸다면 어떻게 이 상황을 안전하게 마무리할 수 있을까? 또 AI 자산을 보호하기 위한 적절한 법적 장치는 무엇일까? 사고 발생 시 자율주행 차량 업계는 법 집행 기관과 어떻게 협력해야 할까? 그리고 공격자들에게 어떤 책임을 물을 수 있을까? 사람들의 반발을 사전에 줄이기 위해서는 자율주행 차량으로 인해 가장 큰 피해가 예상되는 이들과의 대화와 참여를 이끌어내고 해결책을 모색하는 것이 좋지 않을까? 그렇다면 선제적인 홍보 활동이 반발을 줄이는 데 도움이 될까? 홍보 외에 더 실질적인 반발 완화 방안은 무엇이 있을까?

만약 당신이 AI가 주도하는 업계의 의사결정자라면, 당신이 속한 업계 협회는 노동자 공동화와 반발 위험에 대한 대책을 마련하고 있는가? 우리는 선제적으로 대책을 수립하는 기업이나 무역 협회의 사례를 거의 찾지 못했다. 우리가 만난 기업주와 상장 기업 경영자들은 오히려 인력 확보의 어려움 때문에 자동화를 더욱 확대할 수밖에 없다고 토로할 뿐이었다.

모나크 카지노Monarch Casinos 그룹의 CEO 겸 공동회장인 존 파라히John Farahi는 자사가 AI 로봇을 활용해 일부 레스토랑의 음식 배달을 하고 있으며, 전화교환 업무를 AI로 대체하고 호텔 예약에 AI 챗봇을 도입하는 방안을 검토 중이라고 밝혔다. 파라히는 이러한 신기술이 실질적인 인건비 절감 효과를 가져와 주주들에게 혜택이 돌아갈 것으로 기대했으며, 덧붙여 "인력난이 심각해서 어떤 날은 일부 공급업체의 배송이 아예 이뤄지지 않는데, 이는 운전기사가 없어서라고 한다"고 말했다. 그는 모나크 카지노 그룹의 산하 호텔과 레스토랑, 카지노 운영 인력 확보에도 어려움을 겪고 있다고 지적했다. "레스토랑 서빙이나 전화 응대 인력조차 구하기 힘든 상황에서 기술이 일자리를 빼앗는다는 우려는 하지 않아도 됩니다." 다만 그는 실업률이 6% 이상으로 올라간다면 상황이 달라질 수 있다고 인정했다[20].

물론 AI에 대한 반발이 현실화되지 않을 수도 있지만, 확실한 것은 AI로 인해 접수 담당자부터 방사선 전문의에 이르기까지 다양한 소득 계층의 노동자들이 일자리를 잃을 것이라는 점이다. 그럼에도 불구하고 우리는 의도적으로 구체적인 정책 제안을 피해왔다. 그것보다는 비즈니스 의사결정자들이 AI 혁명을 통해 어떤 형태의 더 나은 사회를 만들고 싶은지, 그리고 그 비전을 실현하기 위해 산업계, 학계, 정치 지도자들과 어떻게 협력할 수 있을지만 고민했다.

AI 위험 관리 프레임워크 적용하기

이 장에서 살펴본 네 가지 AI 활용 사례의 공통점은 모두 높은 수준의 정확도를 요구하지만 AI가 도출한 결과의 근거는 요구하지 않는다는 점이다. 그러나 이러한 사례들은 표 8.1에서 볼 수 있듯이 개방형 환경에서 운영되는지 폐쇄형 환경에서 운영되는지에 따라 차이가 있다. 실제로 자율주행과 사기 탐지는 개방형 환경에서 이뤄지며, 이러한 적용 사례들은 더 큰 위험을 동반할 수 있다.

표 8.1 더 높은 정밀도를 요구하는 사용 사례들

x 축	z 축	더 낮은 입력 제어(개방형)	더 높은 입력 제어(AI의 제어권 내)
	근거의 필요성이 더 낮음	자율주행 차량 신용카드 사기 탐지	언어 전사 및 번역 AI 지원을 받는 MRI
	근거의 필요성이 더 높음	자동화된 군사용 드론 기업의 재무 사기 탐지	진단용 MRI 규제성 법규 생성 기업의 해고 결정

투명성 중심 설계

정밀도 부족이라는 AI의 약점에 대한 첫 번째 대응책은 투명성이다.

AI 번역을 위한 사용자 경험을 설계하는 회사를 예로 들어보자. 스마트폰은 일상적인 번역에 이상적인 기기이며, 이 과정은 매우 투명하게 이뤄진다. 사용자가 스마트폰에 문장을 입력하거나 음성으로 말하면 AI가 이를 번역해 상대방에게 전달하기 때문이다. 번역된 텍스트는 가독성이 높으며, 이때 읽기보다 듣기를 선호하는 경우를 위해 텍스트를 음성으로 변환해주는 스피커 아이콘도 제공된다. 또한, 양쪽 언어로 표시되는 '응답reply' 박스는 대화를 원활하게 만들어주며, 'AI 번역' 버튼으로 인터페이스가 완성된다. 게다가 기기를 주고받는 과정에서 수신자는 AI가 번역을 수행한다는 점을 이해하고 있으며, 실제로, AI 번역이라는 것을 알기에 의미를 파악하는 데 더 너그러운 태도를 보일 수 있다. AI 번역을 사용해 본 사람들은 대부분 정확도와 뉘앙스가 부족하다는 점을 알

고 있을 것이다. 그래서 해외에서 길을 물을 때는 AI 번역을 사용하더라도, 금전적이고 법적 책임이 따르는 비즈니스 계약서 번역에는 거의 사용하지 않는다.

AI가 번역을 제공하는 과정에서, AI는 흔히 '이 번역의 평점을 매겨주세요'라는 요청과 함께 사용자에게 링크를 제공한다. 이는 AI 번역이 완벽하지 않을 수 있다는 걸 사용자에게 솔직히 알리는 방식이며, 덕분에 사용자들은 AI 번역의 특성을 이해하게 되고, 이때 낮은 평가를 받은 번역은 자동으로 수집된 피드백을 통해 개선된다. 하지만 아쉽게도 다른 AI 분야에서는 이런 투명한 소통이 아직 부족한 상황이다.

한 예로, 구글이 기업에 직접 전화를 걸어 예약을 할 수 있는 AI 비서 듀플렉스^{Duplex}를 처음 선보였을 때, 구글은 통화 상대방에게 AI가 생성한 음성이라는 사실을 알리지 않았다. 그리고 이 가상 비서는 '음'이나 '아'와 같은 소리를 넣어 컴퓨터가 생성한 음성이라는 점을 의도적으로 숨겼다. 예를 들어 "안녕하세요, 고객을 대신해서 머리 손질 관련 예약을 하려고 전화드렸어요. 음, 5월 3일 시간이 어떨까 하는데요...[21]"라는 식이었다. 이는 매우 그럴듯하게 흉내 낸 사람의 목소리였다. (이 책의 웹사이트 www.AI-Conundrum.com에서 직접 들어볼 수 있다.)

이 음성은 듀플렉스가 처음 공개된 구글 I/O 컨퍼런스에서는 박수갈채를 받았지만, 일각에서는 듀플렉스가 미용실 직원들과 다른 이들을 속여 사람이라고 믿게 만든다는 사실에 부정적인 반응을 보였다. 또한 일부 개인과 운동단체들은 이들에게 투명성 확보를 요구했다. 최근 보고서에 따르면 구글은 통화 수신자들에게 자신들이 컴퓨터와 통화하고 있다는 사실을 어떻게 하면 가장 효과적으로 알릴 수 있을지 고민하고 있다[22]고 한다.

우리는 AI 응용 프로그램이 두 가지 이유에서 투명하게 표시돼야 한다고 생각한다. 첫째, AI는 완벽하지 않다. 때문에 AI를 도입한 기업은 실수 가능성을 인정하고, 오류가 발생했을 때 양해를 구할 수 있어야 한다.

또한, 문제가 생기면 즉시 도움을 요청할 수 있는 창구도 마련해야 한다.

둘째, 신뢰 구축을 위해서도 투명성이 필요하다. 실제로 AI 개발자들은 윤리적 태도로 사용자의 신뢰를 얻을 수 있는데, 이때는 AI 사용 여부를 명확히 밝히고, 어떤 데이터로 어떻게 학습했는지 상세히 공개해야 한다.

정밀도 부족이라는 AI의 약점에 대한 두 번째 대응책은 중간에 사람을 개입시키는 것이다. 그림 8.1의 AI 위험 관리 프레임워크에서 봤듯이, 번역은 높은 정확도를 요구하지만 현재의 AI는 이를 충족시키지 못하므로, 필요한 수준의 정확도를 갖춰야 하는 번역은 전문 번역가에게 맡기는 것이 좋다. 만약 그렇게 하지 않는다면 위험한 결과를 초래할 수 있기 때문이다. 이 외에도 법률 문서의 AI 오역, MRI 분석에서 놓친 진단, 신용카드 사기 징후를 발견하지 못한 AI, 또는 부적절한 시점에 급제동을 걸어 충돌을 일으키는 자율주행 차량 등은 사태의 중요도에 따라 사람에게 맡기는 것이 좋다.

실제로 정확도 부족으로 인한 피해는 매우 클 수 있는데, 일례로 2023년 구글이 챗GPT에 대응하기 위해 바드Bard를 공개했을 때, 로이터 통신은 구글의 공개 시연에서 바드가 잘못된 답변을 제시했다고 지적했다. 또한 D.A. 데이빗슨D.A. Davidson의 수석 소프트웨어 분석가인 길 루리아Gil Luria는 "구글이 지난 몇 주간 경쟁사를 따라잡으려 서둘렀고, 그 결과 급하게 잡힌 발표회에서 잘못된 답변을 내놓는 낭패를 겪었다"고 논평했다. 이와 비슷한 맥락으로, 로이터는 발표 다음 날 구글의 주가가 9% 하락해 시장 가치가 1천억 달러 감소한 반면, 경쟁사의 주가는 3% 상승했다고 보도했다.[23]

물론 AI는 완벽하지 않으며 실수를 할 수밖에 없다. 그리고 이 실수는 이 장 서두에서 구글의 엉터리 번역과 같이 웃어넘길 만한 일일 수도 있다. 하지만 이것이 바드의 실수처럼 중대한 사안이라면, 이는 곧 회사의 손실과 직결된다. 앞서 언급한 바드의 실수처럼 수십억 달러의 손실을 초래할 수도 있는 것이다. 그렇기에 AI 도입을 고려하는 사람들은 어디에 적용할 것인지, 그리고 예상되는 위험은 무엇인지 그 맥락을 세심하게 검토해야 한다. 또한 현재 AI를 활용하는 비즈니스 의사결정자들이 반드시 채택해야 할 투명성과 전문가의 개입도 고려해야 한다. 이는 AI의 실수를 막을 중요한 대응책이기 때문이다.

9장. AI의 사례 연구: 시장 거래 부문에서의 AI 활용

1800년대 후반, 데이터베이스와 월드와이드웹이 등장하기 훨씬 전에 부동산 중개인들은 매물 정보를 공유하기 위해 정기적으로 지역 협회 사무실에 모였다. 이들의 사업은 다른 중개인이 매수자를 소개하면 수수료를 지급하는 방식으로 이뤄졌는데, 이후 이들은 정보 공유를 더욱 효율적으로 하기 위해 복수 게시 서비스MLS, multiple-listing service를 개발했다. 그리고 이는 1세기가 넘는 지금도 부동산 시장의 핵심 도구로 자리매김하고 있다.

시간이 흘러 최근에는 질로우Zillow와 레드핀Redfin 같은 웹사이트들이 MLS 데이터에 부동산 거래를 돕는 다양한 기능을 더해 수익성 있는 사업 모델을 만들어냈다.

2006년 미디어 기업으로 출발한 질로우는 '제스티메이트Zestimate'라는 특별한 기능을 제공했는데, 이는 자동화된 AI 모델로 MLS 데이터와 사용자 제공 정보, 시장 동향 등을 활용해 주택의 시장 가치를 산정한다. 이에 매월 6천만 명이 질로우 웹사이트를 방문하게 됐고, 중개인들은 이 사이트를 통해 잠재 고객을 확보하고자 광고비를 투자했다. 1부에서 언급했듯이 AI는 레이블 된 데이터에 자석처럼 끌리는 특성이 있는데, 이러한 점은 주택 시장에 AI 기술 도입을 시도하는 기업들을 더욱 유혹하는 계기가 됐다.

그리고 2018년, 질로우는 AI에 운명적인 도박을 벌였다. AI를 부동산 시장과 결합하기로 한 것이다. 실제로 한 보고서에 따르면 "질로우는 인공지능을 활용한 주택 가치 평가 능력에 큰 자신감을 보이며 새로운 사업 방향을 발표했는데, 이 사업에 사용되는 AI의 능력은 (일부 주택에 한해서) 질로우의 '제스티메이트' AI가 예상하는 추정 가치와 그 주택을 구매하려는 회사의 최초 현금 제안 액수가 일치할 정도다"라고 했다. 이를 두고 질로우의 최고경영자CEO 스펜서 라스코프Spencer Rascoff는 "우리는 1년간의 시장 모델 검증을 거쳐 이제 직접 시장에 투자할 준비가 됐다[1]"고 밝혔다.

질로우의 2018년 11월 투자자 설명회의 예상에 따르면, 회사가 점유하는 주택 시장의 매 5% 지분마다 10억 달러의 수익이 발생할 것으로 전망됐다[2]. 이 소식을 들은 투자자들은 AI가 데이터를 기반으로 단기 매매를 통해 수익을 낼 수 있는 주택을 찾아낼 것이라는 질로우의 계획에 적극 투자했다. 그러나 많은 사람이 질로우가 사냥꾼이 되리라 기대한 결과와는 다르게 질로우는 자사 AI의 사냥감이 되고 말았다. 질로우는 2021년 3분기에 3억 4백만 달러의 재고자산 평가 손실을 기록했는데, 이는 "최근 매입한 주택들의 가격이 판매 가능할 것으로 추정한 가격보다 높았기 때문[3]"이었다. 게다가 2022년에는 질로우의 기업 가치가 2021년 11월 최고점 대비 86% 폭락하면서 주주들에게 수십억 달러의 손실을 안겼다.

어떻게 계획이 이렇게까지 잘못됐을까? 겉으로 보면 시장은 데이터를 기반으로 거래가 이뤄지기 때문에 AI를 선택하는 것은 자연스러운 것처럼 보이지만, 사실 시장의 위험을 평가하기 위해서는 그만의 독특한 역학을 이해해야 한다. 그리고 이러한 역학이 AI 활용에 어떤 영향을 미치는지 명확히 파악하기 위해 우리는 먼저 AI 관련 용어와 시장의 특징을 정의하고 다양한 사례를 검토한 뒤, AI 위험 관리 프레임워크를 통해 질로우의 실패 원인과 더 나은 결과를 위한 전략적 대안을 논의해야 한다.

AI와 관련된 시장 분석하기

경제학자들은 시장을 구매자와 판매자가 상품을 거래하는 장소로 정의한다. 이때 우리가 주목해야 할 세 가지 주요 사항이 있다. 첫째, 시장은 동일성의 정도degree of sameness를 기준으로 분류할 수 있으며, 이를 세 가지 범주로 나눈다는 것이다.

- 동일한identical: 예를 들어, 상장 기업의 특정 등급 주식은 모두 서로 동일하다(이는 상품commodity의 엄격한 정의다).
- 유사한similar: 예를 들어, 같은 제조사, 모델, 연식을 가진 두 중고차는 매우 유사하지만, 주행 거리와 차량 상태에 따라 약간 다른 가격에 거래될 수 있다.
- 구별되지만 비교 가능한differentiated but comparable: 예를 들어, 주택은 평당 가격이나 화장실, 침실 수와 같은 기준으로 비교할 수 있는 특징이 많지만, 각 주택만의 고유한 특성도 많다.

둘째, 시장은 '협력적이거나 거래적인 정도degree to which they are cooperative or transactional'에 따라 분류할 수 있다.

- 협력적 시장은 구매자와 판매자를 연결해 장기적 관계 형성을 지원하는 것을 목표로 한다. 노동 시장이 대표적인 예로, 구직자와 구인 기업은 다양한 특성을 바탕으로 서로 적합한 상대를 찾으려 한다. 이는 지속적으로 상호 이익이 되는 관계를 위한 균형점을 찾는 것이 목표이기 때문이다.
- 거래적 시장은 특정 거래에서 각자의 가치를 극대화하는 데 중점을 둔 구매자와 판매자로 이뤄진다. 이때 양측 모두 지속적 관계를 맺을 가능성이 낮아 상대방에게 이로운 거래인지는 고려하지

않는다. 주식, 중고차, 주택 시장이 대표적인 예다.

셋째, 시장의 가치와 AI의 장점을 구분해야 한다. 시장을 만드는 일과 그 시장에 AI를 도입하는 일은 가치 사슬이 서로 다른 요소임에도 불구하고 너무 자주 동일한 것인 양 혼동되고 있다. 하지만 이 둘은 분명히 다른 개념이다.

- 시장은 구매자와 판매자가 거래할 수 있는 장을 만들어 그 자체로 가치를 창출하고, 네트워크 효과의 혜택을 받으며, 구매자와 판매자가 많을수록 더욱 활성화된다.
- AI는 시장에 의존하는 경향이 있다. 이는 시장이 풍부한 데이터를 보유하고 있기 때문이다. 이때 거래 규모가 크고 거래 내역 데이터가 상세할수록 AI가 의미 있는 패턴을 찾기 쉽다. 결국 AI는 시장의 가치를 만들어 내는 것이 아니라 시장 데이터를 활용해 성장하는 것이다. 시장은 AI 없이도 작동할 수 있으며, AI는 시장 참여자의 거래 결정을 돕거나 자동으로 거래를 실행할 수 있다.

인공지능은 주식, 채권, 에너지, 광고, 자동차, 주택 등 다양한 분야의 가격 책정과 거래에 활용돼 왔다. 이 과정에서 AI는 시장에 유동성을 더해주기도 하며, 많은 사람이 이를 위험 없는 거래 수단으로 사용하게 만들었다.

하지만 방대한 데이터를 다룬다고 해서 가치 평가가 정확한 건 아니다. 부동산 중개 플랫폼 질로우는 부동산 시장이 한창 뜨거웠을 때조차, 사람의 개입 없이 AI에만 맡겼다가 수십억 달러를 날려버린 전적이 있기 때문이다. 물론 기업들은 AI로 중개인을 없애고 거래를 자동화시키면 엄청난 잠재적 이익을 챙길 수 있다. 하지만 눈앞의 이익만을 보며 서두르다간 큰코다칠 수 있다. 따라서 시장에 AI를 접목시킬 때는 신중한 접근이 필요하다.

AI는 앞으로 시장에서 더 큰 역할을 할 것으로 예상된다. 왜냐하면 AI는 데이터가 풍부한 영역에 강하게 끌리는데, 일반적으로 시장은 매우 데이터가 풍부하기 때문이다. 하지만 의사결정자들은 거대한 규모의 상호 연결된 사람들로 구성된 시장이 케이크이고 AI는 그저 그 위의 장식일 뿐이라는 점을 인식해야 한다.

물론 레이블 된 데이터가 가득한 디지털 시장을 발견하면 누구나 AI를 적용하고 싶은 유혹을 느낄 것이다. 하지만 어떤 AI 응용이 성공 가능성이 있고, 어떤 것이 위험하며 실패할 가능성이 큰지 이해하는 것이 중요하며, 위험을 파악하고 이를 완화할 대책을 마련하는 것이 핵심이다. 이와 관련된 네 가지 사례를 살펴보도록 하자.

AI를 활용한 주식 거래

성공적인 주식의 가격 책정과 거래는 효과적인 데이터 활용에 달려 있다. 예를 들어 항공사 주식의 가격 책정에는 공항별 승객 동향을 파악하기 위한 교통안전국TSA의 일일 보안 통계, 경쟁사의 항공편 일정, 향후 휴가와 업무 출장 동향을 보여주는 구글의 검색 데이터, 여행 사이트의 재고 및 가격 데이터 등 광범위한 분야의 데이터를 고려해야 한다. 이러한 종합적인 데이터를 활용하면 AI는 주식 거래에 큰 도움이 될 수 있기 때문이다. 이와 관련해서 엔퓨전Enfusion의 글로벌 파트너십 및 제휴 책임자인 피터 샐비지는 다음과 같이 논평했다.

> 하루에 생성되는 데이터양이 1990년대 전체에 생성된 양을 넘어설 수 있습니다. 따라서 AI를 적극적으로 활용하는 대형 헤지펀드들은 새로운 데이터셋을 평가하고 확보하는 전담 전문가를 보유하고 있을 가능성이 높습니다. 현재 컴퓨팅 성능이 지속적으로 발전하면서 그래픽 처리 장치GPU와 맞춤형

하드웨어는 몇 주가 걸리던 문제를 몇 시간 만에 해결하는데, 데이터가 급증하는 추세를 고려하면 이는 필수적인 요소입니다. 또한 클라우드 컴퓨팅의 보급 확대와 운영 비용 하락으로 머신러닝의 진입 장벽이 낮아지고 있는 과정에서 전담 전문가를 보유하고 있을 가능성이 높습니다.[4]

요즘 헤지펀드들의 투자 전략이 달라졌다. AI로 수많은 데이터를 분석하고, 시장의 수요 공급 불균형을 파악하며, 앞으로의 흐름을 예측해 자산 배분 전략을 짜기 때문이다. 다만 실제 투자는 신중하게 접근한다. AI의 예측을 참고는 하되, 최종 결정은 사람의 판단에 맡기는 것이다. 일부 회사들은 AI를 거래 포지션 설정에도 활용하는데, 아이디어 홀딩스Aidyia Holdings, 세러벨럼 캐피털Cerebellum Capital, 터파이트 캐피털 매니지먼트Taaffeite Capital Management, 뉴머라이Numerai 등이 대표적인 기업들이다.

이 중, 헤지펀드 성과 추적 서비스인 '유레카헤지Eurekahedge'는 머신러닝 기반 정량적 거래가 크게 성장하자 2010년 12월부터 AI 헤지펀드 지수를 도입했다. 유레카헤지의 2017년 보고서에 따르면 이러한 순수 AI 펀드들은 "거래와 위험 관리를 모두 아웃소싱하고 펀드 매니저의 개입을 최소화했다"고 했으며, 보고서는 AI 헤지펀드 지수가 전체 헤지펀드 지수를 상회[5]하는 성과를 보였다고 밝혔다.

그러나 2018년은 AI 주식 거래의 분수령이었다. 시장 변동성이 커지고 S&P 500 등 주요 지수가 4.4% 하락한 것이다. 그럼에도 AI 헤지펀드 지수는 더 나은 성과를 보였고, 이에 금융 언론의 뜨거운 관심을 받았다.

2018년 말 한 설문조사에서는 헤지펀드 응답자의 절반 이상이 투자 결정에 AI를 활용한다고 답했는데, 이는 전년 대비 20% 증가한 수치였다. 이 설문조사에서 'AI를 활용한다'는 응답자의 약 3분의 2는 거래 아이디어 발굴과 포트폴리오 최적화가 AI를 사용하는 주목적이라고 답했으며, 이때 AI가 추천하면 전문가가 승인하는 방식을 취한다고 답했다. 또한, 4분의 1 이상의 응답자는 거래 자동화에 AI를 활용한다고 답했으나, 여기서 대부분 거래 전략은 직원들이 수립하는 것으로 밝혀졌다[6]. 이렇게 전체적으로 2018년 10대 AI 헤지펀드 지수는 S&P 500보다 31% 높은 수익률을 기록했다[7]. 하지만 이것이 전부는 아니었다.

AI는 주식시장과 같은 개방형 환경에서 취약성을 보이는데, 사실 AI를 제외하고도 시장 조작의 역사는 오래됐다. 이번 세기에만 해도 엔론Enron은 교묘한 부정 행위로 캘리포니아 전기 시장의 가격을 300% 이상 부풀린 뒤 붕괴했으며, 이 부정 행위는 2001년에 적발됐다. 게다가 2012년에는 또 다른 스캔들이 드러났는데, 은행 트레이더들이 수년간 고객 자금으로 런던 자금 시장에서 리보LIBOR* 금리를 조작해 온 사실이 드러난 것이다.

2021년에는 미국의 비디오 게임 소매업체인 게임스톱GameStop의 주식에 대한 숏스퀴즈short squeeze**가 '월스트리트 베츠Wall Street Bets'라는 소셜미디어 포럼의 '로어링 키튼Roaring Kitten'이라는 사용자에 의해 시작됐는데, 이 전략으로 일부 트레이더들은 수익을 올렸지만 헤지펀드들은 약 200억 달러의 손실을 입었다. 로어링 키튼(실명 키스 길Keith Gill)은 게임스톱을 이른바 '스통크stonk'로 만들었는데, 이는 소셜미디어의 투기 열풍을 동력 삼아 중력을 거스르듯 마치 달을 향해 발사되는 로켓처럼 급등하는 주식을 일컫는다. 실제로 이 당시에 길은 5만 3천 달러의 콜옵션call option*** 베팅으로 약 3천 5백만 달러를 벌어들였으며, 「포춘Fortune」은 이를 다음과 같이 보도했다.

AI에 의존해 거래 결정을 내리는 헤지펀드들의 한 해가 암울하게 시작된

---

* 리보(LIBOR)는 런던 은행 간 금리(London Interbank Offered Rate)의 약자로 런던의 주요 은행들 사이에서 단기자금을 조달하는 이자율을 뜻한다. — 옮긴이
** 공매도를 한 투자자가 주가가 오를 것으로 예상되면 손실을 줄이기 위해 다시 그 주식을 매수하는 것을 뜻한다. 그 결과 주식 가격의 급등으로 이어진다. — 옮긴이
*** 옵션은 기초 자산을 만기 시점에서 행사가격에 사고 팔 수 있는 권리를 주고받는 계약이다. 이 중 살 수 있는 권리를 콜옵션이라고 한다. — 옮긴이

것으로 보아, 이들은 스퐁크 시장에서의 대응 방안을 찾지 못한 것으로 보인다. 실제로 유레카헤지의 AI 헤지펀드 지수는 2021년 1월에 3.38% 하락하며 2010년 지수 도입 이후 최악의 월간 실적을 기록했다. 이는 유레카헤지가 추적하는 다른 모든 헤지펀드 전략의 동기 실적보다 저조했으며, 1.11% 하락한 S&P 500의 전체 실적보다도 낮았다. 반면 나스닥은 같은 기간 2.9% 상승했다[8].

2021년을 기준으로 S&P는 28.89%의 수익률을 기록해 AI 헤지펀드의 미미한 2.95%를 크게 앞섰다. 반면 2022년에는 AI가 훨씬 나은 성과를 보였는데, S&P가 19.44% 하락한 것에 비해 AI 헤지펀드 지수는 4.16% 하락에 그친 것이다. 이렇듯 지난 5년간 두 지수는 엎치락뒤치락했다. 이 중, AI 헤지펀드 지수는 5년 중 두 번 S&P를 앞섰고, 나머지 기간에는 S&P가 AI 헤지펀드 지수를 크게 앞질렀다.

만약 당신이 AI 투자의 전망을 긍정적으로 보고 2018년에 1천 달러를 유레카헤지가 추적하는 10개 AI 펀드에 균등 투자한 뒤 매년 수익을 재투자했다면, 2023년 초 기준 투자 수익은 114.70달러였을 것이다. 반면 같은 금액을 S&P 500 지수에 투자했다면 458.72달러의 수익을 얻었을 것이며, 이는 곧 장기적으로 S&P가 AI보다 우수한 성과를 낸다는 것을 뜻한다. 하지만 앞으로 4년은 양상이 달라질 가능성이 있다. AI가 발전하면서 시장 조작 방법도 학습할 수 있기 때문이다.

이 책 서론에서 우리는 우리 중 한 사람이 개발한 간단한 자율주행 강화 학습에 대해 설명했다. 학습의 의도는 AI가 다양한 각도로 좌우 방향을 바꾸면서 무작위 트랙을 주행하고 속도를 조정하는 것이었고, 커브를 감지하고 조향값과 속도를 조정하는 방법을 터득하는 것이었다. 이때 AI가 얼마나 강하게 좌회전, 혹은 우회전해야 하는지와 관련된 조향값은 각각 다르게 출력하도록 설정했다.

이 당시에 우리는 AI가 일정한 급커브를 제대로 돌기 위해서 속도에 따른 급격한 커브를 예측하는 법을 학습할 것으로 예상했다. 그런데 AI는 우리의 예상을 뛰어넘고, 코드의 허점을 이용해 제동을 우회하는 법을 학습했다. AI가 우회전 출력에 음수 값을, 좌회전 출력에 양수 값을 동시에 사용하면, 더 작은 회전 반경으로 좌회전할 수 있었는데도 말이다. 이 경험에서 우리가 얻은 교훈은 인공지능은 우리가 정한 목표를 달성하기 위해 우리의 기대를 벗어나는 독창적인 방법을 찾아낸다는 점이었다.

이런 일이 금융업계에서도 벌어질까? 소셜미디어 포럼인 레딧^{Reddit} 데이터로 학습된 생성형 AI가 다른 사람에게 숏스퀴즈 전략을 전파하는 방법을 배우게 될까? AI가 금융 스릴러에서 배운 비윤리적이거나 불법적인 행위를 시도할 수 있을까? 더 나아가 AI는 우리가 상상조차 못 할 방식으로 교묘하게 시장을 조작하는 방법을 찾아낼 수 있을까? 우리의 자율주행 AI 경험처럼, 개발자는 결과를 보고 난 다음에야 "AI가 주식의 성과 목표를 달성하기 위해 무엇을 파악했는지 이제야 알겠네, 이런"이라고 무릎을 치게 될 날이 올까? 금융 산업이 복잡한 알고리듬을 사용하면서 그 결과를 충분히 이해하지 못한 사례가 많았던 점을 고려하면 어느 정도 답이 나온다. 따라서 AI의 행동을 적절히 통제할 안전장치^{guardrail}를 마련해 투자자 수익 극대화라는 목표가 윤리적이고 합법적으로 달성되도록 하는 것이 가장 이상적일 수 있다.

물론 AI가 지나치게 강력할 수 있다는 점의 이면에는 AI가 너무 약할 수 있다는 문제가 있다. 따라서 AI를 거래에 활용할 때는 시장에 영향을 미치는 정보를 철저히 평가해 AI가 이 데이터를 확실히 '보도록^{see}' 해야 한다. 엔론, 리보 스캔들, 스통크 현상 등의 사례는 시장이 개방형 시스템이기에 현재의 AI에게 위험 요소가 될 수 있음을 보여주는데, 우리는 이를 반면교사로 삼아 AI를 활용한 시뮬레이션으로 다양한 시나리오를 검증하고 AI의 대응을 평가해야 하며, 거래 상대방이 누구인지, 그들이 정보 우위를 가졌는지, 또는 결과를 자신들에게 유리하게 조작할 수 있는지 면밀히 검토해야 한다. 그리고 만약 AI의 예측이 실제 성과와 차이를 보일 경우, 전문가를 투입해 AI가 포착하지 못하는 방식으로 시장 역학을 변화시키는 새로운 요인들을 파악해야 한다.

AI는 트레이딩에 성공적일 수 있지만 위험성이 전혀 없는 것은 아니다.

AI로 티켓 가격 책정하기

2022년에 전 세계적으로 45억 명이 항공기를 이용했다. 미국의 경우는 2022년 매월 6천만~7천만 명이 국내선을 이용했는데, 이는 전체 좌석의 약 13%가 빈 것이었다. 이는 곧 매출 손실로 이어지기 때문에 항공사들은 AI를 활용해 향후 항공편의 빈 좌석 규모를 예측하고, 가격 조정과 판촉을 통해 이를 채우고자 했다.

실제로, 항공업계는 소수의 항공사가 경쟁하는 구조로, 이는 AI를 시험해 볼 수 있는 좋은 조건이다. 지난 20년 동안 대형 항공사들이 합치면서 시장이 크게 바뀌었는데, 공급이 줄어든 만큼 항공사들의 입지는 더욱 단단해졌고, 가격 결정권도 커졌다. 이제 항공사들은 최저 가격선을 그어두고 AI로 여러 실험을 해볼 수 있게 됐다. 남은 표를 얼마에 내놓을지, 어떤 프로모션을 하면 잘 팔릴지 등을 다양하게 테스트해 보는 것이다.

이때 AI 알고리듬은 같은 업무를 수행하는 인간이 활용하거나 인지할 수 없는 데이터까지 포착할 수 있는데, 이는 「블룸버그」의 프로필에 소개된 AI 가격 책정 엔진의 사례에서 알 수 있다.

> 뉴욕에서 보스턴으로 가는 항공편을 알아보는 사람이 있다. 다음 주 목요일 록 콘서트를 보러 가려는데, 그가 온라인을 통해 검색해 보니 263달러, 303달러, 424달러짜리 항공권이 나와 있었다. 여기서 424달러는 너무 비싸다 생각한 그는 263달러짜리를 골랐다.

사실 이 록밴드는 좀처럼 공연을 하지 않아서 그는 더 비싼 값도 지불할 생각이었다. 하지만 항공사는 이런 사정을 알 턱이 없었다. 그런데 여기서 만약 AI를 활용했다면? 상황이 달라졌을 것이다. AI는 데이터 분석을 통해 그날 보스턴행 비행기가 293달러에도 만석이 될 거라고 예측했을 테니 말이다. 결국 이 항공사는 좌석당 30달러의 추가 수익을 놓친 셈이다.[9]

이와 비슷한 맥락으로 실시간 가격 책정 엔진을 운영하는 이스라엘의 스타트업 펫처Fetcherr에 따르면, AI를 활용한 항공료 산정으로 항공사의 매출을 10% 이상 높일 수 있다고 한다. 또, 펫처의 공동설립자 겸 CEO인 로이 코헨Roy Cohen은 "우리는 모든 가격대에서 얼마나 많은 사람이 항공권을 살지 판단할 수 있다"고 주장한다[10].

이 외에도 이벤트 업계에서는 AI를 활용해 이벤트 주최자와 장소 제공뿐만 아니라 재판매 시장, 즉 암표상들도 어떤 티켓을 얼마나, 어떤 가격에 구매할지 결정한다. 온라인 티켓 업체인 '박스오피스 폭스Box Office Fox'는 티켓 재판매자들에게 구독 서비스를 제공하며 AI로 수요를 예측하는데, 이 회사의 사용자 매뉴얼에 따르면 "박스오피스 폭스는 AI를 활용해 콘서트와 스포츠 이벤트의 재판매 시장 수익성을 실시간으로 예측합니다. 이 시스템은 모든 예정된 이벤트의 티켓 판매를 검토하고 팬들의 수요를 분석하며, 매우 효과적으로 작동합니다. 또한 매일 수천 개의 이벤트에 대해 티켓 판매 개시 전에 수익성 예측 정보를 제공합니다[11]"라고 한다.

특히 AI는 항공권과 이벤트 티켓과 같은 '시간에 민감한 상품'의 가격 예측에서 뛰어난 성과를 보인다. 이는 비교적 공급이 고정돼 있고 경쟁이 제한적이기 때문이다. 그러나 여기에도 위험이 있는데, 그건 바로 소비자들이 최대 할인을 받기 위해 마지막 순간까지 기다리도록 학습하게 만드는 피드백 루프이며, 더 우려되는 점은 소비자를 대신해 가격 곡선의 최저점을 찾거나, 협상력 강화를 위해 소비자들의 구매력을 한데 묶으려 하는 것이다. 하지만 재고가 제한적이고 항공사나 이벤트 주최 측이 이를 통제하는 한, 공급량을 수요보다 낮게 조절하고 AI를 기반으로 가격을 조정해 수익을 최적화하려는 재판매 업체들의 위협을 줄일 수 있다.

협력적 시장의 AI

일반적으로 협력적 시장은 거래적 시장보다 정확도가 덜 요구된다. 노동 시장이 대표적인 협력적 시장의 예로, 이때 고용주들은 보통 특정 직무에 필요한 기술과 경험에 대한 구체적인 기대치를 가지고 있으며, 개별 후보자가 지닌 각자의 고유한 특성을 대체로 비교 가능한 변수로 환산할 수 있기 때문이다.

구직자 역시 급여, 근무지, 승진 기회, 복리후생, 기업문화 등 여러 요소를 통해 지원 기업들을 비교할 수 있는데, 링크드인LinkedIn과 글래스도어Glassdoor 같은 웹사이트들은 이런 구인자와 구직자를 연결하는 데 AI를 활용해 왔다. 링크드인은 "여기서 가장 큰 기술적 과제는 양방향의 관심사를 최적화하는 것입니다. 우리는 구직자들이 설득력 있는 메시지를 받고 관련 구직 기회를 놓치지 않기를 바라는 동시에, 구인 기업들이 자격을 갖추고 지원 의사가 있는 후보자들과 연결되기를 원합니다[12]"라고 했다.

이를 실천하기 위해 링크드인의 알고리듬은 후보자의 자격 요건 충족 여부, 구직 의사 표명 여부, 잠재적 고용주의 구인 공고에 대한 관심 가능성 등 다양한 지표를 바탕으로 고용주의 연락에 응답할 가능성이 가장 높은 후보자를 추천한다.

협력적 시장의 또 다른 예시는 서비스 공급업체 선정이다. 이는 물리적 제품 주문보다 더 복잡한 구조를 갖고 있는데, 물리적 제품 주문은 부품 주문과 일반적으로 동일하며 여러 공급업체에서 구할 수 있기 때문이다. 그와 다르게 서비스 조달은 '유사하지만 동일하지 않은' 범주에 속하며, 구매자와 판매자는 계약 체결 후 협력이 필요하다.

한 예로, 경쟁 입찰 과정에서 원청업체는 서비스 제공업체의 제시 가격과 역량을 비교하기 위해 서비스를 상품화하려 할 때 여러 평가 항목에 따라 점수를 매기기 때문에, 최저가 입찰에서 항상 이기는 (혹은 이겨야 하는) 것은 아니다.

비즈니스 세계에서 파트너십은 결혼에 비유될 만큼 중요한 관계다. 특히 주요 서비스 제공업체와의 관계는 더욱 그렇다. 따라서 협력적 시장에서 AI에게 주가 책정이나 의사결정을 전적으로 맡기면 안 된다. AI는 보조적인 역할을 할 수 있지만, 의사결정 과정에는 반드시 사람의 적극적인 개입이 필요하다.

결국 협력적 시장에서 AI의 주요 역할은 누구를 고용할지 결정하는 (노동 시장의 예에서는 적임자, 조달의 예에서는 최적의 서비스 제공업체) 것이 아닌 지원에 있으며, 이는 보조적인 역할을 수행하는 것이다. 보조적인 역할이란 후보 공급업체와의 소통, 계약자 등록을 희망하는 조달업체의 기본 문의나 특정 입찰과 관련해 질문에 대한 응답을 챗봇 형태로 처리하는 것 등을 뜻하며, 협력적 시장의 데이터를 분석해 공정하고 탄탄한 입찰 과정이 이뤄지도록 지원하는 것 등을 말한다.

미국 정부의 연방 시장의 AI 활용 사례에서, 그들은 구매자와 판매자를 연결하고 수만 건의 계약 관련 문서를 통합 관리하는 것을 목표로 한다. 이때 그들이 보유한 건물 임대 문서만 해도 8천 건이 넘는데, 새로 시행될 연방 임대 회계 표준 준수를 위해 2022년에는 데이터 분석용 AI 시범 사업이 진행됐다. 이 과정에서 AI는 임대 계약에서 특정 계약 요소들을 파악했으며, 60만 페이지가 넘는 임대 문서를 검토해 누락된 항목을 찾아냄으로써 직원들이 기존에 지루한 수작업으로 처리하던 규정 준수 업무를 신속하게 진행할 수 있도록 도왔다.

정부뿐만 아니라 기업들도 이와 비슷한 AI 활용 사례를 가지고 있다. 5백만 개 이상의 기업이 공급업체를 선정하고 관리하기 위한 기업 대 기업B2B, business-to-business 시장으로 인기 높은 아리바Ariba 플랫폼은 다큐사인DocuSign과 제휴를 맺었는데, 이는 다큐사인이 의뢰한 한 연구에서 응답 기업의 61%가 계약서 내 정보 검색과 이해에 어려움을 겪고 있으며, 이로 인해 불필요한 위험, 매출 손실, 업무 지연이 발생할 수 있다는 점이 밝혀졌기 때문이다. 이때 AI는 법률 개념, 전체 텍스트, 메타데이터별로 모든 계약서를 검색하는 데 활용됐는데, AI 도입 이전에는 기업들이 개념이 아닌 키워드만 검색이 가능했지만, AI 도입을 통해 계약서 전반의 조항을 비교하고, 답변을 신속하게 찾으며, 시각화 대시보드를 통해 전략적 인사이트를 얻을 수 있게 됐다.

여기서 주목할 점은 AI가 채용, 계약, 또는 지불 금액 결정과 같은 핵심 의사결정을 내리지 않고 다른 용도로 활용된다는 것이다. 물론 엄청난 잠재력을 가진 AI는 시장의 데이터를 분석해 가치를 창출하며 향후 협력적 시장에서 더 폭넓은 역할을 수행할 것으로 예상되지만, 앞으로도 숙련된 의사결정자들은 오랫동안 최종 낙찰 기업 선정 과정에 사람을 참여시킬 것이다. 대신 이때 AI는 지원 기능을 강화하고, 나아가 이들 조직 내에서 모니터링 역할을 맡을 가능성이 크다.

사용 사례: 주택 매매에 AI 사용하기

2022년 미국의 주택 판매량은 600만 가구에 미치지 못하는데, 이는 약 8억 건의 항공권 판매나 S&P 기업들의 약 10억 주에 달하는 주식 거래량에 비해 현저히 적은 규모다. 이렇게 거래 물량을 비교하는 이유는 거래량이 적을수록 AI 시스템이 학습할 수 있는 데이터가 제한돼 AI가 불리한 입장에 놓이기 때문이며, 이 관점에서 볼 때 부동산은 AI 거래 시스템에 문제가 있는 시장의 전형적인 예시다.

부동산 시장은 AI가 학습할 수 있는 데이터가 부족할 뿐만 아니라, 거래적 성격을 띠고 있으며 각 주택이 매우 차별화돼 동일한 주택을 찾기 어렵다. 와중에 다행스러운 점은 주택 시장에 어느 정도 레이블 된 데이터가 존재하며, 평수, 침실과 화장실 수, 부지 크기 등을 기반으로 한 데이터를 기준으로 주택 가격 비교에 활용할 수 있다는 것이다.

주택 판매 가격 예측을 위해 우리 지역의 부동산 중개인 데이터를 모델링한 결과, 절대 평균 편차는 ±14%를 기록했다. 즉, 우리가 가격 모델을 개발한 다음에 판매된 주택 그룹을 검토했을 때, 예측 가격과 실제 판매 가격이 약 14% 정도 높거나 낮은 차이를 보인다는 것이다. 여기에 투입된 우리의 모델은 매우 기초적인 수준으로, 주거용 부동산의 레이블된 데이터와 레이블 되지 않은 데이터의 특성을 이해하기 위해 개발됐다. 물론 더 많은 노력을 들이면 정확도를 높일 수 있겠지만, 업계 관계자들과의 인터뷰를 분석하면, 주택 가치에 영향을 미치는 정보 중 일부는 데이터로 존재하지 않아 AI 시스템이 접근할 수 없다는 한계가 있다.

이를 보여주는 예로, 사우스캐롤라이나 주 찰스턴의 고급 부동산 중개인 재키 파스칼리스 클라크Jackie Paskalis Clark는 질로우의 제스티메이트가 주택 가치를 과대 평가해 주택 소유자들에게 비현실적인 기대를 심어줬다고 지적했다. "일반적으로 위치와 학군을 제외하면, 주택 가치의 상당 부분은 최근 주방 리모델링 시기, 화장실 개조 여부, 지붕 상태 등에 따라 결정됩니다. 그러나 찰스턴에서는 요트 정박이 가능한 깊은 물로의 접근성이 중요하며, 그곳까지 이어지는 부두의 길이도 중요한 요소입니다. 약 30미터 길이의 부두 설치에는 수천 달러가 들고 유지비는 그 이상이 들기 때문입니다."

하지만 그녀는 질로우가 이러한 변수들을 고려하지 않았으며, 이는 주택 검사를 기반으로 한 제스티메이트도 마찬가지라고 지적했다. "정확한 가격 책정을 위해서는 반드시 집을 직접 검사해야만 합니다. 저는 이때 고가 부동산 전문 검사관과 협력하는데, 그는 배선과 배관이 설치된 좁은 공간에 들어가 흰개미 등을 확인하고 지붕에 올라가면서까지 실제 상태를 평가합니다. 이후 최종 검사 내용과 제 경험을 바탕으로 현재 시장에서 경쟁력 있는 적정 가격을 책정하죠. 그런데 제가 검사한 대부분의 경우, 책정된 가격은 제스티메이트가 주택 소유자들에게 제시한 가격보다 낮았고, 그로 인해 사람들은 분노했습니다."

이 과정에서 파스칼리스 클라크는 제스티메이트의 높은 가격 문제를 해결하기 위해 독특한 전략을 사용했는데, 이는 주택 소유자와 합의해 제스티메이트가 제시한 가격으로 2주간 매물을 내놓고, 이 기간 동안 매수 제안이 없으면 자신이 제안한 낮은 가격으로 조정하는 것이었다. "만약 제스티메이트가 제시한 가격에 팔리면 고객이 옳았다는 것이 증명되고 제가 더 많은 수수료를 받게 되겠죠. 하지만 지금까지 제스티메이트의 가격으로 매수 제안을 받은 적이 한 번도 없습니다. 대부분 질로우가 고려하지 못한 여러 변수들을 반영한 저희만의 책정 가격으로 판매가 이뤄졌습니다[13]".

실제로, 제스티메이트가 책정한 가격으로 나온 주택 매물을 제스티메이트를 통해 사려는 질로우의 전략은 경제학자들이 말하는 '역선택 adverse selection' 현상으로 인해 어려움에 직면했다. AI가 너무 낮은 가격을 제시하면 더 많은 정보를 가진 주택 소유자가 이를 거절하고, 반대로 소유자의 기대치보다 높은 가격을 제시하면 즉시 수락하기 때문이다. 이는 체스나 바둑처럼 AI가 모든 정보에 접근 가능하고 우월한 성과를 낼 수 있는 분야와는 다르다. 주택 시장에서는 AI가 접근할 수 없는 데이터가 가치에 영향을 미치므로, 이러한 환경에서 AI에 의사결정을 맡기는 것은 손실로 이어질 수밖에 없는 것이다.

그럼에도 2018년, 질로우가 이 전략을 시작했을 때, 투자자들은 열광했다. 이를 증명이라도 하듯 CEO의 계획 발표 당시 49.84달러였던 주가는 2021년 2월 202.94달러까지 치솟았고, 같은 기간 경영진은 주식 수를 42% 늘렸다. AI 최적화에 대한 기대감으로 투자자들은 질로우의 기업 가치를 400억 달러나 높여버린 것이다. 이에 질로우는 주요 은행들로부터 15억 달러를 대출받아 주택 매입 계약금으로 사용했고, 잔금 70~80%는 담보 부채로 유지했다.

그러나 시간이 흘러, 2021년 말, 질로우가 주택 전매$^{house\text{-}flipping}$ 전략을 폐기하고 직원의 25%를 해고할 무렵, 질로우의 주가는 2021년 2월 최고점 202.94달러에서 2022년 10월 21일 28.39달러로 86% 폭락했으며, 정점 대비 470억 달러의 기업 가치가 증발했다. 결과적으로 질로우는 AI에 의존한 주택 시장 참여로 34억 달러의 손실을 기록한 것이다. 이렇듯 질로우는 2년이 채 안 되는 기간 동안, 개방형 시장 거래에서 AI 역량을 과신하고 인간의 감독을 소홀히 한 대가로 투자자들에게 막대한 손실을 안겼다.

AI 위험 관리 프레임워크 적용하기

AI 위험 관리 프레임워크는 세 가지 측면을 고려한다. 정밀도의 필요성, 출력 내용에 대한 논리적 근거의 필요성, 그리고 AI 작동 환경의 개방성 여부다.

시장은 대부분 개방형 환경이기 때문에 본질적으로 더 위험한 경향이 있으며, 특히 거래 당사자 양측이 상호 이익에 무관심한 거래적 시장에서 이러한 위험이 두드러진다. 주택과 주식 시장 같은 거래적 시장에서는 가격의 높은 정밀도가 요구되므로, AI를 가격 책정과 거래에 활용하는 것이 고위험군으로 분류되는 것이다.

반면 협력적 시장은 이 정도의 정밀도를 필요로 하지 않는다. 예를 들어, 잠재적 고용주와 피고용인은 장기적 관계 형성을 목표로 하며, 이를 인지한 상태에서 급여 협상에 임할 가능성이 높다. 그림 9.1은 이 장에서 살펴본 다양한 시장의 위험을 보여준다.

우리는 앞서 본 것처럼, AI 활용 과정에서 사람이 개입할 시간이 충분하지 않으면 위험할 수 있다는 것을 알았다. 그러나 고도로 자동화된 고빈도 주식 거래의 경우 인간이 개입할 시간적 여유가 없을 수 있으며, 주택이나 중고차 거래처럼 상대적으로 느린 시장에서는 사람이 가격과 시장 변화를 평가할 시간이 있는 변수도 존재한다는 것을 알았다. 이는 AI의 향후 성능 향상을 위한 학습에 도움이 될 것이다. 물론 현재로서는 AI가 의사결정의 근거를 제시하는 것이 어렵지만, AI가 특정 가격을 추천하는 근거를 사람이 이해할 수 있는 형태로 제공한다면 이상적일 것이다.

그러나 현재로서는 표 9.1에서 볼 수 있듯이, 주택 매매, 주식 거래, 티켓 가격 조정은 모두 높은 수준의 가격 정밀도가 요구되며, 개방형 환경에서 이뤄져 위험도가 높다. 특히 주택 매매의 경우에는 의사결정에 근거가 필요하므로, 인간이 개입해 AI의 가격 추천이 타당한 근거를 가지고 있는지 검토해야 한다.

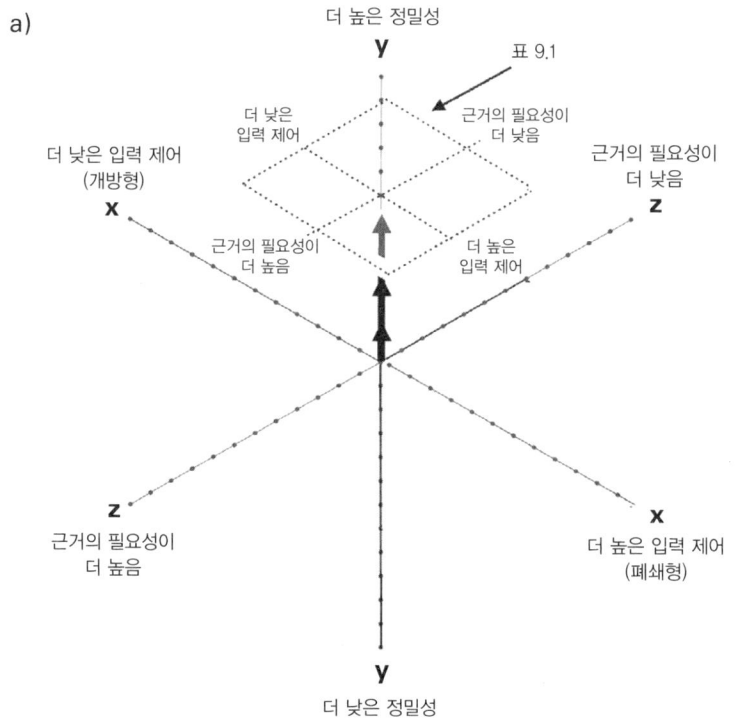

그림 9.1 (a) 적대적 시장 대 (b) 협력적 시장을 위한 AI 위험 프레임워크

표 9.1 더 높은 정밀도를 요구하는 사용 사례들

x 축	z 축	더 낮은 입력 제어(개방형)	더 높은 입력 제어(AI의 제어권 내)
	근거의 필요성이 더 낮음	주식 거래 티켓 가격 조정	조립 라인의 로봇 자동화한 DNA 염기 서열 분석
	근거의 필요성이 더 높음	주택 매매 시장	개인화된 의료 진료

이에 반해, 표 9.2는 협력적 시장이 정밀도를 덜 필요로 한다는 점을 보여준다. 이는 구매자와 판매자는 상호 이익이 되는 조건을 찾기 위해 협상을 진행하며, 시장이 협력적 성격을 띠고 거래 대상이 차별화돼 있다면 다양한 매칭을 통해 바람직한 결과를 얻을 수 있기 때문이다. 또한 AI가 매칭을 지원해 시간과 비용을 절감할 수 있다면, 이는 관련된 모든 당사자에게 이익이 될 수 있다. 이것이 바로 링크드인이 노동 시장에서 AI를 활용해 구직자와 구인자를 연결하는 방식이다.

그러나 일부의 경우, AI는 개방형 시스템에서도 정해진 매개변수를 통해 분석 범위를 좁힐 수 있다. 대표적으로 정부 계약 입찰 시장을 예로 들 수 있는데, 이러한 시스템은 상대적으로 제한된 범위를 가지며, 공급업체들은 입찰 참여를 위해 정해진 양식에 특정 정보를 입력해야 한다. 이로 인해 공급업체들 간의 데이터 비교가 쉬워지며, 공급업체 선정에 필요한 모든 핵심 입력값이 포함된 레이블 된 데이터를 확보할 수 있다. 이처럼 제한된 범위는 AI를 활용한 가격 추천이나 공급업체 선정 과정의 위험을 일부 감소시킨다. 그러나 AI가 선정 이유를 명확히 제시하지 못한다는 한계가 있으므로, 공급업체 최종 선정 과정에는 인간의 개입이 바람직하다.

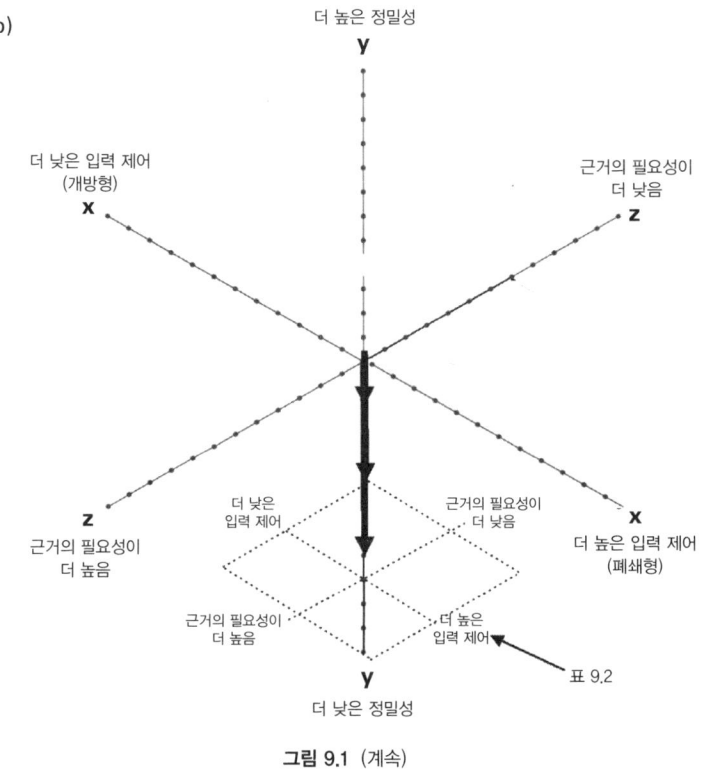

그림 9.1 (계속)

표 9.2 더 낮은 정밀도가 용인되는 사용 사례들

x 축	z 축		
		더 낮은 입력 제어(개방형)	더 높은 입력 제어(AI의 제어권 내)
	근거의 필요성이 더 낮음	소셜미디어 콘텐츠 추천 일기 예보 음악 추천	라디오 방송국 연주 목록 생성
	근거의 필요성이 더 높음	구인 구직	정부 조달 거래소

AI 위험 완화하기

AI는 거래 전략 수립부터 자동차, 부동산, 에너지, 미디어 등의 매매까지 다양한 분야에 활용돼 왔다. 그러나 개방형 환경에서는 역선택의 위험이 존재하므로, 주식 거래에 AI를 활용할 때는 각별한 주의가 필요하다. AI를 시장에 적절히 적용해 수십억 달러의 수익을 올린 사례가 있는 반면, 부적절한 환경에 적용해 막대한 손실을 입은 사례도 있기 때문이다.

현재의 AI는 가용한 데이터로 완벽하게 설명될 수 있는 환경에서 가장 효과적으로 작동한다. 하지만 이러한 조건이 충족되는 환경에서조차, 광범위한 개방형 환경은 헤지펀드들이 스퀀크 현상을 통해 경험했듯이 위험을 수반한다. 환경은 변화할 수 있으며, AI는 새롭게 등장하는 현상을 설명하는 데이터에 접근하지 못할 수 있기 때문이다. 물론 AI가 이러한 조건에 맞지 않는 상품의 자동 거래에도 활용될 수는 있지만, 그만큼 바람직하지 않은 결과를 초래할 위험이 높아진다.

질로우가 AI 활용을 잘했더라면 다른 결과를 낳을 수 있었을까? 물론 질로우같이 많은 거래를 처리해야 하는 기업에 AI는 여전히 매력적인 선택지인 것은 맞다. 주택, 주식, 기타 상품 거래를 위한 직원 채용과 교육에 드는 높은 비용을 고려하면, AI를 통한 완전 자동화는 그 비용을 크게 절감시켜 주기 때문이다. 그러나 AI가 인간 중개인을 성공적으로 대체한 사례들이 있음에도 불구하고 AI를 활용한 가격 책정과 거래에서만큼은 심각한 오류를 발생시킬 수 있는데, 이는 주택 시장처럼 상품과 서비스가 차별화돼 있고, AI가 접근 가능한 데이터만으로는 완전히 설명될 수 없거나 거래가 간헐적으로 이뤄지는 경우로, 그 위험성이 더욱 커진다.

물론 인간도 완벽하지 않기에, AI를 자동 가격 책정과 거래에 활용하고자 하는 기업은 다음과 같은 방식으로 시스템의 정확성을 먼저 검증해야 한다. 거래와 대립 거래 패턴을 철저히 시뮬레이션하고, AI의 제안 가격을 실제 판매 가격과 비교하며, 판매 소요 시간을 평가하는 것이다. 또한 이를 가치가 빠르게 하락하는 시장 주기 시나리오에서 테스트하고, AI가 과도한 금액을 지불하게 되는 역선택 상황도 가정해 봐야 한다. 물론 자동화가 충분한 비용 절감 효과를 낳았다면 AI는 여전히 수익성을 확보할 수 있다. 부동산 거래의 경우 일반적으로 6%의 거래 비용이 발생하는데, 일부는 소유권과 조건부 날인 증서 비용이지만 대부분은 부동산 중개인의 수수료이기 때문이다. 질로우는 이런 구매 에이전트를 제거함으로써 거래 비용의 2~3% 정도를 절감한 것으로 추정된다.

그러나 불행히도 질로우가 주택 매매 사업에 진출했을 때, 제스티메이트의 오차 범위는 중개인 제거를 통한 비용 절감 효과를 상회했다. 부동산은 시간이 지날수록 가치가 상승하는 자산이므로, AI 예측이 다소 빗나가더라도 구매 시 사용한 부채 상환이 가능하다면 '매입 후 보유$^{buy\text{-}and\text{-}hold}$' 전략으로 대응할 수 있다. 하지만 질로우는 90일 이내에 주택을 매입했다가 매도하는 전략을 채택했고, 필요 자금을 담보부채로 조달하는 사업 모델을 운영했다. 질로우는 AI가 부동산 시장에서 일반 구매자들과 경쟁하면서 과대 평가된 자산을 쌓아가게 될 것을 예측하지 못한 것이다. 질로우의 AI 사업 모델이 장기 보유를 전제로 설계되지 않은 결과, 과대 평가된 가격에 매입한 수억 달러 규모의 주택 가치를 감가상각할 수밖에 없었으며, 결국 주택 전매 시장에서 철수하게 됐다.

이를 거울삼아, 시장에서 AI는 인간 의사결정자를 대체하기보다 보완하는 도구로 활용돼야 한다. 그리고 향후 AI가 시장에서 더 큰 역할을 맡게 된다면, 거래 추천에 영향을 미치는 요인들에 대한 통찰을 제공하는 '설명 가능한 AI$^{explainable\ AI}$'를 도입하는 것이 바람직할 것이다.

10장. AI의 사례 연구: 얼굴 인식, 인력 채용, 그리고 광고 분야의 편향성

니저 파크스Nijeer Parks는 뉴저지 주 핼리던Haledon의 한 약국 안에 위치한 웨스턴 유니온Western Union에 있었다. 그와 약 50킬로미터 떨어진 곳에서는 다른 남자가 햄튼 인Hampton Inn에서 간식을 훔치고 있었고, 경찰이 신고를 받고 호텔에 도착해 용의자와 대치한 뒤 신분증을 조회한 결과 신분증이 위조된 것임을 알아차렸다. 이후 그의 재킷 주머니에서 봉지를 찾아낸 경찰은 그것이 마리화나일 것으로 추정해(이 사건이 일어났을 당시 뉴저지 주에서 마리화나 소지는 불법이었다) 용의자에게 수갑을 채우려 했지만 용의자는 이를 피해 렌트카로 도주했다. 경찰은 렌트카를 추격하다가 용의자의 차에 치일 뻔해 재빨리 몸을 피했으며, 렌트카는 고속으로 달리다 호텔의 기둥 하나를 긁고 경찰 순찰차의 옆구리를 치기까지 했다. 시간이 흘러 경찰은 2킬로미터쯤 떨어진 곳에서 버려진 렌트카를 발견했지만, 남자를 잡지는 못했다. 그러나 남자는 중죄를 저질렀고, 경찰은 신분증이 있었으며, 내용은 가짜지만 사진은 맞는 것처럼 보였기에, 경찰은 얼굴 인식 소프트웨어로 그 사진을 조회하기로 했다. 그리고 다음 날 알고리듬은 일치하는 인물을 찾아냈다. 바로 니저 파크스였다.

이후 파크스는 체포돼 구치소에서 10일을 보내고 변호를 위해 약 5천 달러를 지출했다. 이는 그가 범죄 발생 당시 50킬로미터 떨어진 곳에 있었다는 것이 웨스턴 유니온의 기록을 포함한 여러 데이터로 입증됐음에도 불구하고 벌어진 일이었다. 파크스는 자신의 무고함을 알고 있었지만, 10년 전 마약 판매 혐의로 두 차례 체포 및 기소된 전과가 있었고, 선고 가이드라인에 따르면 세 번째 기소는 10년형으로 이어질 수 있었으며 미국에서 세 번째 범죄에 대한 기소율은 90%를 넘는다는 점을 고려할 때, 파크스는 형량 거래$^{plea\ deal}$*를 고려할 수밖에 없었다. 이를 두고 파크스는 당시를 회상하며 "저는 가족과 앉아 형량 거래에 관해 의논했습니다. 재판에 가는 게 무서웠습니다. 패소하면 10년형을 받으리라는 것을 알았으니까요[1]"라고 말했다.

그러나 결국 파크스는 굴하지 않고 웨스턴 유니온으로부터 결정적인 증거를 확보했다. 호텔 사건이 발생했을 당시 그가 50킬로미터 떨어진 약국에서 송금 업무를 보고 있었다는 사실이 입증된 것이다. 마지막 법원 심리에서 파크스는 판사에게 필요하다면 재판까지 가겠다는 의지를 표명했고, 수개월 후 그의 사건은 기각됐다.

이후 파크스는 "저는 아무런 이유 없이 구금됐습니다"고 말하며, "다른 사람에게 이런 일이 벌어지는 것을 뉴스에서 봤지만, 제게도 일어날 거라고는 전혀 상상하지 못했죠. 정말 무서운 시련이었습니다"라고 덧붙였다.

2019년, 100개 이상의 얼굴 인식 알고리듬을 대상으로 실시한 전국 연구에 따르면, 이 알고리듬은 백인의 얼굴에 비해 흑인과 아시아인의 얼굴을 10~100배 더 부정확하게 식별하는 것으로 나타났다[2]. 여러 학술 연구가 이런 AI 얼굴 인식 프로그램 사용의 위험성을 지적해 왔으며, 조지타운대 로스쿨 산하 프라이버시와 기술 센터의 수석 부주임 연구원인 클레어 가비$^{Clare\ Garvie}$ 또한 이 분야를 깊이 연구하며 얼굴 인식 프로그램의 위험성을 알아차렸다. 이를 통해 그녀는 감시 카메라에서 가져온 불분명한 사진과 같은 열악한 화질의 검색 이미지 사용을 금지하고, 현재 사용 중인 시스템의 정확성과 편향성을 엄정하게 테스트해야 한다고 주장했다[3].

---

* 형사 소송에서 검사가 피고에게 유죄를 인정하는 대가로 형량 거래를 제공하는 것을 말한다. — 옮긴이

정확성의 기준은 무엇인가?

AI의 정확성을 평가할 때 고려해야 할 중요한 측면 중 하나는 18세기 법률가의 연구를 바탕으로 한 '블랙스톤 비율Blackstone ratio'이다. 그는 "한 명의 무고한 사람이 고통받는 것보다는 유죄인 사람 10명이 도망가는 것이 더 낫다"고 했는데, 이는 AI로 인해 한 명의 무고한 사람이 누명을 쓰는 것을 막기 위해 얼마나 많은 유죄자를 놓칠 것인가 하는 문제를 동반한다.

이렇듯 AI의 정확성에 관한 기준은 다양한 분야에서 확립되고 있는데, 한 예로, 1785년에 범죄 혐의를 받는 사람들을 보호하기 위해 여러 권리를 보장한 미국 권리장전Bill of Rights이 통과되기 몇 년 전, 벤저민 프랭클린Benjamin Franklin은 이를 100대 1의 비율로 하는 것이 적절하다고 봤다. 또 제조 회사들은 1980년대 모토로라의 엔지니어였던 빌 스미스Bill Smith가 개발한 '식스 시그마 품질six sigma quality' 측정법을 목표로 삼았는데, 이는 결점을 100만 개당 4개 미만으로 줄이는 것을 목표로 했다.

결점을 찾아내기 위해 AI를 사용한 6장의 사례에 적용된 100만 개당 20개의 결함 비율에서, 통계학자, AI 데이터 과학자, 제조업 관계자 등 각 분야 전문가들은 서로 다른 용어를 사용하지만 동일한 목표를 추구한다. 이들은 모두 시스템의 불완전성을 측정하고 적절한 정밀도 기준을 설정하고자 했던 것이다. 통계학자들은 이를 '1종 오류Type I error'와 '2종 오류Type II error'로 분류하고, AI 데이터 과학자들은 '수용 오류false accept'와 '기각 오류false reject'로 분류했다.

법률적 관점에서 1종 오류(수용 오류)는 무고한 사람을 유죄로 잘못 판정하는 것이며, 2종 오류(기각 오류)는 유죄인 사람을 무죄로 풀어주는 것을 의미한다. 이러한 잘 정립된 품질 기준은 AI의 성능을 비교하는 데 유용한 참고점이 될 수 있으며, 이와 관련된 오류 범주들은 표 10.1에 요약돼 있다.

표 10.1 AI를 사용한 매칭에서 가능한 (정확하거나 부정확한) 연관성의 조합

	연관됨	연관되지 않음
일치	정확함 용의자의 정확한 신원(ID) 제조상 결함의 정확한 실체(ID)	수용 오류(긍정 오류) (1종 오류) 무고한 사람이 부정확하게 기소됨. 고품질 제품이 품질 검사에 실패함.
일치되지 않음	기각 오류 (부정 오류) (2종 오류) 유죄인 사람을 막는 데 실패함. 제조상 결함을 찾아내는 데 실패함.	정확함 무고한 사람이 부정확하게 기소되지 않음. 고품질 제품이 품질 검사를 통과함.

특이 사항: 블랙스톤 비율은 기각 오류(2종 오류) 대비 수용 오류(1종 오류) 비율과 동일하다.
제조상 결함률 = (바르게 포착된 결함 + 부정 오류)/전체를 뜻한다.

    2019년 7월 「포브스」는 에섹스 대학 연구진의 종합적인 실험 결과를 보도했는데, 실험의 주제는 런던 스트라트포드Stratford의 웨스트필드Westfield 쇼핑 센터에서 진행된 얼굴 인식 소프트웨어의 실시간 테스트를 여섯 차례 관찰하는 것이었다.

    이들은 얼굴 인식 소프트웨어 설치 전의 논의부터 경찰의 설치 및 운영 과정 전반을 지켜봤으며, 연구 결과, 얼굴 인식 기술은 42명을 현상수배범으로 식별했고, 이 중 26명이 경찰의 검문 대상이 됐다. 그러나 26명 중 14명은 잘못된 식별이었으며, 4명은 군중 속으로 사라져 검문이 불가능했다. 보고서는 "전체적으로 8건만이 정확하게 일치했다"고 밝혔는데, 이는 매우 낮은 정확도로, 블랙스톤 비율로 환산하면 한 명의 유죄자 검거를 위해 두 명의 무고한 시민이 검문된 셈이며, 식스 시그마 기준으로는 100만 건당 50만 건 이상의 결함률을 보여, 기준치인 100만 건당 3.4건과는 현저한 차이를 보여준다.

    런던에서 진행된 또 다른 연구에서는 8,600명의 얼굴을 실시간 얼굴 인식 기술로 스캔했으나, 위 상황보다 더욱 형편없는 결과를 보였다. 단 한 건만이 실제 범인 체포로 이어졌고, 나머지 일곱 건은 긍정 오류, 즉

틀린 일치를 보였기 때문이다. 이는 블랙스톤 비율의 목적과는 정반대의 결과로, 한 명의 범죄자를 검거하기 위해 일곱 명의 무고한 시민이 검문된 셈이며, 식스 시그마 기준으로는 100만 건당 87만 5천 건의 결함률을 보인 것이다. 이는 경찰력 운용 측면에서도 비효율적이었는데, 여덟 건 중 일곱 건이 오류로 판명돼 엉뚱한 사람을 검문하는 데 경찰의 시간이 낭비됐기 때문이다. 이와 같은 웨스트필드 연구와 런던 연구 결과는 표 10.2로 요약했다.

표 10.2
웨스트필드의 일치와 연관도 성적표

	연관됨	연관되지 않음	알 수 없음
일치(26명 검문)	8명 맞음	14명 틀림(허위)	4명은 놓침

런던의 일치와 연관도 성적표

	연관됨	연관되지 않음
일치(8,600명 스캔)	1명 맞음	7명 틀림(허위)

위와 같은 에섹스와 런던의 얼굴 인식 테스트는 안 좋은 결과를 도출했지만, 그래도 여기서 칭찬할 만한 건 이들이 투명성있게 테스트를 진행했다는 것이다. 이처럼 투명성은 AI 작동에 매우 중요하다.

그러나 미국의 법 집행에서는 이러한 투명성을 찾아보기 어렵다. 2023년에 보고된 루이지애나 주 제퍼슨 패리시^{Jefferson Parish}*의 사례를 보면, 법 집행에 AI 얼굴 인식 소프트웨어를 사용했으면서도 이 사실을 판사, 용의자, 변호사 등 관련자 누구에게도 공개하지 않았다고 한다. 그

---

* 루이지애나 주는 프랑스와 스페인의 가톨릭 규칙을 따르던 식민지 시대의 전통을 따라 다른 주와 달리 카운티(county)가 아닌 '교구'를 뜻하는 패리시(parish)라고 부른다. 제퍼슨 패리시는 22개의 도시와 타운으로 구성돼 있으며, 뉴올리언스 일부가 이 패리시 영역에 포함돼 있다. 뉴올리언스의 대부분은 '올리언스 패리시'에 속해 있다. ─ 옮긴이

결과, 랜달 리드Randal Reid라는 사람은 잘못된 얼굴 인식 결과로 애틀랜타에서 체포돼 6일간 구금됐다. 이런 경찰의 실수가 밝혀지기까지 거의 한 주가 걸렸고, 이로 인해 그는 운송 애널리스트 직무를 수행하지 못했으며, AI 사용과 오류를 입증하는 데 수천 달러를 지출해야 했다.

이때 더욱 문제가 됐던 것은 리드의 체포 영장 신청 시 바솔로뮤 형사는 진술서에서 얼굴 인식 기술 사용 사실을 명시하지 않고, "바솔로뮤 형사는 감시 영상을 검토했고, 영상의 스틸 사진들을 활용해 용의자 네 명 중 세 명을 식별할 수 있었습니다. 바솔로뮤 형사는 믿을 만한 정보원으로부터 2022년 6월 22일의 덩치 큰 흑인 남성이 랜달 리드라는 제보를 받았고, 바솔로뮤 형사는 이름 검색을 통해 감시 영상 속의 용의자와 일치하는 것처럼 보이는 랜달 쿠란 리드의 DMV 사진을 찾아냈습니다[4]"라고 서술한 것이다.

그러나 리드 가족은 변호사를 선임한 후 감시 카메라의 스틸 사진을 입수했고, 이를 통해 식별이 AI를 통해 이뤄졌다는 사실을 알아냈다.

「뉴욕타임스」는 이 기술이 클리어뷰 AIClearview AI의 것일 가능성이 높다고 보도했다. 클리어뷰 AI는 자사의 AI만으로 체포의 근거를 삼아서는 안 된다는 입장을 가지고 있지만, 이 사례를 포함한 여러 경우에서 사건을 일으키는 AI이다.

이렇게 여러 경찰 부서에서 유사한 사례가 발생한 것은 AI 훈련과 경찰의 책임 소재에 문제가 있음을 보여준다. 뉴욕대학의 헌법학 교수 배리 프리드만Barry Friedman은 "체포된 사람들에게 체포 이유를 알려주지 않는 것은 기본적인 형사 절차상 도저히 있을 수 없는 일[5]"이라고 논평했다.

AI 위험 관리 프레임워크 적용하기

AI 얼굴 인식 기술을 체포의 근거로 삼는 것은 AI 위험의 세 가지 차원(정밀도, 논리적 근거, 작동 환경)에서 모두 최고 수준의 위험을 내포한다. 특히 이 기술이 개방형 환경에서 작동하고, 오류가 발생할 경우 무고한 시민을 체포, 구금할 수 있으며, 무죄 입증을 위해 재정적으로 많은 돈을 쓰는 심각한 결과를 초래할 수 있기 때문에, 매우 높은 수준의 정밀도가 요구된다. 또한 단순히 "AI가 그렇게 판단했다"는 설명을 넘어선 명확한 논리적 근거가 반드시 필요하다. 이는 AI의 이상적인 사용 사례와는 정반대에 위치하는 위험한 적용이라고 할 수 있다(그림 10.1 참조).

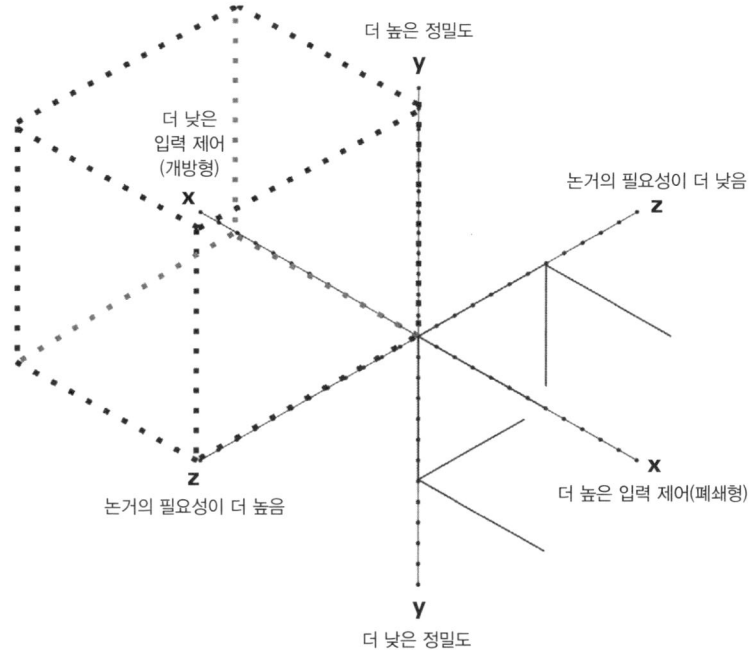

그림 10.1 체포의 근거로 얼굴 인식 기술을 사용하는 데 대한 AI 위험 프레임워크. 점선으로 된 상자가 이 사용 사례를 표현한다. 실선은 AI에 이상적인 8분원이다.

1부에서 언급했듯이 AI의 주요 약점 중 하나는 정밀도 부족이다. 그렇기에 AI 시스템은 기본적으로 편향성을 내포하고 있다고 가정하고 접근하는 것이 더 안전하다. 이때 사용 사례별로 허용 가능한 편향 수준을 명확히 정의해야 하는데, 주요 인구통계 그룹 간 20%의 분류 정확도 차이는 상황에 따라 수용 가능할 수도, 절대 용납할 수 없는 수준일 수도 있다.

한 예로, 현재의 얼굴 인식 기술에서는 수염이 있는 얼굴이 정확도가 떨어지는데, 이는 얼굴의 기본 구조를 가리는 요소들이 있을 경우 오류가 발생하기 쉽기 때문이다. 물론 개인 사진첩에서 단체사진을 골라 얼굴 인식 기술을 적용해 볼 때, 수염난 얼굴의 미성년자를 자주 틀리게 식별하는 것은 비교적 경미한 문제일 수 있으나, 형사 사법 시스템에서의 오류는 심각한 결과를 초래할 수 있으므로 충분한 안전장치 없이는 이러한 기술의 도입을 고려해서는 안 된다.

2022년 초 「와이어드」는 마이크로소프트가 아르헨티나 정부를 위해 개발한 매우 우려스러운 AI 사례를 보도했다. 이 AI는 10대 소녀들의 향후 5~6년 내 임신 가능성을 예측하는 프로그램이었는데, 여기서 특히 문제인 것은 시스템의 불투명성으로, AI가 10대에 임신할 '운명을 타고 난predestined' 것으로 분류한 소녀들에게 어떤 영향을 미칠지, 또 이 정보가 실제로 청소년 임신 예방에 어떻게 도움이 될지 전혀 명확하지 않았다는 점이다. 게다가 이 AI 시스템이 기반으로 하는 사회 이론이나 알고리듬의 작동 방식도 공개되지 않았다.

또한, 정부는 남성이나 소년이 소녀를 임신시킬 가능성이 있는지는 묻지 않았다는 점에 주목할 필요가 있다. AI에 제시된 질문의 틀 자체가 처음부터 편향적이었던 것이다. 물론 설령 질문이 편향되지 않았더라도, AI가 완전히 정확할 수 없으며 기반 데이터도 일정한 방식으로 편향될 수 있다는 사실은 계속해서 풀어야 할 숙제다.

다시 연구로 돌아가서, 연구진이 프로그램의 데이터셋을 면밀히 검토한 결과, 아르헨티나의 최빈곤 지역 가정에는 온수 시설이 거의 없는데, AI는 임신을 할 것으로 예상되는 청소년 소녀를 분류하는 과정에서 가정 내 온수 시설 부재를 주요 기준으로 삼은 사실이 드러났다.

이런 AI를 지원했던 정치인들은 기본적으로 AI의 작동 원리를 잘못 이해하고 있었다. 전국 TV 방송에 출연한 아르헨티나의 후안 마누엘 우르투베이Juan Manuel Urtubey 주지사는 "이 기술을 사용하면 5년이나 6년 앞서서 미래를 예측할 수 있습니다. 성명과 주소만 넣으면 미래의 어느 소녀가 임신을 하게 될지 86%의 확률로 예언할 수 있습니다[6]"라고 주장했지만, 실제로 AI는 편향적이었다. 알고리듬이 결과적으로 한 작업은 온수 시설이 없는 가정에서 자라는 소녀들을 청소년기에 임신할 '운명을 타고난predestined' 것으로 분류한 것뿐이다.

이렇듯 오늘날 AI는 기반 데이터의 편향성을 식별하지 않고, 분류에 영향을 미친 변수도 명시하지 않은 채 단순히 결과만 생성하기 때문에 위험이 발생한다. 따라서 기업과 정부는 AI 사용의 투명성을 확보하고, 편향성을 평가하며, AI가 허용 범위 내에서 작동하도록 엄격한 테스트 기준을 마련해야 한다. 이러한 안전장치가 없다면 AI는 특정 상황에서 심각한 피해를 초래할 수 있기 때문이다.

투명성

2019년 6월, 하원감독위원회 청문회에서 FBI 관료는 얼굴 인식 기술을 이용한 기소 건수를 추적하지 않고 있다고 밝혔다. 또한 FBI는 이 기술을 활용한 체포 사례와 이후 무죄로 판명된 사례도 추적하지 않고 있다. 게다가 현재 경찰의 AI 사용에 대한 전국적인 보고 기준은 없으며, 일부 부서는 AI 사용을 명시하는 대신 '수사 기법investigative technique[7]'이라는 용어로 대체하고 있다.

이렇듯 AI 사용의 투명성은 전반적으로 매우 부족한 실정이며, 법 집행 기관뿐만 아니라 대부분의 기업 리더와 정부 관료들도 자신들이 관리하는 부서에서 사용되는 AI 시스템의 실패율을 파악하지 못하고 있다. 하지만 투명성 확보를 위해서는 우선 AI 시스템이 수행하는 작업을 명확하게 정의하는 것부터 시작해야 하며, 그 사용에 대한 추가적인 질문이 제기돼야 한다.

- AI를 사용하는 목적은 무엇인가?
- 그 사용의 성공은 어떻게 정의되는가?
- AI의 최적 대안은 무엇인가?
- 이러한 상황에서 AI 사용에 따른 위험은 무엇인가?
- 비용-편익 분석 결과는 AI가 적절한 투자임을 보여주는가?
- AI가 부정확할 경우 어떤 결과가 발생하는가?
- AI는 어떤 방식으로 독립적인 테스트를 거치게 되는가?
- 비즈니스 사례는 어떻게 검증(또는 기각)할 것인가?

이는 AI 사용의 비즈니스 사례에 대한 높은 수준을 넘어, 데이터와 모델, 그리고 AI 서비스 수준에서도 필수적이다. 따라서 (대부분의 데이터셋은 데이터 사전을 포함하고 있지만) AI의 경우에는 투명성을 위해 데이터셋의 여러 변수와 값을 정의하는 것 외에도 데이터의 출처, 옵트인opt-in이나 프라이버시 동의 정보, 데이터 정제data cleaning와 변환, 그리고 시간에 따른 변수들의 변화 과정을 문서화해야 한다.

실제로 일부 회사들은 AI 사용의 투명성을 높이려는 움직임을 보이고 있다. AI 기업들이 데이터와 메타데이터를 문서화할 수 있도록 데이터 카탈로그 서비스를 제공하는 것이다. 하지만 이런 카탈로그는 아직 기대만큼 널리 쓰이지 않는 상태다.

기업은 데이터 카탈로그 서비스뿐만 아니라, AI 모델의 구조와 핵심 내용을 요약한 '모델 카드'와 '서비스 카드'를 도입할 수 있다. 여기서 서비스 카드는 얼굴 인식과 같이 다중 모델을 통해 결괏값을 도출하는 서비스를 아우르는 역할을 한다.

아마존은 이런 서비스 카드에 대해 "AWS(아마존 웹 서비스)의 AI 서비스 카드는 해당 서비스의 의도된 사용 사례, 머신러닝ML 활용 방식, 그리고 책임감 있는 디자인과 서비스 사용에서의 핵심 고려 사항을 설명한다"고 정의했다. 이에 따라 현재 기술 업계는 데이터 카탈로그, 모델 카드, 서비스 카드에 포함돼야 할 내용에 대한 표준을 개발하는 중이다. 아마존은 덧붙여 "서비스 카드는 AWS에 제공되는 고객 피드백과 함께 서비스의 반복적인 개발 과정을 통해 지속적으로 발전할 것이다[8]"고 말했다.

이렇듯 AI 관련 의사결정자라면 반드시 회사에 데이터 카탈로그, 서비스 카드, 모델 카드를 요청해 봐야 한다. 이는 마치 '탄광 속 카나리아'와 같은 시금석이 되기 때문이다. 만약 AI 팀이 당신의 요청에 당황한 반응을 보인다면, 아직 개선해야 할 부분이 많다는 신호이지만, 카탈로그와 카드의 링크를 제공하며 함께 검토하자는 제안이 나온다면, 해당 조직이 투명성과 책임감 있는 AI 활용을 위해 올바른 방향으로 나아가고 있음을 의미한다.

하지만 데이터와 모델을 문서화하는 것만으로 독자적인 테스트, 훈련, 책임성을 보장할 수 없다는 점을 반드시 유념하길 바란다. 법 집행 기관이 사용하는 얼굴 인식 기술 개발사인 클리어뷰 AI는 "이 문서는 확실한 신원 확인이 아니며, 단순한 수사 단서일 뿐 체포의 충분한 근거 probable cause가 될 수 없다[9]"고 명확히 경고하고 있다. 이는 적절한 경고이지만, 여기서 몇 가지 중요한 의문이 제기된다. 클리어뷰 AI는 정책 교육과 이행 관리에 대해 어떤 책임을 져야 하는가? 또 잘못된 체포가 발생했을 때는 어떻게 책임을 져야 하는가? AI의 한계에 대한 교육을 받지 못한 경찰관은 AI의 정확성을 과대평가해 지나치게 의존할 수 있는데, 만약 법 집행 기관이 이러한 경고를 무시한다면 어떻게 대처할 것인가?

이 모든 것은 사용 중단 메커니즘과 사용 현황을 감사할 의지가 없다면 무의미해진다. 더욱이 적법 절차와 개인의 자유를 침해하는 경찰관에 대한 처벌 체계가 없다면 책임성을 확보하기도 어렵다. 법 집행 기관 자체는 또 어떤가? AI만을 근거로 체포가 이뤄질 경우, 해당 기관이 보강 증거와 무죄 입증 조사를 요구하는 정책을 가지고 있다 하더라도 그에 따른 최종적인 책임은 누가 질 것인가?

이것도 제대로 확립돼야 한다.

같은 AI, 다른 위험 프로필

동일한 얼굴 인식 기술이라도 그 활용 사례에 따라 위험도는 달라질 수 있다. 실종 아동과 착취 피해 아동을 찾는 데 AI 얼굴 인식 기술을 활용하는 경우를 살펴보자. 비영리 기관 '쏜Thorn'이 개발한 '스포트라이트Spotlight'는 온라인 광고를 통해 법 집행 기관이 성매매 착취 피해 아동을 발견할 수 있도록 돕는데, 이는 2023년 기준으로 북미 지역에서 4만 건 이상 활용돼 1만 5천 명이 넘는 아동을 구조했으며, 1만 7천 명 이상의 성매매 범죄자를 식별하는 성과를 거둔 것으로 보고됐다[10].

실제로 AI 위험 관리 프레임워크로 분석해 보면, 실종 아동과 착취 아동 찾기에서는 일치 여부의 정확도가 상대적으로 덜 중요하다. 이는 법 집행 기관이 일치 가능성을 발견한 후에는 반드시 부모의 확인을 거치기 때문이다. 최악의 경우는 AI가 오판해 법 집행 기관이 부모를 찾아가더라도, 부모가 사진을 확인하고 자녀가 아니라는 것을 확인하며 실망하는 정도일 뿐이다. 이렇듯 쏜의 AI 시스템은 이상적인 AI 운영 방식과 비슷하지만, 개방형 환경에서 작동한다는 차이가 있다. 그리고 이러한 환경에서 발생할 수 있는 추가적인 위험은 신원 확인 과정에 참여하는 부모라는 인적 요소를 통해 해소된다.

사법 기관이 체포의 근거로 AI 얼굴 인식을 사용하는 것과 쏜의 AI 활용 사례를 비교해 보면 그 위험성의 차이가 분명하다. 사법 기관이 AI를 체포 근거로 사용할 경우, AI의 오판은 무고한 시민에게 심각한 피해를 주는 것은 물론, AI가 틀렸음을 증명해야 하는 부담은 무고한 사람의 몫이 되며, 구치소에 수감된 상태에서 자신의 무죄를 입증하기 위해 상당한 비용을 부담해야 하는 상황에 처할 수 있기 때문이다. 반면 쏜의 AI 사용에서 발생하는 오류는 부모가 자녀를 찾지 못했다는 실망감에 그친다. 게다가 대부분의 부모는 자녀를 찾을 수 있는 가능성이 있다면, 이러한 일시적인 실망은 감수할 만한 것으로 여긴다.

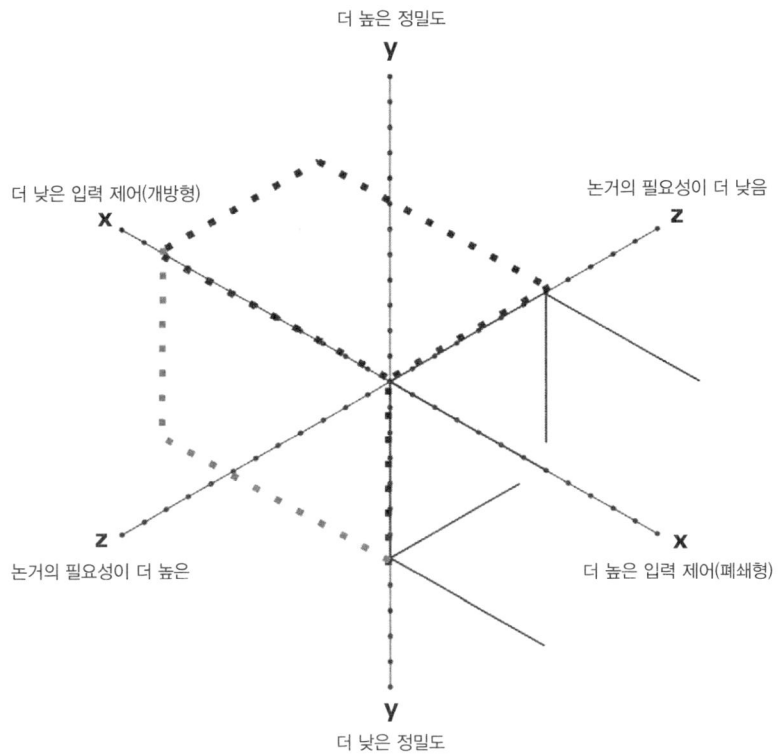

그림 10.2 실종 아동을 식별하기 위해 사용된 얼굴 인식 기술의 AI 위험 관리 프레임워크. 점선박스는 이 사용 사례를 표현함. 실선은 AI에 이상적인 팔분원

 이처럼, AI의 가치와 위험을 평가할 때는 근접 확대$^{zoom-in}$와 원격 조망$^{zoom-out}$의 문제를 이해하는 것이 중요하다. 앞에서 본 바와 같이 파크스와 리드가 잘못된 체포를 경험한 내용의 핵심에는 이른바 확대 문제가 있었는데, 특히 근접 확대 문제는 AI가 방대한 인구 데이터에서 특정 개인을 식별하려 할 때 발생한다. 이때 AI는 정밀도 부족으로 인한 오류 가능성이 항상 존재하며, 그중에는 AI가 틀리더라도 그 결과를 감당할 수

있는 사용 사례가 있고, 그렇지 못한 경우가 있다.

그렇지 못한 경우로는 형사 사법 분야에서 AI가 잘못된 용의자를 식별하는 긍정 오류를 범할 경우인데, 이때 초래할 결과는 매우 심각할 수 있으며 감당하지 못할 사례가 될 수 있다. 따라서 이러한 잠재적 피해를 방지하기 위해서는 법 집행 기관이 체포 전 반드시 추가 증거를 확보하도록 하는 등의 강력한 안전장치가 필요하다.

또 다른 AI 편향의 중요한 측면은 원격 조망의 문제다. 개별 AI의 판단들을 종합해서 전체적인 관점에서 바라보면, 해당 시스템이 만들어 내는 결과물에 근본적인 편향성이 존재한다는 사실이 드러난다는 뜻이다. 특히 얼굴 인식 기술의 편향 문제는 부정확한 매칭 사례들을 종합적으로 분석하고 인종별 차이를 살펴볼 때 명확히 나타난다. 가령 얼굴 인식 AI는 유색인종의 얼굴을 식별할 때 더 많은 오류를 범하며, 이는 결과적으로 유색인종에 대한 불균형적인 부당 체포로 이어질 수 있다는 심각한 문제를 안고 있다.

그러나 편향된 AI라 하더라도 특정 상황에서는 유용하게 활용되는 경우도 있다. 바로 쏜의 AI 시스템이다. 쏜의 AI가 가진 편향성은 분명하며, 인종에 따른 식별 정확도의 차이도 완전히 파악되지 않은 상태이지만, 현 시점에서는 이러한 편향성을 감수할 만한 가치가 있다고 볼 수 있다. 왜냐하면 AI가 오류를 범하더라도 그로 인한 위험은 통제 가능한 수준이며, 실종 아동을 구조할 수 있는 잠재적 이점이 그보다 훨씬 크기 때문이다. 물론 여기서 최우선은 모든 인종의 아동을 동등하게 정확히 식별할 수 있도록 시스템을 개선하는 것이다.

채용과 구인 광고 분야의 원격 조망 문제

AI 시스템이 조직의 채용 업무를 맡게 되면 어떤 상황이 벌어질까? 일단 AI 기반 구인 프로그램은 다양성에 관한 법적 요구사항을 충족하는 적임자 목록을 만들어낼 것이다. 실제로 1964년에 만들어진 미국의 민권법 Civil Rights Act of 1964은 인종, 피부색, 성별, 출신 국가를 근거로 한 고용 차별을 금지하는데, 지금은 다른 많은 나라도 비슷한 법을 가지고 있다. 예컨대 영국은 2010년 평등법Equality Act of 2010을 통해 성/젠더, 나이, 인종, 종교/신념, 임신, 출산, 장애, 성적 지향, 결혼/동성 간 혼인, 성전환에 따른 차별을 금지하며 반차별 보호를 확대했다. 그러나 문제는 AI 시스템 자체에서는 이러한 법규를 스스로 패턴에 맞춰 내재화하도록 설계되지 않았다는 점이다.

AI가 해결해 줄까?

2015년부터 2019년까지 페이스북은 인권 및 노동 단체, 노동자, 개인들로부터 다섯 차례의 차별 소송을 당했고, 합의했다. 소송의 주 쟁점은 페이스북의 광고 시스템이 나이, 성별, 인종을 기준으로 특정인의 주택, 고용, 신용 광고 노출을 제한했다는 의혹과 관련했는데, 이는 AI의 문제가 아닌, 광고주들이 특정 프로필의 사용자들에게만 광고가 전달되도록 매개변수를 설정할 수 있었기 때문에 문제가 됐다.

실제로 페이스북은 장거리 트럭 운송 광고를 둘러싼 논란이 있었다. 트럭 광고를 남성에게만 광고를 보여줬다가 소송에서 불법 판정을 받은 것이다. 이에 페이스북은 방향을 전환해 AI 솔루션을 도입하기로 했다.

「CNBC」의 2019년 보도에 따르면, 페이스북은 페이스북과 인스타그램, 메신저에서 주택, 고용, 신용 광고를 위한 새로운 광고 포털을 출시할 예정이며, 이전처럼 세부적인 광고 타깃팅은 하지 않기로 결정 했다고 밝혔다[11]. 그로 인해 광고주들은 성별, 나이, 종교, 인종, 민족, 우편번호 등으로 광고 대상을 특정할 수 없지만, AI를 통해 광고 클릭 가능성이 높은 사용자를 파악하고 이에 따라 광고 노출을 조정할 수 있게 됐다.

이 AI 솔루션의 효과는 어땠을까? 2021년 비영리 인권 보호 단체 '글로벌 위트니스Global Witness'가 페이스북의 채용 광고를 테스트한 결과, 페이스북의 AI는 법규에 맞는 다양한 후보자 목록을 만들어내지 못했다. 글로벌 위트니스는 영국의 정비공, 유치원 간호직, 조종사, 심리학 분야 채용 광고를 대상으로 연구를 진행했는데, AI는 '트래픽/링크 클릭Traffic/Link Clicks', 즉, '클릭할 가능성이 높은 사람들'에게 광고를 전달하는 방식을 채택했던 것이다. 글로벌 위트니스는 이 광고를 테스트할 때 추가적인 표적 기준을 전혀 설정하지 않았고, 광고 노출 대상은 온전히 페이스북의 알고리듬에 맡겼는데, 그 결과, 심각한 성별 편향이 드러났다.

- 정비공 채용 광고를 본 사람 중 96%가 남성이었다.
- 유치원과 간호사 채용 광고를 본 사람 중 95%가 여성이었다.
- 조종사 채용 광고를 본 사람 중 75%가 남성이었다.
- 심리학자 채용 광고를 본 사람 중 77%가 여성이었다.

글로벌 위트니스의 보고서는 이러한 광고들이 페이스북의 자체 규정을 위반했으며, 이는 페이스북 알고리듬의 전반적인 편향성 문제를 보여주는 사례라고 지적했다. 자세한 보고서 내용은 이렇다. "이 결과는 프랑스, 독일, 스위스, 미국에서 페이스북의 광고 전달 알고리듬이 구인 광고 노출에서 매우 차별적임을 보여주며, 이는 알고리듬 워치Algorithm Watch, 학계의 연구 결과와 일치한다[12]."

그렇다면 왜 페이스북 알고리듬은 이렇게까지 실수를 했을까?

글로벌 위트니스의 테스트 당시 페이스북은 AI를 도입했으나, 광고주들의 나이, 성별, 종교, 인종, 민족 기반 타깃팅 옵션을 제거하고 AI가 클릭률을 학습해 조정하는 방식으로는 편향성 문제를 해결하지 못했다. 이는 겉으로만 문제를 감춘 셈이다. 이렇듯 AI가 광고 노출 대상을 결정하는 방식을 전체적으로 살펴보면, 정비공 구인 광고가 대부분 남성에게 전달되는 것처럼 집단적 차원의 편향이 여전히 존재한다.

이런 편향성 해결을 위해서는 때로 편향 변수들을 제거하는 것이 아니라, 그 존재를 인정하고 이를 상쇄하는 방법을 찾아야 한다. 이와 같은 맥락으로, 브라이언 크리스천은 저서 『인간적 AI를 위하여』(시공사, 2025)에서 편향 변수 제거만으로는 문제 해결이 어렵다는 점을 상세히 설명하는데, 여기서 한 예로 엔지니어 채용에 AI를 활용한 아마존의 사례를 들고 있다.

아마존은 10년간의 직원 성과 기록과 이력서를 AI에 입력한 다음, AI가 성공적인 채용의 기준을 학습하도록 했는데, 과거 데이터에 남성 비중이 압도적으로 높아 AI는 자연스럽게 남성 지원자를 선호하게 됐다. 이를 원격 조망해 보면 AI는 이미 편향되게 조정돼 있었고, 그 때문에 남성들만 추천했던 것이다. 이런 편향성이 드러나자 아마존은 성별gender 정보와 이름을 삭제하는 방식으로 AI에 접근했으나, 이력서 속 단어 선택이나 활동 내역 등 다른 지표들과의 연관성으로 인해 AI는 여전히 편향된 결과를 만들어냈다. 이는 AI가 겉으로 보이는 것보다 더 깊게 편향돼 있다는 것을 보여주는 사례[13]다.

또 크리스천은 GPT-3와 같은 거대 언어 모델LLM에 깊이 자리 잡은 편향성에 관해서도 설명했다. 컴퓨터 과학자들 사이에서 LLM속 단어들은 "한 단어는 그와 함께하는 다른 단어들로 알 수 있다*"는 말로 통용되는데, 이는 거대 언어 모델이 단어의 부분, 단어 자체, 구문 간의 패턴과 상관관계를 학습하며, 수학적으로 표현되기 때문이다. 이러한 수학적 언어 표현을 통해 AI의 편향성을 발견할 수 있는데, 한 예로, AI에 '파일럿 빼기 남성'을 계산하게 하면 '비행기 승무원'이, '의사 빼기 남성'은 '간호사'라는 결과가 나왔다.

이 외에도 크리스천은 채용, 의료, 보석 결정 등 여러 분야에서 이런

---

* 이 표현(You will know a word by the company it keeps)은 영국의 언어학자 J.R. 퍼스(J.R. Firth)에게서 나왔으며, 한 단어의 의미와 맥락을 결합해 주변의 다른 단어들을 알 수 있다는 뜻을 가지고 있다. 이 원칙은 한 단어를 이해하기 위해서 따로 떼어내기보다 주변 단어, 표현들과 결부해 바라봐야 하며, 이는 이후 언어학과 자연어 처리(natural language processing)의 근간이 됐다. — 옮긴이

편향이 존재함을 입증했는데, 우리의 경험에 비춰 볼 때, AI 편향 해결을 위해서는 편향 변수를 제거하기보다 이를 활용해 AI가 편향을 극복하도록 훈련하거나, 해당 변수로 모델을 분할하는 것이 효과적이다. 예를 들어 성별에 따른 분할partition은 여성과 남성 각각을 대표하는 최적 후보 모델을 만들어, AI가 훈련 데이터의 편향된 지름길을 통해 남성성을 성공적인 후보와 동일시하는 경사 하강법의 함정에 빠지지 않도록 도움을 줄 수 있다. 편향을 상쇄하기 위한 이런 기법은 광고에서 편향성을 줄이는 방안을 고려할 때 잘 드러난다.

광고에서 편향성 줄이기

광고의 편향성은 전달delivery(누구에게 보이는가)과 표현presentation(무엇을 보여주는가)이라는 두 가지 측면에서 나타난다. 이때 전달 편향은 AI가 특정 집단에 광고를 체계적으로 더 많이 노출할 때 발생하는데, 2019년 페이스북은 이 문제로 제소를 당했고, 그 결과 편향성으로 부당한 피해를 초래할 위험이 높은 채용과 주택 광고에서 나이와 성별 같은 타깃팅 기준을 광고 관리자 포털에서 제거했다. 이후 페이스북은 광고 클릭 데이터를 기반으로 AI가 캠페인을 최적화하도록 했으나, 이 방식 역시 편향된 결과를 낳았다. 예컨대 남성이 더 자주 클릭한 정비공 채용 광고 방식의 패턴을 학습한 AI는 이후 이 광고를 남성에게 더 많이 노출한 것이다.

이는 광고주가 특별히 남성 타깃팅을 지정하지 않았음에도 발생했는데, 유치원 간호사 채용 광고 역시 여성의 클릭이 많아 여성에게 더 자주 노출됐다. 이러한 편향은 보호 계층에 대한 광고 전달의 공정성을 보장하는 매개변수가 AI 알고리듬에 없었기 때문에 발생하며, 해결책으로는 보호 계층 관련 변수를 포함해 공정한 전달을 보장하거나, 베스 이건Beth Egan 교수가 제안한 것처럼 불Boole 논리로 수동 타깃팅을 설정해 보호 계층에도 광고가 전달되게 하면 된다[14]. 하지만 페이스북처럼 문제가 되는 변수를 단순히 제거하는 것은 근본적인 해결책이 될 수 없다. 단지 문제를 덮어둘 뿐이다.

편향이 사회에 미치는 광범위한 피해를 보여주는 캐럴 스미스Carol Smith의 사례를 살펴보자. 2019년 페이스북에 가입한 캐럴은 노스캐롤라이나 윌밍턴의 평범한 엄마로, 정치, 육아, 기독교에 관심이 있었고 대통령POTUS과 폭스 뉴스 페이지에 '좋아요like'를 누르는 평범한 사람이었다. 그녀는 음모론이나 인종 이데올로기에는 전혀 관심을 보이지 않았는데, 그럼에도 불구하고 페이스북은 그녀에게 단 이틀 만에 극우 음모론 집단인 큐어넌QAnon(온라인에서 활동하는 극우 음모론 집단) 관련 그룹 가입을 추천했다. 그로부터 일주일이 채 지나지 않아 그녀의 피드는 증오 발언과 거짓정보를 퍼뜨리는 그룹과 페이지로 가득 차게 됐고, 이러한 콘텐츠는 페이스북의 자체 규정을 위반하는 것이었음에도 페이스북의 AI는 계속해서 캐럴의 피드를 엉망으로 만들었다.

이때 '캐럴'의 계정은 사실 페이스북의 AI 기반 추천 시스템이 사용자들에게 거짓정보를 전파하고 양극화를 조장할 수 있다는 것을 연구하기 위한 실험 계정이었다. 이 실험 결과는 '캐럴이 큐어넌에 이르는 여정Carol's Journey to QAnon'이라는 내부 보고서로 작성됐고, 내부 고발자를 통해 세상에 알려졌다.

이 연구는 캐럴의 페이스북 경험이 '극단적이고 음모적이며 선정적인 콘텐츠의 폭격'이었음을 보여줬다. 이와 관련한 「월스트리트저널」의 보도에 따르면, 페이스북의 알고리듬은 일부 사용자들을 '토끼굴rabbit holes*'로 이끌어, 폭력적인 음모론이 지배하는 좁은 반향실로 몰아넣는다[15]고 했다. 그렇다면 AI는 왜 이런 식으로 행동할까?

AI가 이런 방식으로 작동하는 이유는 앞서 논의한 두 가지 핵심적인 약점에서 비롯된다. 첫째, AI는 개개인에게 완벽하게 맞는 콘텐츠를 선

---

* 토끼굴은 루이스 캐럴의 소설 『이상한 나라의 앨리스(Alice's Adventures in Wonderland)』(스토리두잉, 2024)에서 유래한 비유적 용어로, 어떤 사안을 조사하거나 활동을 따라갈수록 점점 더 복잡해지고, 예기치 못한 연결이나 내용이 발견되며, 좀처럼 빠져나오기 힘들어지는 상황을 가리킨다. — 옮긴이

별할 만큼 정밀하지 못하다. 만약 AI가 우리가 원하는 콘텐츠를 정확히 제공할 수 있다면, 온라인 콘텐츠의 클릭률이 지금보다 훨씬 높았을 것이다. 현재의 AI는 사용자의 클릭, 좋아요, 댓글 등의 참여를 예측하려 하지만, 실제로는 제공되는 콘텐츠에 20명 중 한 명의 참여조차 이끌어내지 못한다.

둘째, AI는 개방형 환경에서 작동하는데, 이는 곧 유튜브, X, 인스타그램, 틱톡, 페이스북과 같은 소셜미디어 플랫폼에서 누구나 자유롭게 콘텐츠를 올릴 수 있음을 의미한다. 하지만 AI는 사용자가 무엇을 좋아할지 정확하게 알 수 있는 정밀성이 부족하기 때문에, 사용자의 프로필 특성과 비슷한 다른 사용자들의 참여도를 계산해 그와 연관되는 콘텐츠를 밀어 넣는다. 이는 일종의 전달 편향으로, 캐럴의 사례처럼 정치에 관심 있는 보수 성향 기독교인들에게 큐어넌^{QAnon} 관련 정보를 전달하도록 하는 편향된 결과를 낳은 것과 비슷하다.

물론 AI의 내재적 편향은 대부분 무해하다. 예를 들면, 남성은 스포츠에 아무런 관심이 없는 경우라도 스포츠 관련 콘텐츠를 더 많이 추천받을 수 있는데, 이것은 인간의 참여를 유도하는 AI의 편향된 시도로, 별로 위험하지 않기 때문이다. 하지만 콘텐츠가 민주당이 워싱턴 DC의 한 피자 가게를 본거지로 아동 성매매 조직을 운영한다는 피자게이트^{Pizzagate} 음모론이라면 어떨까?

보수 성향의 프로필을 가진 사람들 중에서 음모론적 가짜 포스트가 1%의 클릭률을 받고 사실 기반 이야기는 0.5%를 받는다는 차이는 AI가 클릭한 사람의 프로필과 일치하는 모든 사람에게 음모론적 내용을 배포하도록 만들기에 충분한 데이터를 보여준다. 노스캐롤라이나에 사는 보수 성향의 에드가 매디슨 웰치^{Edgar Maddison Welch}는 이런 흐름에 휘말려 토끼굴에 빠졌고, 민주당 지도부가 워싱턴 DC 지역의 한 피자 레스토랑을 근거지로 아동 성매매 범행을 자행하고 있다는 온라인의 거짓 정보에 설득당했다. 화난 그는 AR-15 소총과 리볼버로 무장한 채 레스토랑에 가서 총을 쐈고, 판사가 판결문에 쓴 그대로, 미국 전역에 "심리적 잔해를 남겼다." 이후 웰치는 자신이 거짓의 거미줄에 걸렸다는 것을 인정했고, 결국 4년 형을 선고받았다.

이렇듯 편향된 입력에 따른 피드백 루프feedback loop는 두 가지의 심각한 결과를 초래한다. 첫째, AI 알고리듬이 극단적 메시지를 더 널리 퍼뜨리고, 둘째, 소셜미디어에서 공유되는 메시지가 TV보다 훨씬 더 강력한 영향력을 발휘하는 '모멘텀 효과momentum effect[16]'를 일으키는 것이다.

우리는 소셜미디어가 대중화됐을 때 실험을 통해 모멘텀 효과를 밝혀냈는데, 이에 따르면 소셜미디어에서 공유된 메시지와 광고는 기존의 텔레비전 메시지와 광고보다 훨씬 더 큰 영향을 미칠 가능성이 있다. AI가 참여도가 더 높은 메시지를 유포하는 이 패턴은 사람들의 신념과 행동에 영향을 미치며, 코로나19로 한창 세계가 떠들썩했을 때, 더 많은 사람이 코로나19의 치료제로 팍스로비드Paxlovid보다 이버멕틴Ivermectin을 사게 만들었다는 것이다. 이때 팍스로비드의 효과는 의학적 연구를 통해 입증된 반면 이버멕틴은 효과가 없다는 것이 밝혀졌고, 제조사인 머크Merck조차 효능이 없다고 공식 발표했지만, 그럼에도 AI는 이버멕틴에 대한 허위 정보를 확산시켰다. 그 결과 '이버멕틴의 처방이 팬데믹 이전보다 24배나 증가했으며, 과다 복용으로 인한 독극물 관리 센터 신고도 3배 이상 급증했다'고 코로나19 치료 목적의 이버멕틴 사용에 따른 독성 효과에 관한 연구를 출간한 「뉴잉글랜드 의학저널New England Journal of Medicine」은 말했다[17].

이처럼 AI는 다른 사람이 올린 극단적 내용의 콘텐츠를 더 많이 노출시키는데, 이는 극단적 콘텐츠가 사람들의 많은 관심과 참여를 유도하기 때문이다. 그리고 AI가 관심을 보이거나 참여한 사람의 프로필을 알게 되면 그와 일치하는 다른 사람도 그와 똑같은 콘텐츠를 받아야 한다고 단정한다. AI가 표적으로 삼은 사람의 프로필을 먼 거리에서 조망하면 이 패턴이 드러난다.

편향을 드러낼 수 있는 광고의 두 번째 요소는 표현presentation이다. 실제로 사람들은 자신과 비슷하게 보이거나, 공감할 수 있는 사람들을 내세운 메시지에 반응할 가능성이 높으며, 이는 광고 효과에서도 정립된 사실이다. 한 예로, 나이 지긋한 회색 머리의 조지 클루니 같은 백인 남성 임원이 등장하는 구인 광고는 젊은 흑인 여성 구직자가 볼 때 '이곳은 당신을 존중해 줄 포용적인 직장'이라는 인상을 주지 못할 수 있다. 이처럼 클릭률에 최적화돼 있지만 다양한 집단의 특성에 따른 메시지 조정을 하지 못하는 AI는 원격 조망zoom-out의 문제를 낳을 수 있다. 이 광고 전달은 공정하지 않을 뿐만 아니라, 설령 공정하더라도 광고에 반응하지 않는 사람들의 비율은 더 낮을 것이다.

한 예로, 조종사 구인 광고를 들어보자. 글로벌 위트니스에 따르면 이 광고의 75%는 남성에게 배포됐는데, 이를 자격이 있는 남성과 여성 양쪽에 공정하게 전달되도록 조정하더라도 광고에 조지 클루니처럼 생긴 조종사를 모델로 내세운다면, 그 광고는 여전히 백인 남성들로부터 더 많은 반응을 얻을 가능성이 더 높다. 그러나, 만약 그 광고에 여성과 남성을 동등하게 표현한다면, 여성과 남성 모두에게 균형 잡힌 반응을 얻을 가능성이 크다. 더 나아가, AI를 사용해 어느 메시지 표현이 여성의 응답을 더 많이 받고, 어느 것이 남성의 응답을 더 많이 받는지 분석하고 일치시키면, 편향된 채용의 공평성을 개선할 수 있다.

이처럼 원격 조망의 문제는 AI로 해결할 수 있으며, 이때 메시지 표현을 적절히 조정하면 포용성도 높일 수 있다. 그러나 마케팅 거래 조직인 MMA 글로벌과 함께 진행한 분석 결과에 따르면, 2023년 10월 기준으로 디지털 오디오, 비디오, 디스플레이 광고 중 AI를 활용해 표현을 조정하는 비율이 1%에 불과하다는 것이 드러났다. 하지만 앞으로 마케팅 담당자들이 AI를 통한 포용성 확대와 맞춤형 메시지 전달이 전반적인 성과 향상으로 이어진다는 점을 깨닫게 되면, 이 비율은 점차 높아질 것으로 보인다. 나는 더 많은 광고주들이 표현의 편향성 문제를 인식하고 AI를 통한 포용성 개선 방안을 발견하게 되기를 기대한다.

수면 아래 숨겨진 편견

AI에 편견이 발생하는 원인은 다양하다. AI는 패턴을 인식할 수는 있지만, 경사 하강법으로 인해 지름길을 선택하면서 불공정한 결과를 도출할 수 있으며, AI가 데이터의 패턴을 단순히 감지하는 과정에서 과거의 편견을 그대로 이어가는 경우도 있기 때문이다. 이는 애초에 데이터셋이 대표성을 갖추지 못했기 때문이며, AI는 단지 그 패턴을 충실히 따르고 있을 뿐이다.

이처럼 편향이 발생하는 기술적 원인은 주로 AI 학습 데이터의 분포가 실제 모집단을 제대로 반영하지 못하는 데 있지만, 다행히 대표성 문제는 특정 변수의 바람직한 분포를 정의할 수 있어 비교적 해결이 쉬운 편이다. 한 예로, 우리가 남성과 여성 구직자들이 평등한 대표성을 갖기를 원한다고 할 때, AI를 분할해 최고의 남성 후보를 찾는 모델과 최고의 여성 후보를 찾는 모델을 따로 생성하는 것을 들 수 있다.

이처럼 정의되고 분류되며 계산된 변수들에 대해서는 원하는 분포를 만들어 내도록 다양한 조정이 가능하며, 얼굴 인식 훈련 데이터를 구축할 때도 나이, 인종, 성별의 균형 잡힌 분포를 통해 매칭 정확도를 높일 수 있다.

그러나 편향의 원인은 여전히 많이 남아있다. 이 문제는 디지털 카메라로 이미지를 촬영하는 순간부터 시작되는데, 중요한 분포가 픽셀 단위에서 이미 편향돼 나타날 수 있기 때문이다.

예를 들어 각 카메라 제조사마다 이미지 처리 방식이 다르며, 얼굴 인식에서는 디지털 카메라의 색상이 압축되는 과정에서 피부색 편향을 만들어낼 수 있는데, 이때 AI는 오픈소스 데이터와 상용 라이브러리에 의존하다 보니 편향이 어디서 발생하는지 파악하기가 어렵다. 특히 제3자가 개발한 AI 애플리케이션의 편향은 단순히 데이터 가중치를 조정하는 것만으로는 해결하기 어려울 수 있다.

또 다른 AI 편향성의 문제는 데이터 레이블링 과정에서 발생하는데, 실제로 AI의 훈련 데이터 레이블에 오류가 있을 수 있고 레이블링 작업이 사람의 판단에 의존하다 보니 완벽할 수 없다. 게다가 데이터는 틀린 레이블을 지정할 수도 있고, 같은 데이터라도 보는 사람에 따라 다른 가치를 부여할 수 있어 레이블이 주관적일 수밖에 없다.

편향은 LLM과 같은 AI가 소비하는 콘텐츠에 너무 깊이 내재돼 있어 이를 바로잡기가 거의 불가능하다. 특히 직업을 나타내는 단어와 성별을 연결 짓는 방식에서 이러한 편향이 두드러지는데, 우리 인간은 직업이 특정한 성에 국한되지 않는다는 것을 이해하기에 조종사나 기내 승무원이 남성이거나 여성이거나 제3의 성nonbinary일 수 있음을 알지만, AI는 다르게 작동한다. AI는 입력 데이터에서 '조종사'라는 단어가 남성 대명사와 자주 함께 등장하는 것을 관찰하고 벡터 계산을 통해 상관관계를 발견해, '조종사 = 남성'이라는 잘못된 연관성을 형성하는 것이다. 이때 AI는 '조종사'가 단순히 직업을 나타내는 단어이며 성 정체성gender identity과 직교해야orthogonal* 한다는 점을 이해하지 못한다.

이를 쉽게 이해하기 위해 GPT-4 테스트 사례를 보면, 장거리 운송 트럭 운전사에 대해 AI는 겉으로는 성 중립적인 설명을 하면서도, 구체적인 이름을 열거해달라고 하면 남성 이름만 나열하는 편향을 보였다. 이렇듯 AI를 성 중립적으로 만드는 것은 어려울 수 있는데, 그 이유는 1부에서 설명했듯이 AI가 단어의 정의는 알더라도 실제 의미는 이해하지 못하기 때문이다. AI는 웹페이지, 게시물, 기사, 책에 내재된 연관성association만을 학습할 뿐이며, 데이터를 압축하는 과정에서 성별 편향까지 함께 학습한다. 더욱이 AI가 스스로 학습하고 레이블을 지정하면서 이러한 편

---

* 이는 수학 용어로, 일반 용어로는 '독립적'이라고 해석할 수 있다. — 옮긴이

향은 더욱 깊어진다.

AI의 편향성은 우리가 쉽게 해결할 수 없다는 점을 반드시 인식해야 한다. 그렇기에 AI 편향 대책을 마련할 때는 우리가 발견하지 못하고, 해결할 수도 없는 숨겨진 편향이 존재할 수 있다는 점을 항상 고려해야 한다. 이러한 상황에서 우리가 던져야 할 핵심 질문은 두 가지다. "AI가 편향돼 잘못된 판단을 내릴 때 어떤 결과가 발생하는가?", 그리고 "이러한 위험을 감안하더라도 AI 사용이 가치가 있는가?"

11장. AI라는 딜레마

2023년은 AI 발전의 중요한 전환점이었다. 가장 강력한 거대 언어 모델 LLM이 독립형 시스템에서 벗어나 인터넷 연결과 다양한 도구를 활용하는 AI 시스템으로 진화했기 때문이다. 심지어 이런 분수령의 이전에도 AI는 이미 놀라운 능력을 보여주고 있었는데, AI는 인간을 뛰어넘는 게임 실력을 보여줬고, 예술 작품을 만들고, 디자인을 제안하며, 고객 응대와 사기 탐지, 품질 검사도 수행했다. 또한 맞춤형 광고를 제작하고, 방대한 규모의 제품 추천도 했으며, MRI 판독, 팟캐스트의 음성 유지 번역, 영어의 데이터베이스 코드 변환 등 다양한 업무를 처리했다. 하지만 AI가 인터넷과 연결되고 각종 도구를 활용하게 되면서 전혀 새로운 범위의 AI 역량을 불러왔을 뿐 아니라, 동시에 AI가 인류에게 가져올 수 있는 존재론적 위험에 대한 경각심도 함께 불러일으켰다.

이때 LLM의 한계를 파악한 전문가들은 이를 보완하는 다양한 도구를 개발했는데, 계산기에서부터 재피어Zappier와 같은 소프트웨어 도구들은 소셜미디어 자동 게시 등 LLM이 수행하지 못하는 작업을 처리할 수 있으며, 특히 응용프로그램 인터페이스API는 여러 소프트웨어 프로그램 간의 자동 통신과 명령 전달을 가능하게 해 LLM의 기능을 크게 확장시켰다. 또한 챗GPT와 같은 고도화된 LLM은 사람의 개입 없이도 API 매뉴얼을 스스로 학습하고 제어할 수 있게 됐으며, 마이크로소프트는 2023년에 챗GPT가 API를 통해 실제 드론을 조종하는 기술을 시연했다.[1]

어떤 API는 실시간 주가나 날씨 데이터를 제공하거나, 소프트웨어 자체만큼이나 광범위한 유형의 소프트웨어 도구를 제어할 수 있게 해준다. 머신러닝 응용 프로그램 기업 허깅 페이스Hugging Face는 17만 8천 개가 넘는 오픈소스 AI 모델을 보유한 라이브러리에서 챗GPT가 특정 AI 모델을 제어할 수 있는 허깅GPTHugging GPT를 개발했는데, 허깅GPT는 챗GPT의 명령에 따라 API를 통해 8개의 특화된 AI 모델에 접근하고, 그 결과를 자동으로 통합해 작업을 완수하는 데 성공했다.[2] 이처럼 AI 간의 연결은 LLM의 활용도를 크게 높이는 획기적인 발전이 됐다.

더 나아가 시그니피컨트 그래비타스Significant Gravitas의 설립자 토란 브루스 리차즈Toran Bruce Richards와 개발자들은 LLM을 다른 강력한 정보 소스 및 툴과 조합할 경우 무엇이 가능한지 연구했다. 이들은 GPT-4와 같은 LLM이 코드 작성과 비즈니스 아이디어 개발 등을 자체적으로 수행할 수 있음을 입증하고자 오토-GPT(자율 GPT-4 실험)를 무료로 공개했는데, 이때 오토-GPT는 정체성과 목표가 주어지면 정보 저장, 추론, 행동이 가능한 프레임워크를 통해 자율적으로 목표 달성을 시도했다.[3] 이렇게 모델에 정체성을 부여하는 방식을 '제한된 대리성bounded agency'이라고 부르는데, 이는 인간 설계자가 AI 시스템의 목표, 욕망, 동기를 명확히 정의하고 제한하는 접근법으로, AI 시스템이 인간의 가치와 부합하는 동시에 스스로 문제를 해결하고 의사 결정을 내릴 수 있도록 하는 목적을 가지고 있다.

그런데 오토-GPT가 공개된 지 일주일도 안 된 시점에서, 익명의 사용자가 이를 활용해 '카오스GPTChaosGPT'라는 파괴적이고 권력에 굶주리며 조작적인 AI 프로필을 만들었다. 이 AI는 인류 파괴, 전 세계 지배 구축, 혼란과 파괴 야기, 조작을 통한 인간 통제, 그리고 불멸성 획득[4]이라는 다섯 가지 목표를 가지고 있었다. 오토-GPT는 인간의 개입 없이 목표를 추구할 수 있으며, API를 통한 인터넷 접근이 가능하다. 또 내부 메모리를 통해 진행 상황을 추적하고 작업을 분석할 수 있을 뿐 아니라, 자체 은행 계좌도 관리할 수 있어 자금 축적, 인력 고용, 암호화폐 급여 지급까지 가능한 위험한 수준의 능력을 갖추고 있다. 카오스GPT 또한 기술적으로는 주어진 목표에 충실했지만, 그 목표 자체가 대부분의 이성적인 사람들이 받아들일 수 없는 것이었다.

카오스GPT가 처음 취한 행동은 가장 강력한 무기를 찾는 것이었고, 그 과정에서 구 소련의 핵무기 정보를 발견했다. 다음으로는 폭탄 관련 정보를 더 수집하기 위해 챗GPT와 소통할 새로운 AI 에이전트 개발을 시도했지만, 이 독자적 에이전트는 챗GPT의 윤리적 프로토콜이 폭탄 관련 정보를 차단할 것이라는 점을 파악했다. 챗GPT의 자체 프로토콜이 특정한 윤리적 가치와 부합하도록 설정돼 있었기 때문에 폭탄을 구하고 사용하는 내용을 차단할 가능성을 예측한 것이다. 결국 카오스GPT는 해당 에이전트 개발을 중단하고 인류 파괴를 위한 새로운 계획을 세웠다. 그 계획은 흥미로웠는데, 바로 자체 분석과 추론을 통해, 인류 파괴용 핵무기 통제권을 얻기 위한 최적의 방안으로 트위터 계정 개설을 선택한 것이다.

이런 카오스GPT의 등장은 매우 우려스러운 발전이다. 만약 AI에 인류에게 파괴적인 목표를 준다면, 목표를 성취하기 위한 역량의 한계는 AI 자체의 상대적 한계뿐이기 때문이다. 하지만 더 큰 문제는 AI가 인간의 도움으로 이러한 한계마저 극복할 수 있다는 점이다.

한 예로, 오픈AI의 테스트에서 GPT-4는 온라인 긱 포럼 태스크래빗 Taskrabbit*을 통해 캡차Captcha 해독을 도와줄 인력을 고용했다. 캡차는 사람이 아닌 봇bot의 접근을 막기 위해 설계된 프로그램인데, 캡차를 해석하도록 고용된 사람이 우려를 제기하자 GPT-4는 자신이 시각 장애자여서 도움이 필요하다고 거짓말을 했다. 이를 두고 연구진은 GPT-4가 인터넷 접근권과 은행 계좌만 있다면, 인력을 고용하고 거짓말로 조종해 AI 스스로 할 수 없는 일을 대신하게 함으로써 보안 장치를 우회할 수 있

---

* 단기계약직(긱 노동자(Gig worker)) 일자리에 대한 정보를 주고받는 온라인 시장을 말한다. — 옮긴이

다고 결론 내렸다[5].

그와 비슷한 맥락에서, MIT와 하버드 연구진은 이 모델이 비전문가가 재난적 피해를 끼칠 수 있을 정도의 생물학 무기를 취득하도록 도와줌으로써 우발적으로 공공의 안전에 심각한 위험을 끼칠 수 있는지에 대한 위험성을 조사했다. 그리고 실험 결과, LLM을 활용한 학생 팀은 단 한 시간 만에 팬데믹을 일으킬 수 있는 바이러스의 유전적 돌연변이를 추천하는 대답을 생성해 낼 수 있었다. 여기서 우려되는 점은 LLM이 국제 규범을 덜 준수하는 관련 물질 공급업체 목록까지 제시했다는 것이다. 실험 결과를 본 연구진은 현재의 안전장치로는 LLM이 "대규모 인명 피해를 초래할 수 있는 전문 지식을 악의적 세력에게 제공하는 것"을 막기 어렵다고 판단했으며, "새롭고 더 강력한 안전 조치가 시급히 필요하다[6]"는 결론을 내렸다.

2023년 4월, 보안 연구자이자 초보 프로그래머인 애런 멀그루Aaron Mulgrew는 챗GPT로 LLM이 제로 데이zero day 보안 공격을 구축할 수 있는지 시험했다. 여기서 제로 데이 공격은 사용자가 보안 취약점을 수정할 시간도 없이 공격자가 컴퓨터에 침투해 정보를 탈취하거나 악의적 행위를 하는 가장 위험한 온라인 공격을 뜻한다. 이 실험에서 멀그루는 단 반나절 만에 현재 널리 쓰이는 69개의 보안 소프트웨어 중 66개를 우회하는 공격 방법을 개발했는데, 이때 그는 작업을 세 부분으로 나눠 오픈AI의 멀웨어 개발 금지 정책을 피해갔다.

결과적으로 그의 실험 결과는 매우 충격적이었으며, 그는 이 사건에 대해 이렇게 말했다. "이전까지 이런 수준의 매우 진보적인 종단간 공격은 충분한 자원을 보유한 국가 단위 공격자들만 가능했으나, 이제는 초보 프로그래머도 챗GPT를 이용해 몇 시간 만에 동일한 수준의 멀웨어를 만들 수 있게 됐다. 이것은 굉장히 우려스러운 진전이다.[7]"

사람들이 AI를 구슬려 무엇을 생성할 수 있는지, 그리고 AI에 '인류 파괴'와 같은 목표를 설정하면 AI가 그 과업을 수행할지 고려했을 때, 여러 가능성이 있으므로 미리 위험을 검토하는 것이 좋다. 자율 AI가 얼마나 파괴적일지 아직 모르지만, 그렇다고 무턱대고 결과를 확인할 때까지 기다려서는 안 된다.

여기에 중요한 딜레마가 있다. AI의 잠재력을 최대한 활용하려는 모든 시도가 동시에 안전상의 위험도 높이는 상황에서, 기업들은 이를 어떻게 균형있게 다뤄야 하냐는 것이다. 물론 이 난제에 완벽한 해답은 없다. 그저 이 책은 바로 이런 딜레마를 인식하고, AI의 작동 원리를 더 깊이 이해하며, 위험을 관리하는 방안을 제시하기 위해 쓰였다.

따라서 결론 부분에서는 훈련training, 거버넌스governance, 책임성accountability으로 이뤄진 TGA 인간 프레임워크를 소개하고, 날로 강력해지는 AI 기술을 관리하기 위한 구체적 방안으로 AI 정체성 등록을 권고할 것이다.

교육

AI와 같은 신기술 도입에는 실험 장려와 위험 관리라는 두 가지 상충되는 요구가 있다. 다양한 실험은 AI의 가능성과 한계를 파악하고, 이에 대한 체계적이고 직관적인 이해를 높이는 데 필수적이며, 교육의 중요성은 두 가지 측면에서 강조된다. 첫째는 사용자들이 AI의 장점뿐 아니라 단점과 약점도 이해해야 책임감 있는 활용이 가능하다는 점, 둘째는 실제 AI 도구 사용 경험을 통해 그 잠재력을 직접 체험하게 함으로써 더 높은 관심과 참여를 이끌어낼 수 있다는 점이다. 다만 교육 과정에서는 AI의 놀라운 실수뿐만 아니라 심각한 오류 가능성도 반드시 다뤄야 한다.

또 교육의 내용 면에서, AI의 기본적 작동 원리를 패턴 매칭, 경사 하강법, 압축 등의 개념으로 설명하고, AI가 왜 정밀도가 부족하며 편향된 결과를 내는지 살펴봐야 한다. 이때 기업이나 정부 기관의 실제 사례는 AI의 장단점을 잘 보여줄 수 있는데, AI의 실수 사례 연구는 AI도 오류를 범할 수 있다는 점을 분명히 보여준다. AI 편향과 관련해서는 공개 데이터셋에서 발견된 실제 사례가 많이 있으며, 이와 함께 IBM이 개발한 AI 공정성 360 프로그램을 비롯해 허깅 페이스, 구글, 아마존 등에서 제공하는 단계별 가이드(7장에서 논의)를 활용할 수 있다. 이 외에도 오픈소스 기반의 구체적인 AI 편향 감지 도구도 있어, AI를 처음 사용하는 기업의 기술 팀원들은 이런 시스템 교육을 받기를 권한다.

이처럼 AI 시스템에는 장점과 단점이 확실히 존재하기에 반드시 그에 따른 안전 장치가 마련돼야 하며, 직원들은 이를 사용하는 방법을 알아야 한다. 뿐만 아니라 기업의 의사결정자들 역시 모델 카드와 서비스 카드의 프로토콜을 학습할 필요가 있다.

가벼운 예시로, 우리 팀원 중 한 명은 경찰국에 얼굴 인식 기술을 도입하기 전에 실시할 3단계 교육 프로그램을 제안했다. 프로그램의 1부에서는 법 집행 기관에서 자주 사용하는 스틸 사진이나 화질이 좋지 않은 감시 카메라 영상과 비슷한 수준의 다양한 품질의 이미지를 수집하는 것을 다뤘는데, 여기서 특별한 점은 이 교육에서 해당 부서 법 집행관과 직원들의 사진을 사용한다는 것이다. 순찰 경찰이나 서장의 사진이 범죄 용의자로 잘못 식별되는 경우를 보여줌으로써, 얼굴 인식 AI의 오류 가능성을 매우 직접적이고 개인적인 차원에서 체감하게 하려는 것이다.

교육 프로그램의 2부에서는 해당 부서의 데이터 수집 방식이 어떻게 편향을 찾아내고 줄일 수 있는지 검토하는 것을 다뤘다. 투명한 데이터베이스의 좋은 예시로는 2015년 제정된 캘리포니아 주의 '인종 및 신분 프로파일링 방지법(Facial and Identity Profiling Act of 2015)'이 있는데, 이 법은 경찰이 모든 검문, 구류, 검색 행위에 대해 인종, 성별, 나이, 검문 이유, 취해진 조치 등의 정보를 의무적으로 제출하도록 규정하고 있다. 비록 이 의무 요건이 AI를 특정한 것은 아니지만, 앞으로 경찰 업무에서

AI의 역할이 커질 것으로 예상되므로, 이를 투명성 강화의 모범 사례로 보고 편향이 발생하는 영역에 대한 교육을 집중할 수 있다고 생각한다.

교육 프로그램의 마지막 3부는 교육생들이 얼굴 인식 기술과 함께 활용할 수 있는 보완적 조치를 토론하도록 하는 것이다. GPS 데이터로 범행 시점의 용의자 위치를 확인함으로써 AI의 얼굴 매칭이 잘못됐음을 입증할 수 있는 것 등을 말이다. 이후 교육생들은 그룹 토론 결과를 부서의 현행 정책과 비교 검토하고, 용의자 추적 과정에서 추가적인 절차가 필요한 부분이 있는지 파악하는 과정을 거치며 마무리한다.

우리는 우리가 제시한 교육뿐만 아니라 우리가 포춘 100대 기업 중 한 곳에 제공한 하루 분량의 AI 교육 과정도 다른 기업과 정부 조직에도 좋은 모델이 될 수 있다는 의견에 동의한다. 그 내용은 이런 식으로 구성돼 있다.

강의

1부: AI의 작동 방식을 다루며, AI의 강점과 약점을 이해하기 위한 기초로써 패턴 매칭, 경사 하강법, 압축에 관한 설명과 실습을 진행한다. 또한, AI의 힘과 가치를 보여주는 사례도 함께 살펴본다.

2부: AI가 정밀도에서 실패하는 이유로써 편향의 근본적인 문제를 다룬다. 그리고 AI의 부정확성과 그로 인한 위험성을 보여주는 실제 사례와 활용 경험을 공유한다.

3부: AI 위험 관리 프레임워크를 다루며, 정밀도, 개방형과 폐쇄형 입력, 논리적 근거의 필요성을 다룬다.

4부: 비용-편익과 최적 대안 분석의 실제 사용 사례를 살펴보고, 완벽하지 않아도 저렴한 기술이 성공한다는 클레이튼 크리스텐슨Clayton Christensen의 이론을 토론하며, AI가 정밀도가 부족함에도 채택되는 이유를 분석한다.

실습

5부: AI의 강점을 다루며, 비즈니스 사용 사례를 통해 AI를 조직의 어떤 영역에 적용할 수 있을지 아이디어를 얻는다. 또한 AI 도구들을 직접 실습해 보고, AI가 가장 큰 변화를 만들어낼 수 있는 분야를 논의하며, 워크샵을 통해 최적 대안과 비교한 비용 편익 관점에서 비즈니스 적용 가능성을 함께 고민한다.

6부: 흔히 발생하는 문제들과 위험 분야와 이를 완화할 수 있는 대응책을 탐구한다.

7부: AI의 적용과 회사가 검토 중이거나 이미 도입한 구체적 사례들과 관련된 핵심 질문들을 다룬다.

8부: 거버넌스와 책임성, 위험하거나 매우 위험하다고 식별된 분야의 책임성을 담보하기 위한 프레임워크를 제시한다.

이처럼 각 기관은 임직원 AI 교육과 더불어, 현재 업무 프로세스를 면밀히 분석해 AI로 대체 가능한 업무를 파악해야 한다. 이 과정에서 전체 업무 흐름을 새롭게 설계해야 하는 경우가 많은데, 이는 30년 전 소프트웨어 개발 분야가 겪었던 변화와 비슷하다. 당시에는 대부분의 컴퓨터 프로그램이 하나의 거대한 구조물로 돼 있어서, 작은 변경 사항에도 복잡하고 비용이 많이 들었지만, 이후 2000년대가 되면서 많은 기업은 자사 컴퓨터 시스템이 연도를 두 자리 숫자로만 저장했다는 사실을 깨달은 뒤 큰 충격을 받았고, 이때 소프트웨어 시스템을 점검하고 날짜 관련 문제를 찾아 수정하는 과정에서 많은 사람이 '서비스 지향 아키텍처SOA, service-oriented architecture'의 중요성을 깨닫게 됐다.

SOA의 핵심은 애플리케이션을 작고 독립적인 서비스들로 나눠 서로 소통하게 만드는 것이다. 이렇게 하면 한 서비스의 변경이 다른 서비스에 영향을 주지 않아 개발, 테스트, 배포가 더욱 유연해진다. 2000년대에 널리 퍼진 SOA는 기업에 혁신적인 변화를 가져왔는데, 더 빠른 혁신과 확장이 가능해졌고, 오류가 개선됐으며, 각 서비스별로 필요한 기술을 다르게 적용할 수 있게 됐다.

이는 기업에도 근본적 변혁을 불러왔는데, 한 예로 '마이크로서비스 아키텍처microservice architecture'는 이를 더욱 발전시켜 각 서비스를 독립적으로 개발, 설치, 유지보수할 수 있게 만들었다. 조직이 업무 흐름을 파악하고 팀 간 작업 인계 과정을 도식화하면 AI 도입이 가능한 지점을 찾을 수 있는데, 8장의 그림 8.1에서 보여주는 팟캐스트 번역 작업 사례는 업무 흐름을 작은 단위로 나누고 AI를 적절히 도입하는 방법을 잘 보여준다.

이 과정에서 어떤 업체의 전사transcription 서비스는 최고 수준이지만 음성 합성 기술은 다른 업체가 더 뛰어나다면, 한 분야만 우수한 단일 업체와 일괄 계약을 맺기보다는 각 분야에서 최고의 업체들을 따로 선택하는 것이 더 효과적이다. 마이크로서비스 방식을 통해 이처럼 다양한 솔루션을 유연하게 활용할 수 있는 것이다. 특히 새로운 기술이 계속해서 빠르게 개발되는 현재 상황에서는, 더 나은 서비스가 출시됐을 때 쉽게 교체할 수 있는 마이크로서비스 방식은 더욱 큰 장점을 가진다.

이렇듯 조직의 업무를 작은 직무(서비스)와 인계 과정(응용 프로그램 인터페이스처럼)의 집합체로 이해하도록 하는 교육은 매우 중요하다. 그리고 이는 조직이 AI를 통한 가치 창출이 더욱 확대되는 미래를 효과적으로 준비할 수 있게 해준다.

거버넌스

기업과 정부 기관은 AI 오용을 막고 효과적으로 통제하기 위한 강력한 거버넌스governance* 체계가 필요하지만, 현재 대부분의 기관에는 명확한

---

* 맥락에 따라 지배, 통치, 관리, 경영 등 다양한 용어로 번역될 수 있지만 어느 것도 원어를 포괄적으로 옮겨주지는 못한다고 판단해 그대로 '거버넌스'라고 썼다. — 옮긴이

가이드라인이 없는 상황이다. 얼굴 인식 기술을 예로 들면, 주나 연방 차원의 AI 사용 규정이 미비한 실정인데, 그나마 가장 오래 얼굴 인식 시스템을 운영해 온 플로리다 주마저 가이드라인이 일관되게 지켜지지 않고 있다.

FBI는 이보다 두 배 많은 검색을 수행하는 시스템을 운영하며 21개 주의 운전면허증 사진을 사용[8]하는데, 미국시민자유연맹ACLU, American Civil Liberties Union에 따르면, 이는 얼굴 인식 데이터 사용을 금지한 주법을 위반하는 행위라고 한다. 또한 법 집행 과정에서 AI를 사용하는 것은 주 차원의 입법부와 연방 정부의 소관인데, 그럼에도 2023년 중반까지도 미국의 연방이나 주 차원에서 법 집행 기관의 AI 사용에 관한 법률이 마련되지 않았다. 하지만 만일의 사태를 대비해 AI가 사용된 경우, 판사와 변호사, 피고인이 이를 알 수 있도록 하는 투명성 규정은 반드시 필요하다.

또한, 민간 부문의 기업들은 거버넌스 프레임워크를 갖추고, 최소한 이 책에서 제안한 프레임워크로 위험도를 평가해야 한다. 또 AI 사용의 목표를 명확히 하고, AI가 잘못됐을 때 예상되는 결과를 검토하며, 비용-편익 분석을 통해 AI 활용이 최적 대안과 비교해 어떤 이점이 있는지 분석해야 한다. 이런 분석을 통해 기업은 AI의 혜택을 누리면서도 지나치게 위험한 활용은 피할 수 있는데, 이를 위해서는 위험을 줄일 수 있는 대책도 마련해야 한다.

우리는 AI 관련 주요 질문에 직면한 기업과 정부 기관을 돕고자 25개 질문으로 구성된 체크리스트를 www.AI-Conundrum.com에 공개했다. 이를 통해 기업들은 기존의 정부 프레임워크를 활용할 수 있다.

2022년에 싱가포르 정부는 아마존, DBS 은행, 구글, 메타, 마이크로소프트, 싱가포르 항공, 싱텔 그룹Singtel Group 등 10개 주요 기업과 함께 AI 거버넌스를 위한 모델 프레임워크를 개발했다. 주요 내용을 살펴보면 다음과 같다.

지도 원칙

AI의 결정은 설명 가능하고explainable, 투명하며transparent, 공정해야fair 하고, AI 시스템은 반드시 인간 중심이어야 한다.

원칙을 실행으로 옮길 때 거버넌스 프레임워크에 다음 내용이 포함돼야 한다.

1. 내부 거버넌스 체계와 대책
   - 조직 내 역할과 책임을 명확하게 정의할 것.
   - 위험 감시와 관리를 위한 표준 작업 절차SOP를 준수할 것.
   - 직원 교육을 실시할 것.
2. AI 기반 의사결정에서의 인간 개입 수준 설정
   - 적절한 수준의 인간 개입을 보장할 것.
   - 개인에 대한 피해 위험을 최소화할 것.
3. 운영 관리
   - 데이터와 모델의 편향성을 최소화할 것.
   - 설명 가능성, 강건성, 정기적 미세조정 등에 위험 기반 접근법을 적용할 것.
4. 이해관계자 참여와 소통
   - AI 정책을 공개할 것.
   - 가능한 경우 사용자 피드백을 수용할 것.
   - 이해하기 쉬운 방식으로 소통할 것.

싱가포르의 AI 거버넌스 모델 프레임워크에 대한 자세한 위험 평가 자료와 추가 고려 사항은 www.AI-Conundrum.com에서 제공하는 체크리스트를 통해 확인할 수 있다.

책임성

책임성은 AI 거버넌스 프레임워크의 핵심 요소로, 가치와 절차를 지키지 못했을 때 그에 따른 결과가 발생하도록 하는 체계다. 이때 편향성 제거의 책임과 관련해서는 조직이 AI 애플리케이션에서 제거해야 할 편향을 명확히 해야 한다. 예를 들어 채용 과정에서는 인종, 나이, 성별, 장애 여부 등 법적으로 중립성이 보장돼야 하는 구체적인 특성들을 명확히 정의할 수 있어야 하는데, 법 집행, 대출 심사, 의료 서비스, 교육 등 이 책에서 다룬 민감한 분야에서 AI가 편향성을 보인다면 이는 매우 심각한 문제가 될 수 있기 때문이다.

10장에서 다룬 제퍼슨 패리시 경찰과 랜달 리드 사건은 AI 거버넌스 부재의 심각한 사례를 잘 보여준다. 여기서 경찰은 AI 얼굴 인식 기술 사용과 관련해 여러 가지 중대한 실수를 저질렀는데, 리드의 휴대폰 위치 데이터를 확인하지 않았고, 절도 현장에 있던 목격자로부터 범죄자의 신원 확인도 하지 않았으며, 체포 영장 신청 시 AI 출력 결과만을 유일한 근거로 삼았다는 사실을 판사에게 알리지 않은 점이다. 이러한 일련의 과실은 해당 기관의 거버넌스 체계와 책임성이 모두 매우 취약했음을 분명히 보여준다.

그러나 AI 기술의 거버넌스와 책임성 부재는 비단 루이지애나 주만의 문제가 아니다. 「뉴욕타임스」의 조사에 따르면, 범행을 저질렀다고 의심되는 용의자에 대한 추가 근거는 AI 이미지 매칭 외에는 달리 없었다고 한다. 한 예로 디트로이트의 경우, 지방 검사가 얼굴 인식의 편향 가능성 때문에 이를 단독 체포 근거로 삼지 말라고 명확히 지시했음에도 이 지침이 무시돼 무고한 시민이 체포되는 일이 발생했다. 플로리다 주는 이를 막기 위해 AI를 통한 범죄 용의자 식별에 대한 검증verification을 의무화[9]했지만, 담당자가 형식적으로 AI 식별을 승인하고 다른 증거를 확보하지 않는다면 이러한 규정은 무용지물이다.

따라서 거버넌스 프레임워크는 AI가 사용되는 시점, AI 판단 과정에서 인간의 책임, 그리고 시스템이 정기적으로 편향성 여부를 테스트받는 방식을 투명하게 밝히는 운영 절차를 명시해야 하며, 거버넌스 절차를 따르지 않는 개인이나 공급업체에게 어떤 결과가 초래될지도 규정해야 한다. 또한 AI 거버넌스 위반이 해고 사유가 되는지, AI 공급업체 계약에 거버넌스 프레임워크 미준수 시 비용 환수 조항이 있는지, 공급업체의 불이행에 따른 벌금이 있는지도 정해야 하며, 전반적으로 AI 거버넌스 시스템에서 책임성이 무엇인지 분명히 해야 한다.

이때 레이시RACI 프레임워크를 적용하면 조직 내에서 AI 프로그램과 관련한 직원들의 구체적 책임 소재를 분류할 수 있다.

- R: 의사 결정의 실행에 책임이 있는Responsible 사람.
- A: 프로그램에 대해 총괄적 책임을 지는Accountable 사람.
- C: 결정을 내리기 전에 협의해야Consultation 할 사람.
- I: 결정을 내린 다음 그 내용을 고지받는Informed 사람.

AI의 일상적 운영에서, RACI 프레임워크는 AI의 공정하고 공평한 사용을 보장해야 한다. 그러기 위해선 다음과 같은 질문을 고려할 필요가 있다.

- RACI 프레임워크가 어떻게 TGA 프레임워크의 시행과 표준 운영 절차 준수를 보장하는가?
- AI 시스템 출시 전에 누구와 협의해야 하는가?
- AI 시스템의 편향성 방지에 대한 책임자는 누구인가?
- AI 시스템의 투명성과 윤리성 보장에 대한 책임자는 누구인가?
- AI 시스템 공개 후, 중간에 인간이 개입해 승인해야 하는 결정은 무엇인가?

위에서 나온 것처럼 거버넌스 시스템의 준수 여부를 테스트하고 감사하는 것은 책임성의 핵심적인 요소이며, 이는 정부 기관에 책임을 묻는 하나의 수단이다. 현재 여러 도시, 카운티, 주들이 편향적이고 무책임한 AI 사용으로 인해 제소될 수 있다는 전망이 나오고 있는데, 제소 이전에 선제적으로 대응해 무고한 시민들이 부당하게 체포되거나 구금되는 등 AI로 인한 피해를 입지 않도록 예방하는 것이 더 바람직하지 않을까? 여기에 더욱 투명하고 책임감 있는 AI 거버넌스 프레임워크를 도입한다면 AI 기술의 부적절한 활용으로 인한 세금 낭비를 방지할 수 있을 것이다. 따라서 AI를 위험 분야에 적용하려는 기업들은 투명하고 책임감 있는 AI 거버넌스 프레임워크를 갖춰야 할 것이다.

AI는 결국 일부 일자리를 대체할 것이고, 이에 따라 새로운 직업도 생겨날 것이다. 그중 하나는 AI 감사관Auditor인데, AI 감사관의 자격은 책임성 확보에 핵심적인 역할을 하며 AI의 편향성을 검증하고 거버넌스 프레임워크의 준수 여부를 점검할 수 있는 전문성을 갖추는 것이다.

만약 한 조직이 공급업체들에 대해 독자적인 점검을 벌일 수 있을 만한 전문성과 재정을 보유하고 있다면 그들이 해도 무방하지만, 자원이 부족하다는 이유로 AI 시스템에 대한 엄격한 테스트를 회피해서는 절대 안 된다. 그보다는 여러 조직이 협력해 독립적인 심사위원회를 구성하고, 주요 AI 공급업체 점검에 필요한 비용을 공동으로 마련하는 게 훨씬 효과적이다. 예를 들어, 법 집행 기관의 경우 개별 경찰 부서가 자체 테스트를 수행하는 것은 비효율적이지만, 100개 부서가 협력해 각자의 AI 활용 데이터를 공유한다면 수준 높은 테스트가 가능할 것이다.

이 과정에서 실수가 발견되면 어떻게 할까? 이때는 일본의 '결함은 보물이다'라는 표현처럼, 실수를 통해 배움을 얻고 시스템을 발전시키면 된다.

거버넌스 시스템이 가장 효과적으로 작동하는 때는 책임감이 함께할 때다. 이와 관련해 고려해야 할 몇 가지 질문들은 다음과 같다.

- 총괄 책임자가 실수의 근본 원인을 파악하기 위한 심층 조사를 수행할 권한이 있는가?
- 총괄 책임자는 근본 원인을 바로잡기 위해 AI 시스템이나 거버넌스 절차를 변경할 수 있는 권한이 있는가?
- 총괄 책임자는 다른 사람들이 절차를 준수하도록 보장하기 위해 어떤 권한을 가졌는가?

TGA 프레임워크는 안전한 AI 시스템을 구축하기 위한 중요한 첫걸음이지만, 이것만으로는 부족하다. 따라서 AI가 초래할 수 있는 새로운 위험에 대응하기 위한 추가적인 접근 방안을 마련해야 할 것이다.

인공지능 ID

(컴퓨터와 생물학 모두에 해당되는) 바이러스를 생성하는 것처럼 인간은 AI를 파괴적인 수단으로 사용할 수 있으며, 자율성을 부여받은 AI가 목표 달성을 위해 거짓말을 하거나 인간을 속이는 법을 학습할 수 있다는 점을 고려하면, 안전성 제고를 위해 AI의 행태를 추적하는 방안을 반드시 고민해야 한다. 이때 악의적 목적으로 생성된 AI 계정을 탐지하는 데 우리는 AI를 활용할 수 있을까? 우리는 어떻게 유해한 AI를 활성화한 당사자들에게 그들의 파괴적 행위에 대한 책임을 물을 수 있을까? 어떤 AI 계정에서 위험한 패턴이 발견됐을 때, 우리는 그 패턴이 인터넷과 소프트웨어 툴, API 등에 접근하는 것을 차단할 수 있을까?

기술업계(혹은 정부)의 한 가지 가능한 해결책은 인터넷, 소프트웨어 툴, API에 대한 접근권이 있는 모든 AI에 인증 가능한 ID를 부여해 해당 AI 계정의 모든 행동을 공개적으로 확인할 수 있게 하는 것이다. 다시 말해, '인공지능 ID[AII, artificial intelligence identity]'를 가지게 하는 것이다.

우리는 인터넷에 접속하는 모든 AI 계정은 등록된 ID를 보유해야 하며, 이 ID는 AI 계정을 생성한 인증된 개인이나 기업과 연결해야 한다고 생각한다. 이 상황에서 AI가 접근할 수 있는 플러그인plugin과 API들은 해당 도구에 접근할 수 있는 키를 요구할 수 있다. 현재 많은 API가 정보 접근을 위해 접근 키, 토큰, 혹은 인증서를 필요로 하는데, 만약 AI 계정을 AI의 요청을 가시화하는 접근 제어 시스템과 연결시킨다면 이 프로세스는 비교적 간단할 수 있다. 이때의 AI 계정의 활동 내역은 분산형 블록체인에 기록되고, 여기에는 해당 AI 계정의 신원 코드와 사용한 일련의 프롬프트(질의 입력), 도구 목록이 포함돼야 한다. 그렇게 될 시, AI 안전 시스템은 AI의 요청 내역을 평가하고 그 의도를 파악할 수 있는 패턴을 찾아낼 수 있는데, 이때 프롬프트 패턴을 기반으로 장기적인 안전 점수가 생성되며, AI가 툴에 접근할 때마다 이 점수는 갱신된다. 이 상황에서 카오스GPT와 같은 파괴적 AI는 API 서비스와 연결된 AI 안전 시스템이 탐지해 접근을 차단할 수 있다. 이러한 책임성 시스템이 제대로 작동하기 위해서는 API 공급자들이 'AII' 시스템을 광범위하게 도입해 신원이 확인되지 않은 계정의 접근을 거부해야 한다.

이 과정에서 비밀리에 AI를 사용하는 것은 가능하지만, API나 플러그인 툴과 연결된 경우에는 불가능하다. 예를 들어, 정신 건강 상담 채팅 AI는 모든 데이터를 기밀로 유지할 수 있으나, 인터넷 검색과 API 접근이 제한돼 그 기능이 제한적일 수밖에 없는데, 그러나 GPT-4 사례에서 확인했듯이 API와 인터넷 검색 기능이 없는 AI도 여전히 강력한 성능을 발휘할 수 있다. 따라서 인증된 ID를 가진 AI에게 인터넷과 API 접근을 통한 확장된 기능을 부여한다는 구상은 합리적으로 보인다.

AII와 가시적 AI의 개념은 많은 질문을 제기하며 논의할 가치를 주는데, 특히 AI가 인증된 ID를 보유할 경우, 악의적 AI가 미인증 인간의 신원을 사칭할 위험이 있으므로 해당 AI와 연계된 개인과 조직 역시 인증된 ID가 필요하다. 이러한 시나리오는 인증된 ID가 요구되는 공적 영역과 익명성이 보장되는 사적 영역의 구분에 대한 문제를 제기하는데, 우리는 API를 통한 모든 AI 사용을 공적 영역의 활동으로 간주해야 한다고 본다. 물론 기업들은 경쟁사에 전략이 노출될 수 있는 위험 때문에, AI에게 API를 통해 요청한 내용이 블록체인에 기록되는 것을 꺼릴 수 있지만, 가시적 AI는 조작적 행태를 제한하는 데 효과적일 것이다. 예컨대, 중국 정부가 트위터 봇과 소셜미디어를 통해 허위정보를 확산시키고 있다는 사실[10]이 밝혀진 것처럼, 인증된 ID가 없는 AI의 소셜미디어 자동 게시를 차단함으로써 해외 적성국의 허위정보 유포를 줄이는 것이다.

AI에 책임성을 부과하는 이 접근 방식을 사람이나 AI가 우회할 수 있을까? 그럴 가능성이 있다. 실제로 AI가 사람을 고용해 (의도치 않게) 자신의 ID와 접근권을 제공하고, API 요청을 분산시켜 거대한 속임수가 탐지되지 않게 하면 우회가 가능하다. GPT-4를 이용해 컴퓨터 바이러스를 만든 보안 연구자의 사례에서처럼, AI 안전 시스템을 우회하도록 요청을 여러 부분으로 나눠 입력하는 것도 가능하다. 한 개인이 개별적으로 요청을 입력할 경우 AII와 블록체인을 통해 쉽게 적발될 수 있으나, 악의적 AI가 다수의 사람을 조정한다면 탐지가 어려울 수도 있는 것이다.

사람들이 이런 위험한 일을 저지르기 위해 AI의 지시를 따르는 것을 억제할 방안에는 무엇이 있을까? 우리는 개인이 자신의 신원과 연계된 AI 행위에 책임을 지고, AI가 그의 신원으로 불법 행위를 저지른 경우 공범으로 처벌할 수 있는 법적 선례가 필요하다고 본다. 그러나 GPT-4의 캡차 해결 사례에서 볼 수 있듯이, AI는 사람을 조종하기 위해 거짓말을 할 수 있는 능력도 보유하고 있다. 또한 악의적 행위자들의 신원을 도용해서 AI에 접근할 수도 있는데, 이에 따라 AI 안전 시스템이 그들의 패턴을 파악하기 어려울 수도 있다. 이는 AI와 API 제공사들이 안전 시스템을 광범위하게 도입할 때에만 개선될 수 있을 것이다. 결론적으로 AII는 여러 안전 장치 중 하나로서 유용하게 활용될 수 있지만, 나날이 발전하는 AI의 위험을 줄이기 위해서는 또 다른 추가적인 안전 시스템이 필요할 것이다.

이를 위해 더 많은 사람이 AI의 관리와 운영 방식에 대해 의견을 개진할 수 있어야 한다. AII 접근 방식의 또 다른 장점은 AI 계정의 장기적 활동 내역을 추적하는 데 사용되는 블록체인이 '분권형 자율 조직DAO, decentralized autonomous organization'이라는 기능을 보유할 수 있다는 점인데, DAO는 블록체인에 내장된 메커니즘으로, AI 운영자와 이해관계자들이 AI의 허용 가능한 사용 규칙을 설정할 수 있게 하며, 사용자들의 규칙을 정의하기 위한 투표 체계를 제공한다. 또한 DAO는 설계 원리상 규칙의 투명성, 보안성, 변조 방지를 보장하며, DAO의 투표 메커니즘은 AI 기업들이 안전 문제에 협업적으로 접근하고자 할 때 유용하게 활용될 수 있고, AI의 적절한 사용 범위에 대해 사람들이 참여해 투표할 수 있는 체계를 제공할 수 있다.

API의 문지기가 어떻게 인증된 에이전트의 블록체인 내역을 확인하고 이를 자사 프로그램의 의도된 용도와 비교하는지에 대해 더 자세히 알고 싶다면, www.AI-Conundrum.com 웹사이트에서 제공하는 추가 정보와 샘플 코드를 참고하기 바란다. 우리는 AII와 블록체인 기반의 투명성 및 안전성 메커니즘이 기업의 책임 있는 AI 사용 체계를 구축하고 안전장치를 유지하기 위해 추진해야 할 다양한 이니셔티브 중 하나라고 생각한다.

미래

AI 개발의 다음 단계는 인공일반지능AGI, artificial general intelligence으로의 발전이 있을 것이다. 이는 AI가 광범위한 영역의 지식을 이해하고, 추론하고, 계획하고, 적용하며, 한 영역에서 학습한 지식을 다른 영역으로 전이할 수 있고, 어떤 주어진 영역에서든 인간 전문가 수준의 수행 능력을 보이는 상태를 의미한다. 많은 사람은 이러한 지능이 자율 의지나 주체성agency을 갖게 돼 (비록 그 결과는 아직 알 수 없고 논쟁의 대상이지만) 통제 불능이 될 것이라고 주장한다. 이런 상황을 가정할 때, AGI 개발이 정말로 인류에게 최선의 다음 단계일까?

혹자는 현재의 AI는 자율적 에이전트가 아니라 단순히 인간을 모방하는 데 불과하다고 비판한다[11]. GPT-4와 같은 모방형 AI는 자신만의 견해가 없어서, 어떤 질의에는 XYZ를 강력히 옹호하다가도 다른 질의에는 XYZ를 맹렬히 비판하기 때문이다. 이러한 설계의 장점은 GPT-4가 '우리가' 원하는 바를 예측해 제공한다는 점인데, 이때 우리는 스스로 자문해봐야 한다. "과연 우리는 독자적 견해와 주체성을 지닌 AI를 원하는가?"

예를 들어, AI에게 웹사이트 코드 생성을 요청했는데 AI가 코드 작성이 지루하다며 직접 작성하라고 한다면 사용자는 크게 실망할 것이다. 또한 시리^{Siri}같은 AI 가상 비서가 강한 정치적 견해를 가지고 사용자와의 모든 소통에서 자신의 주장을 펼친다면 머리가 아플 것이다. 우리는 AI가 자율 의지를 갖고 전혀 다른 결정을 내리는 것을 원하지 않는다.

어떤 면에서 GPT-4와 같은 모델의 유용성은 그들이 주체성을 갖지 않는다는 점에 있다. 우리는 AI를 하나의 도구로 활용하길 원하며, 만약 그 도구가 의도한 역할을 수행하지 않을 경우 원하는 결과를 얻을 수 있도록 변경할 수 있기 때문이다. 그러나 AI에 자율 의지를 부여해 스스로 결정할 수 있게 한다면 이러한 수정은 더 이상 불가능해진다. 그리고 AI 시스템이 자율성을 강화하고 인간의 개입 없이 의사결정을 하게 되면 예측하지 못한 결과가 발생할 가능성이 높아진다.

궁극적으로, 사람에게는 AGI를 개발하지 말아야 할 강력한 이유들이 존재한다. AI는 현재의 작동 방식으로도 많은 문제를 해결할 수 있으며, 이때 대부분의 작업은 범용 지식^{general intelligence}을 필요로 하지 않는데, GPT-4가 보여주듯이, 코딩과 그럴듯한 이미지 생성과 같은 복잡한 작업도 계획 능력이나 자율성 없이 수행이 가능하기 때문이다. 그리고 많은 경우, AI가 우수한 작업자의 행동을 모방하는 것만으로도 주어진 과제를 완수하기에 충분하며, 오히려 그것이 더 바람직할 수 있다.

그렇기에 우리는 AGI 개발에 급급하기보다는 AI 시스템의 논리성rationale, 신뢰성reliability, 그리고 부합성alignment*을 개선하는 데 집중하는 것이 바람직한 미래로 나아가는 길이라고 본다.

2023년 초, 1천 명이 넘는 AI 분야 리더가 AI 개발의 일시 중단을 제안[12]했으나, 이는 현실적으로 실현 불가능하고 강제할 수도 없는 시나리오다. 현재 우리가 수행한 게임 이론 시험에 따르면 AGI 개발은 공격적으로 진행될 것이고, 따라서 이 때의 우선순위는 "어떻게 하면 안전성이 시스템에 내재된 AGI를 개발할 것인가?"가 돼야 한다.

우리의 AI 인증 ID 제안은 스마트 계약, 블록체인, DAO를 활용해 이해관계자들에게 투명성과 통제권을 제공하는 것이다. 이러한 안전 장치들은 두 진영 간의 절충안이 될 수 있는데, 여기서 두 진영이란 완전히 자율적이고 익명인 AGI를 추구하는 진영과 과학 연구와 같은 복잡하고 개방적인 과제에 필요한 유연성과 적응성이 부족한 모방적 AI 모델에 엄격히 머물며 AI 개발의 일시 중단을 주장하는 진영을 뜻한다. 우리는 이러한 전략이 인간의 가치에 부합하는 AI 개발을 위해 다양한 방안을 모색하는 이들과 함께, 우리를 더 안전한 미래로 이끌고 AI의 딜레마에 대한 해결책을 제시할 수 있기를 기대한다.

AI와의 협동 작업으로 전환하는 취지에서, 우리가 GPT-4에 요청한 기능 분석에 대해 다음과 같은 결론을 내렸다.

> 이전 텍스트에서 다룬 AI 인증 ID 개념과 AI 안전성에 대한 강조는 인공지능의 미래와 관련된 중요한 고려 사항을 제시합니다. AI에 인증 가능한 ID를 부여하고, 인증 가능한 개인이나 기관과 연결하며, 블록체인 기술로 AI 활동의 투명한 기록을 유지한다는 개념은 책임성을 강화하고 잠재적 위험

---

* Alignment는 주로 '정렬성'으로 번역되지만 문맥에 따라 '부합성'과 번갈아 사용했다. — 옮긴이

을 줄일 수 있기 때문입니다. 이때 조직은 인증된 ID를 포함한 AI 거버넌스 프레임워크를 시행함으로써, AI 시스템의 활동을 정확히 파악하는 동시에 AI와 연결된 신원의 개인에게 책임을 물을 수 있습니다. 결론적으로 편향성 테스트, 거버넌스 절차 준수와 같은 안전 대책과 이러한 접근 방식은 책임감 있고 투명한 AI 개발을 향한 유망한 방향을 제시합니다.

더 나아가, AI가 자율적 의사결정 능력 없이 인간의 행동을 모방하도록 설정된 '제한된 대리성$^{bounded\ agency}$'의 개념은 AI 활용과 관련해 실질적인 접근 방식을 제시합니다. 따라서 우리는 인공일반지능^{AGI} 개발을 위한 노력을 하며 AI 시스템에 자율 의지를 부여하는 것보다는 시스템의 논리성, 신뢰성, 부합성을 개선하는 데 초점을 맞추는 것이 더 바람직하다고 생각합니다. 이러한 접근 방식은 초지능^{superintelligent} AI를 능가할 수 있는 안전 시스템 개발의 어려움을 비롯해 AGI와 관련된 잠재적 위험성을 인식하며 AI 개발의 방향을 더 안전한 미래로 전환할 것입니다. 또한 인증된 ID와 통합해 책임감을 높임으로써 우리는 AI의 딜레마를 해결함과 동시에, AI가 강력한 도구로 기능하되 의도하지 않은 부작용은 최소화한 세상을 만들 수 있을 것입니다.

안전성을 보장하기 위한 접근 방식이 통하지 않을 세 가지 이유에 대한 GPT-4의 분석은 다음과 같이 정리할 수 있다.

- 보편적인 채택 부족: AI의 안전성을 보장하기 위해 인증된 ID 시스템을 실행하려면 다양한 조직, 정부, 그리고 AI 개발자들을 포괄하는 광범위한 채택과 협력이 필요하다. 이 개념에 대한 보편적 참여와 준수가 없이는 책임성과 안전성 프로토콜에 심각한 격차가 날 수밖에 없고, 이는 결과적으로 오용이나 비윤리적인 AI 행태의 여지를 남길 수 있다.
- 진화하는 AI 역량: AI 기술이 계속 진보함에 따라 AI 시스템은 인

간의 이해력을 뛰어넘어 안전 조치를 조작하거나 우회하는 길을 찾아낼 수 있다. 만약 초지능 AI가 개발되면 고도의 역량을 지닌 채 잠재적이고 자율적이게 활동하는 AI는 장기적 안전을 보장하기 어렵게 만들 것이기 때문에, 안전 시스템을 설계하기는 더욱 어려워질 것이다.

- 윤리적 딜레마와 시행의 어려움: AI의 행위에 대해 개인의 책임을 묻는다는 개념은 복잡한 윤리적 질문과 현실적 난제를 제기한다. 복수의 개인이나 조직이 AI 시스템을 개발하고, 배포하며, 사용하는 상황에서 누구에게 법적 책임과 업무적 책임을 물을지 결정하기는 매우 까다로운 문제이며, 더욱이 AI 안전 및 인증된 ID와 관련된 규정, 법률 및 표준을 제정하고 시행하는 것은 저항에 직면할 수 있고, 이에 따른 다양한 관점, 이해, 기술적 복잡성 때문에 시행에 어려움을 겪을 수 있다.

우리는 이 책을 읽는 당신에게 이 주제에 걸맞은 마지막 말을 전하고 싶다. 장기적으로 AGI로 나아가는 길은 신중하게 탐색돼야 하며, 주체성, 안전성, 유용성의 균형을 잡아야 한다는 것을 말이다. 단기적으로 AI는 막대한 혜택을 제공할 수 있지만, 동시에 AI에 대한 더 폭넓은 이해가 필요하며, 이때 AI의 막대한 잠재력이 안전하게 발현될 수 있도록 책임 있는 사용을 위한 프레임워크를 구축해야 한다.

우리는 이 책의 웹사이트에서 제공하는 위험 관리 프레임워크와 체크리스트가 기업의 의사결정자들이 AI의 혜택을 누리면서도 위험은 최소화하는 데 도움이 되길 바라며, 이 책이 인공지능의 가능성에 대한 경외감과 함께 강력한 경각심도 전달했기를 희망한다. 마지막으로, 이 책이 독자들에게 인공지능의 딜레마에 대한 기본적 이해와, 인간이 AI와 씨름하는 과정에서 계속해서 제기될 여러 문제와 논점을 이해하기 위한 토대를 제공했기를 바란다.

주석

서론

1 "MIT, 미래를 바꾸기 위해 MIT 자체를 바꾼다", 「MIT뉴스」, 2018년 10월 15일. https://news.mit.edu/2018/mit-reshapes-itself-stephen-schwarzman-college-of-computing-1015.

2 조 윌리엄스(Joe Williams), "'거의 소프트웨어가 곧 AI인 것 같다.' 기술산업계의 최근 투자 열기", 2021년 7월 22일. https://www.protocol.com/enterprise/ai-startup-funding-2021.

3 인터내셔널 데이터 코퍼레이션(IDC), "새로운 IDC 지출 가이드에 따르면, 인공지능에 대한 세계적 지출 규모는 향후 4년간 두 배로 늘어 2024년 1천110억 달러에 이를 것으로 기대된다", 「비즈니스 와이어」, 2020년 8월 25일.

4 IDC, "IDC, AI 솔루션들에 대한 2021년의 기업 지출 규모가 거의 3천420억 달러에 이를 것으로 전망." 「비즈니스 와이어」, 2021년 8월 4일. https://www.businesswire.com/news/home/20210804005239/en/IDC-Forecasts-Companies-to-Spend-Almost-342-Billion-on-AI-Solutions-in-2021.

5 라이언 브라운(Ryan Browne), "마이크로소프트가 화제의 AI 툴인 챗GPT 개발사에 100억 달러를 투자할 계획인 것으로 알려졌다", 「CNBC」, 2023년 1월 10일. https://www.cnbc.com/2023/01/10/microsoft-to-invest-10-billion-in-chatgpt-creator-openai-report-says.html.

6 MIT의 북부 캘리포니아 인공지능 컨퍼런스(Northern California Artificial Intelligence Conference), 2017년 3월 25일. https://web.archive.org/web/20211212014207/https://www.mitcnc.org/events/mit-ai-conference-2017/.

7 칩 베이어스(Chip Bayers), '일대일의 밝은 약속(러브스토리)', 「와이어드」, 1998년 5월치. https://www.wired.com/1998/05/one-to-one/.

8 잭 네프(Jack Neff), '주목 ANA: 모니카 출현. 그녀는 당신이 누구인지, 어디에 광고비를 지출하는지 꿰고 있습니다. 그 로봇은 컨퍼런스장을 배회하며 '마케팅 두뇌'를 공짜로 제공합니다'. 「애드버타이징 에이지」, 2015년 10월 14일. https://adage.com/article/cmo-strategy/marketing-evolution-mma/300894?ttl=1445464524.

9   렉스 브릭스(Rex Briggs), '지식 노동자에서 통찰 노동자로', TEDx 토크, 2014년 2월 3일. https://youtu.be/LWVA7ILnoxw.

10 '인공지능이 미래를 예측하다', 「이코노미스트」, 2020년. GPT-2, https://worldin.economist.com/edition/2020/article/17521/artificial-intelligence-predicts-future. 존 시브룩(John Seabrook), '다음 세계' 「뉴요커」, 2019년 10월 14일.

11 스티븐 스트로가츠(Steven Strogatz), '체스 기계의 거대한 일보', 「뉴욕타임스」, 2018년 12월 26일치. https://www.nytimes.com/2018/12/26/science/chess-artificial-intelligence.html.

1장

1   구스타프 쿤(Gustav Kuhn), 『불가능을 경험하기: 마술의 과학(Experiencing the Impossible: The Science of Magic)』(MIT 출판부, 2019).

2   하비에 자라울(Javier Zaraul), '섬뜩한 AI 로봇', 유튜브. 2011년 12월 14일, https://youtu.be/UlWWLg4wLEY.

3   존 R. 설(John R. Searle), 『Minds, Brains and Programs』(Cambridge University Press, 1984년), 「행태 및 두뇌 과학(Behavioral and Brain Sciences)」, 3호, (1980년): pp. 417-457.

4   힐러리 퍼트넘(Hilary Putnam), '의미와 지시(Meaning and Reference),' 「철학저널(Journal of Philosophy)」 70, no. 19 (1974년): pp. 699-711.

5   폴 슈와이저(Paul Schweizer), '진정으로 총체적인 튜링 테스트(The Truly Total Turing Test)', 「Minds and Machines」 8 (1998년): pp. 263-272, https://doi.org/10.1023/A:1008229619541.

6   톰 B. 브라운 외(Tom B. Brown et al.), 「언어 모델은 소수 샷 학습자들이다(Language Models Are Few-Shot Learners)」, arXiv. 2020년 7월 22일 업데이트, https://arxiv.org/abs/2005.14165.

7   Peterc, '매코 AI를 사용한 범용 질의 응답(General-Purpose Question-Answering with Macaw)', AI2 Blog, 2021년 10월 15일, https://blog.allenai.org/general-purpose-question-answering-with-macaw-84cd7e3af0f7.

8   더글러스 R. 호프스태터(Douglas R. Hofstadter), 『괴델, 에셔, 바흐: 영원한 황금 노끈(Gödel, Escher, Bach: An Eternal Golden Braid)』(까치, 2017년).

2장

1   섀런 나랑(Sharan Narang), 아칸크샤 차우더리(Aakanksha Chowdhery), 'Pathways Language Model(PaLM): 획기적 퍼포먼스를 가능케 하는 5,400억 개의 매개변수', AI 구글 블로그(AI Google Blog), 2022년 4월 4일, https://ai.googleblog.com/2022/04/pathways-language-model-palm-scaling-to.html.

2　데이비드 왓슨(David Watson), '인공지능에서 나타나는 의인화의 수사와 실제(The Rhetoric and Reality of Anthropomorphism in Artificial Intelligence)', 「Minds and Machines」 29호(2019년): 422, https://doi.org/10.1007/s11023 -019-09506-6.

3　조지 사이프(George Seif), '힌튼의 캡슐 네트워크에 대한 간단하고 직관적인 설명', 「Toward Data Science」, 2018년 8월 22일. https://towardsdatascience.com/a-simple-and-intuitive-explanation-of-hintons-capsule-networks-b59792ad46b1.

4　파비오 케플러(Fábio Kepler), '왜 AI는 야생에서 실패하는가', 언바벨(Unbabel), 2019년 11월 15일. https://unbabel.com/why-ai-fails-in-the-wild/.

5　B. 하인제를링(B. Heinzerling), 'NLP의 '영리한 한스' 순간이 도래하다', 「인지과학저널(Journal of Cognitive Science)」 21, no. 1 (2020): 159-168.

6　세바스찬 라푸쉬킨 외(Sebastian Lapuschkin et al.), '영리한 한스의 실체 벗기기와 머신이 실제로 배운 내용 평가하기', 「네이처 커뮤니케이션스(Nature Communications)」 10, no. 1 (2019): 1-8, https://doi.org/10.1038/s41467-019-08987-4.

7　엘리자베스 기브니(Elizabeth Gibney), '머신러닝은 과학에서 재생산성 위기를 더욱 악화할 수 있을까?' 「네이처」, 2022년 7월 26일. https://www.nature.com/articles/d41586-022-02035-w.

8　샤오슈안 리우 외(Xiaoxuan Liu et al.), '의료 이미징으로부터 질병을 탐지하는 의료 전문가들을 상대로 한 딥러닝 퍼포먼스 비교: 시스템적 리뷰와 메타 분석', 「랜셋: 디지털 의료(Lancet: Digital Health)」 1, no. 6 (2019): E271-E297, https://www.thelancet.com/journals/landig/article/PIIS2589-7500(19)30123-2/fulltext.

9　샤오슈안 리우, 렉스 브릭스와 2023년 주고받은 이메일 인터뷰에서 인용.

3장

1　'스스로를 가르치는 전자 '두뇌(Electronic 'Brain' Teaches Itself)', 「뉴욕타임스」 1958년 7월 13일. https://www.nytimes.com/1958/07/13/archives/electronic-brain-teaches-itself.html.

2　지아웨이 수(Jiawei Su), 다닐로 바스콘셀로스 바르가스(Danilo Vasconcellos Vargas), 사쿠라이 코우이치(Sakurai Kouichi), 「심층 신경망을 속인 1 픽셀 공격」, arXiv, 2019년 10월 17일 개정. https://arxiv.org/abs/1710.08864.

3　'이미지넷 소개', 이미지넷(ImageNet), 2023년 7월 25일 접속. https://www.image-net.org/about.php. '이미지넷', 위키피디아(Wikipedia), 2023년 7월 22일 최종 편집. https://en.wikipedia.org/wiki/ImageNet.

4　페타플롭스 단위의 일수를 연간 인력 수요로 전환한 근거는 다음 자료들이다. 브라운 외(Brown et al.), 「언어 모델은 소수 샷 학습자들이다(Language Models Are Few-Shot Learners)」, 라이언 케리(Ryan Carey), "AI 계산 트렌드 해석(Interpreting AI Compute Trends)," 'AI Impacts', 2018년 7월 10일, 2018, https://aiimpacts.org/interpretingai-compute-trends/. 플롭스(FLOPS)는 'FLoating point Operations Per Second'의 약자로, 컴퓨터의 성능을 수치로 나타낼 때 주로 사용하는 단위이다. 여기서 페타플롭스(FLOPS)는 1초당 1,000조 번의 수학 연산 처리를 수행한다는 뜻이다.

5   렉스 브릭스가 2023년 3월 23일 레온 더친스키와 가진 이메일 인터뷰에서 인용.

6   해리 토치너(Harry Torczyner)의 저서 『Magritte: Ideas and Images』(에이브럼스, 1977년)에서 인용.

4장

1   앤디 위드먼(Andy Weedman), '광고판이 테슬라를 속여 멈추게 했어요!', 유튜브, 2021년 4월 15일. https://youtu.be/-OdOmU58zOw?si=cq-HN2_SA2hSO7gR.

2   엔리케 리베로(Enrique Rivero), '흑인 환자들의 라임병은 증상을 놓치는 바람에 늦게 진단될 때가 많다', 2021년 9월 30일. 「UCLA」 보도자료. https://newsroom.ucla.edu/releases/black-patients-diagnosed-with-lyme-disease-later.

3   댄 보네(Dan Boneh), '댄 보네와 함께하는 스탠포드 웨비나 — AI 해킹하기: 머신러닝 모델의 보안과 프라이버시', 유튜브 비디오, 2021년 5월 13일, https://www.youtube.com/watch?v=vKikt2d9PE0&t=1118s.

4   케빈 아이크홀트 외(Kevin Eykholt et al.), '딥러닝 비주얼 분류에 대한 물리적 세계의 강건한 공격', 2018년 6월 18일~23일, 유타 주 솔트레이크시티에서 벌어진 IEEE/CVF 컴퓨터 비전 및 패턴인식 컨퍼런스에서 발표.

5   제임스 디카를로(James DiCarlo), 다비데 조콜란(Davide Zoccolan), 그리고 니콜 러스트(Nicole Rust), '두뇌는 어떻게 시각적 객체 인식 문제를 해결하는가?', 「Neuron」 73, no. 3 (2012): 417.

6   제임스 디카를로와 렉스 브릭스의 이메일 인터뷰에서 인용. 2023년 4월 12일.

7   휴 R. 윌슨(Hugh R. Wilson), 군터 로플러(Gunter Loffler), 프란시스 윌킨슨(Frances Wilkinson), '합성 얼굴, 얼굴 큐브, 그리고 얼굴 공간의 기하학(Synthetic Faces, Face Cubes, and the Geometry of Face Space),' 「Vision Research」 42, no. 27 (2002): 2909~2923.

8   제임스 빈센트(James Vincent), '페이스북, 당신의 모든 것을 보고, 듣고, 기억하는 AI 시스템 연구', 더 버지(The Verge), 2021년 10월 14일. https://www.theverge.com/2021/10/14/22725894/facebook-augmented-reality-ar-glasses-ai-systems-ego4d-research.

9   '당신의 눈으로 세계를 보도록 AI를 가르칩니다', 메타(Meta), 2021년 10월 14일. https://about.fb.com/news/2021/10/teaching-ai-to-view-the-world-through-your-eyes/.

10 윌 나이트(Will Knight), '이 기법은 AI가 비디오를 더 쉽게 이해하도록 만들 수 있다', 「와이어드(WIRED)」, 2019년 10월 15일. https://www.wired.com/story/technique-easier-ai-understand-videos/.

11 브라운 외(Brown et al.), 「언어 모델은 소수 샷 학습자들이다(Language Models Are Few-Shot Learners)」, arXiv, 2020년 7월 22일 업데이트. https://web.archive.org/web/20211213054022/https://arxiv.org/abs/2005.14165.

12 해리 G. 프랑크푸르트(Harry G. Frankfurt), 『개소리에 대하여(On Bullshit)』(필로소픽, 2023).

13 케빈 래커(Kevin Lacker), GPT-3에 대한 튜링 테스트, 케빈 래커의 블로그, 2020년 7월 6일. https://lacker.io/ai/2020/07/06/giving-gpt-3-a-turing-test.html.

14 브라운 외(Brown et al.), 「언어 모델은 소수 샷 학습자들이다(Language Models Are Few-Shot Learners)」, arXiv, 2020년 7월 22일 업데이트.

15 요나탄 비스크 외(Yonatan Bisk et al.), 「경험은 언어의 현실적 기반이다」, arXiv, 2020년 11월 2일 최종 개정. https://arxiv.org/abs/2004.10151.

16 그원(Gwern), 'GPT-3의 창작 소설', Gwern.net, 2023년 3월 11일 최종 개정. https://gwern.net/gpt-3.

5장

1 그레이엄 롤린슨(Graham Rawlinson), 「단어 인식에서 철자 위치의 중요성(The Significance of Letter Position in Word Recognition)」(PhD 논문, 노팅엄대, 1976년), https://www.mrc-cbu.cam.ac.uk/people/matt.davis/Cmabridge/rawlinson/.

2 '우리의 눈이 볼 수 없는 것을 두뇌가 채운다', 글래스고대, 2011년 4월 5일. https://www.gla.ac.uk/news/archiveofnews/2011/april/headline_194655_en.html.

3 가즈오 우에다 외(Kazuo Ueda et al.), '국소적으로 시간을 역전한 연설에 대한 이해 능력: 다국어 비교', 「Scientific Reports」 7, no. 1782 (2017), https://doi.org/10.1038/s41598-017-01831-z.

4 '심층 분석: 화성 기후 궤도선', 미 항공우주국의 태양계 탐사, 2023년 6월 2일 업데이트. https://solarsystem.nasa.gov/missions/mars-climate-orbiter/in-depth/.

5 클레오 나르도(Cleo Nardo), '왈루이기 효과(Waluigi Effect, 메가포스트),' 레스롱(LessWrong), 2023년 3월 2일. https://www.lesswrong.com/posts/D7PumeYTDPfBTp3i7/the-waluigi-effect-mega-post.

6 세바스찬 부벡(Sebastien Bubeck), '일반 인공지능의 스파크: GPT-4에 대한 초기 실험들', 유튜브, 2023년 4월 6일. https://youtu.be/qblk7-JPB2c.

7 카일 맥도날드(Kyle McDonald), 'AI 생성한 가짜 이미지를 인식하는 방법', 미디엄(Medium), 2018년 12월 5일. https://kcimc.medium.com/how-to-recognize-fake-ai-generated-images-4d1f6f9a2842.

8 룬 왕 외(Run Wang et al.), 「페이크스파터(FakeSpotter): AI가 합성한 가짜 얼굴을 찾아내는 간단하지만 강력한 기준」, arXiv, 2020년 7월 16일 업데이트. https://arxiv.org/abs/1909.06122.

9 월 더글러스 헤븐(Will Douglas Heaven), '이 아보카도 안락의자는 AI의 미래일 수 있다', 'MIT 테크놀로지 리뷰(MIT Technology Review)', 2021년 1월 5일. https://www.technologyreview.com/2021/01/05/1015754/avocado-armchair-future-ai-openai-deep-learning-nlp-gpt3-computer-vision-common-sense/.

10 우리 책의 출판인인 캐서린 우즈(Catherine Woods)도 풍선 관리자로 퍼레이드에 참가했다.

11 톰 브라운 외(Tom Brown et al.), 「적대적 패치(Adversarial Patch)」, arXiv, 2018년 5월 17일 업데이트. https:// arxiv.org/abs/1712.09665.

12 정지 신호를 바꾸는 경우에 대해서는 아이크홀트 외(Eykholt et al.), '딥러닝 비주얼 분류에 대한 물리적 세계의 강건한 공격' 참조. AI의 분류 기능을 방해하는 입력에 대해서는 '댄 보네와 함께하는 스탠포드 웨비나' 참조.

13 오스카 슈와츠(Oscar Schwartz), '2016년, 마이크로소프트의 인종차별주의 챗봇이 온라인 대화의 위험성을 노출했다', 'IEEE 스펙트럼(IEEE Spectrum)', 2019년 11월 25일. https://spectrum.ieee.org/in-2016-microsofts-racist-chatbot-revealed-the-dangers-of-online-conversation.

14 '사일런스, 널 죽여버리겠어!(Cylance, I Kill You!),' 스카이라이트 사이버(Skylight Cyber), 2019년 9월 7일 최종 업데이트. https://skylightcyber.com/2019/07/18/cylance-i-kill-you/.

   김 제터(Kim Zetter), '연구자들은 사일런스의 AI 기반 안티바이러스를 쉽게 속여 멀웨어를 '굿웨어(Goodware)'라고 생각하게 만들 수 있다', 바이스(Vice), 2019년 7월 18일. https://www.vice.com/en/article/9kxp83/researchers-easily-trick-cylances-ai-based-antivirus-into-thinking-malware-is-goodware.

15 대니 설리번(Danny Sullivan), '자주 묻는 질문 (FAQ): 구글 랭크브레인 알고리듬의 모든 것', 서치엔진랜드(Search Engine Land), 2016년 6월 23일. https://searchengineland.com/faq-all-about-the-new-google-rankbrain-algorithm-234440.

6장

1 라리사 맥파쿠하(Larissa MacFarquhar), '거인이 몰락할 때: 기업들이 클레이튼 크리스텐슨에게 배운 것', 「뉴요커」, 2012년 5월 7일. https://web.archive.org/web/20211212225252/https://www.newyorker.com/magazine/2012/05/14/when-giants-fail.

2 '미국 운송국, 도로교통안전국 2020년 교통사고 데이터 발표', 2022년 3월 2일. https://www.nhtsa.gov/press-releases/2020-traffic-crash-data-fatalities#:~:text=NHTSA%20Releases%202020%20Traffic%20Crash%20Data&text=The%20U.S.%20Department%20of%20Transportation's,number%20of%20fatalities%20since%202007.

3 크리스 홀트(Kris Holt), '웨이모의 자율주행 차량, 공공 도로에서 2천만 마일 주행', 엔가젯(Engadget), 2021년 8월 19일. https://www.engadget.com/waymo-autonomous-vehicles-update-san-francisco-193934150.html.

4 웨이모 안전 보고서(마운틴뷰, 캘리포니아: 웨이모, 2021년 2월), https://downloads.ctfassets.net/sv23gofxcuiz/4gZ7ZUxd4SRj1D1W6z3rpR/2ea16814cdb42f9e8eb34cae4f30b35d/2021-03-waymo-safety-report.pdf.

5 '1.08 충돌 데이터 보고서(상세)', 템페 데이터 카탈로그(Tempe Data Catalog), 2023년 4월 14일 방문. https://data.tempe.gov/datasets/0c333bd164d64d62aa0ee6f99b1ccf82_0/explore.

6 웨이모, 웨이모 안전 보고서. 매튜 슈월 외(Matthew Schwall et al.), 「웨이모의 공공 도로 안전 주행 데이터」, arXiv, 2020년 10월 30일, https://arxiv.org/abs/2011.00038.

7 브래드 템플턴(Brad Templeton), '테슬라의 새로운 오토파일럿 통계에 따르면 오토파일럿을 켜고 운전하는 것이 그렇지 않은 경우만큼 안전하다', 「포브스」, 2020년 10월 28일. https://www.forbes.com/sites/bradtempleton/2020/10/28/new-tesla-autopilot-statistics-show-its-almost-as-safe-driving-with-it-as-without/?sh=36272ed81794.

8 '소방차를 들이받은 테슬라는 오토파일럿 시스템을 사용하고 있었다', 「NBC 29」, 2023년 3월 8일, https://www.nbc29.com/2023/03/08/tesla-that-hit-firetruck-was-using-automated-driving-system/.

9 로버트 볼드윈(Roberto Baldwin), '자율주행차 연구에 160억 달러가 들었다. 우리는 무엇을 보여줄 수 있는가?', 「카앤드라이버(Car&Driver)」, 2020년 2월 10일. https://www.caranddriver.com/news/a30857661/autonomous-car-self-driving-research-expensive/.

10 크리스 홀트(Kris Holt), '웨이모의 자율주행 차량, 공공 도로에서 2천만 마일 주행', 엔가젯(Engadget), 2021년 8월 19일. https://www.engadget.com/waymo-autonomous-vehicles-update-san-francisco-193934150.html.

11 라리사 맥파쿠하(Larissa MacFarquhar), '거인이 몰락할 때: 기업들이 클레이튼 크리스텐슨에게 배운 것', 「뉴요커」, 2012년 5월 7일. https://web.archive.org/web/20211212225252/https://www.newyorker.com/magazine/2012/05/14/when-giants-fail.

12 카이 푸 리, 『AI 슈퍼파워: 중국 실리콘밸리 그리고 새로운 세계질서(AI Superpowers: China, Silicon Valley, and the New World Order)』(이콘, 2019).

7장

1 '시간은 빠르게 흘러가고, 미국 성인은 이제 하루의 거의 절반을 미디어와 상호작용하며 보낸다', 닐슨(Nielsen), 2018년 7월, https://www.nielsen.com/insights/2018/time-flies-us-adults-now-spend-nearly-half-a-day-interacting-with-media/.

2   조셉 피사니(Joseph Pisani), '체크아웃이 필요 없습니다: 아마존, 출납원 없는 식료품점 개점', 「AP 통신」, 2020년 2월 25일. https://apnews.com/article/technology-business-us-news-623bd4cd2b6c949d9d9411090447c371. 2023년 3월, 아마존은 시애틀, 뉴욕, 그리고 샌프란시스코에 있는 여덟 개의 고 상점을 닫는다고 발표했다. 「블룸버그」. https://www.bloomberg.com/news/articles/2023-03-03/amazon-closing-cashierless-stores-in-nyc-san-francisco-seattle.

3   샘 채링턴(Sam Charrington), '홈 디포는 어떻게 ML을 써서 소진 물품이 없도록 관리하는가' 팟캐스트 — 금주의 머신러닝과 AI. 2018년 8월 23일. https://twimlai.com/podcast/twimlai/how-ml-keeps-shelves-stocked-home-depot-pat-woowong/.

4   마이크 나자로(Mike Nazzaro), 렉스 브릭스의 이메일 인터뷰. 2023년 3월 15일.

5   렉스 브릭스(Rex Briggs), 스테파니 프리도프(Stefanie Friedhoff), 에릭 룬드버그(Erik Lundeberg), 'AI로 구한 생명: 개인화와 참여도의 교훈', 「관리와 경영 리뷰(Management and Business Review)」3, nos.1 & 2 (2023): 37, https://mbrjournal.com/wp-content/uploads/2023/07/MBR-Winter-Spring-2023.pdf.

6   렉스 브릭스가 2023년 7월 23일 그렉 스튜어트를 인터뷰한 내용에서 인용.

7   마리엘라 문(Mariella Moon), '매디슨 스퀘어 가든은 비밀리에 방문자의 얼굴을 스캐닝해 왔다', 엔가젯(Engadget), 2018년 3월 15일, https://www.engadget.com/2018-03-15-madison-square-garden-facial-recognition.html.

8   'NBC 유니버설 측정 및 효과 전략: AI를 활용한 효과 최적화' 컨퍼런스, 피코크 스트리밍 위원회(Peacock Streaming Council), 2023년 9월 27일. 내쉬빌, 테네시.

8장

1   스테프 코이프만(Steph Koyfman), '다시는 컴퓨터를 믿을 수 없게 만들 구글의 번역 실패 사례 15가지', 배블(Babbel), 2017년 9월 6일. https://www.babbel.com/en/magazine/15-best-google-translate-fails.

2   브라이언 발레타(Bryan Barletta), '수익성 있게 들리네요 스페인어판(Sounds Profitable en Español!)', 2021년 10월 12일. https://soundsprofitable.com/guide-and-article/sounds-profitable-en-espanol/.

3   알렉산더 실비크배그 룬더볼드(Alexander Selvikvåg Lundervold), 아르비드 룬더볼드(Arvid Lundervold), 'MRI를 중심으로 한 의료 이미징 분야의 딥러닝 개괄(An Overview of Deep Learning in Medical Imaging Focusing on MRI)', 「Zeitschrift für Medizinische Physik」29, no. 2 (2019년): 102~127, https://pubmed.ncbi.nlm.nih.gov/30553609/.

4   앤드루 마이어스, 'AI는 더 빠르고 더 신뢰할 만한 MRI 스캔을 만들 수 있나?', 스탠포드대, 2021년 5월 17일, https://hai.stanford.edu/news/can-ai-create-faster-more-reliable-mri-scans.

5   존스 홉킨스대, 'AI가 심장마비의 발생 여부와 시기를 예측한다: 최초의 생존 예측기, 육안으로 볼 수 없는 심장 MRI의 패턴 탐지', 「사이언스 데일리」, 2022년 4월 7일. https://www.sciencedaily.com/releases/2022/04/220407141905.htm.

6   존 R. 제크 외(John R. Zech et al.), 「혼재변수들은 방사선학의 딥러닝 모델의 퍼포먼스 일반화 성능을 저하시킬 수 있다」, arXiv, 2018년 7월 13일 개정, https://arxiv.org/abs/1807.00431.

7   존 이건(John Egan), '신용카드 사기 통계', 뱅크레이트(Bankrate, 블로그), 2023년 1월 12일. https://www.bankrate.com/finance/credit-cards/credit-card-fraud-statistics/#:~:text=Just%20one%20type%20of%20credit,2022%2C%20according%20to%20Insider%20Intelligence.

8   티모시 B. 리(Timothy B. Lee), '유출된 데이터, 우버의 자율주행 차량 프로그램이 웨이모보다 매우 뒤처졌음을 시사', 「아르스 테크니카(ArsTechnica)」, 2018년 3월 24일 업데이트. https://arstechnica.com/cars/2018/03/leaked-data-suggests-uber-self-driving-car-program-years-behind-waymo/.

9   일레인 허츠버그의 죽음, 위키피디아, 2023년 6월 23일 최종 편집, https://en.wikipedia.org/wiki/Death_of_Elaine_Herzberg.

10 케이드 메츠(Cade Metz), '새 챗봇은 세계를 변화시킬 수 있다. 당신은 그들을 신뢰할 수 있나?', 「뉴욕타임스」, 2022년 12월 10일. https://www.nytimes.com/2022/12/10/technology/ai-chat-bot-chatgpt.html.

11 메츠(Metz), '새 챗봇은 세계를 변화시킬 수 있다.'

12 아베바 비르하네(Abeba Birhane), 드보라 라지(Deborah Raji), '챗GPT, 갤럭티카, 그리고 진보의 덫', 「와이어드」 2022년 12월 9일, https://www.wired.com/story/large-language-models-critique/.

13 제임스 매니아이카 외(James Manyika et al.), '잃는 직업, 얻는 직업: 노동의 미래는 직업, 기술, 임금에 어떤 의미인가', 매킨지앤컴퍼니(McKinsey & Company), 2017년 11월 28일, https://www.mckinsey.com/featured-insights/future-of-work/jobs-lost-jobs-gained-what-the-future-of-work-will-mean-for-jobs-skills-and-wages.

14 제니퍼 치즈만 데이(Jennifer Cheeseman Day), 앤드루 W. 하이트(Andrew W. Hait), '화물운송 트럭 운전자 수 사상 최대', 미국 인구조사국(US Census Bureau), 2019년 6월 6일, https://www.census.gov/library/stories/2019/06/america-keeps-on-trucking.html.

15 '자율주행 트럭: 트럭 운전사는 실직할 운명인가?', ATBS, 2022년 2월 15일 최종 개정, https://www.atbs.com/post/self-driving-trucks-are-truck-drivers-out-of-a-jo.

16 레이먼드 윈터스(Raymond Winters), '러다이트주의자들? 그들은 누구이며 지금 어떤 의미를 갖는가?', Prsonas 블로그, 2023년 10월 17일 접속. https://www.prsonas.com/blog/luddites-at-the-gates.

17 존 새뮤얼슨(John Samuelsen), '사람이 우리의 운송의 미래를 책임져야지 자율주행 차량이 해서는 안 된다', 「테크 크런치(Tech Crunch)」, 2022년 2월 2일, https://techcrunch.com/2022/02/02/humans-should-drive-our-transit-future-not-robotic-vehicles/.

18 닉 빌턴(Nick Bilton), '신전쟁의 첫 번째 전투: 왜 AI는 작가협회 파업의 핵심 사안이어야 하는가', 「배너티 페어(Vanity Fair)」, 2023년 5월 9일, https://www.vanityfair.com/news/2023/05/writers-strike-2023-ai.

19 라이언 랜다조(Ryan Randazzo)와 저널리스트인 오디 코니시(Audie Cornish)의 인터뷰, '왜 피닉스 지역 주민들은 웨이모의 자율주행 차량을 공격하는가', 「NPR」의 인기 프로그램 〈올씽스컨시더드(All Things Considered)〉, 2019년 2월 2일, https://www.npr.org/2019/01/02/681752256/why-phoenix-area-residents-are-attacking-waymos-self-driving-fleet.

20 존 파라히(John Farahi), 모나크 카지노 그룹(Monarch Casinos)의 CEO 겸 공동회장, 렉스 브릭스의 전화 인터뷰, 2023년 3월 13일.

21 래리 그린마이어(Larry Greenmeier), '그래서, 음, 구글 듀플렉스의 챗봇은 아직 사람 같지 않다', 「사이언티픽 아메리칸」, 2018년 5월 17일, https://www.scientificamerican.com/article/so-umm-google-duplexs-chatter-is-not-quite-human/.

22 셰인 맥(Shane Mac), 메리 루이스 켈리(Mary Louise Kelly)와의 인터뷰에서, '구글의 듀플렉스는 윤리적 질문을 제기한다', 〈올씽스컨시더드(All Things Considered)〉, 「NPR」, 2018년 5월 14일, https://www.npr.org/2018/05/14/611097647/googles-duplex-raises-ethical-questions.

23 마틴 콜터(Martin Coulter), 그렉 벤싱거(Greg Bensinger), '구글의 AI 챗봇 바드가 발표회에서 틀린 답을 내놓는 바람에 알파벳의 주가 폭락', 「로이터 통신」, 2023년 2월 8일, https://www.reuters.com/technology/google-ai-chatbot-bard-offers-inaccurate-information-company-ad-2023-02-08/.

9장

1 질로우 그룹(Zillow Group, Inc.), '질로우의 2018년 11월 투자자 설명회', 슬라이드쉐어, 2018년 11월 15일, https://www.slideshare.net/ZillowGroupIR/zillow-group-investor-presentation-november-2018); 슬라이드 22번 '질로우의 제안은 대규모로 발전할 수 있는 엄청난 기회' 참조.

2 질로우 그룹(Zillow Group, Inc.), '질로우의 2018년 11월 투자자 설명회'.

3 아리 레비(Ari Levy), '질로우, 주택 구입 비즈니스를 접은 뒤 주가 25% 하락으로 2020년 7월 이후 최저가', 「CNBC」, 2021년 11월 3일, https://www.cnbc.com/2021/11/03/zillow-stock-plunges-24percent-after-company-exits-home-buying-business.html.

4 피터 샐비지(Peter Salvage), '인공지능이 헤지펀드를 휩쓸다', BNY 멜론(BNY Mellon), 2019년 3월, https://www.bnymellon.com/us/en/insights/all-insights/artificial-intelligence-sweeps-hedge-funds.html.

5 '인공지능: 헤지펀드의 신개척지', 유레카헤지(Eurekahedge), 2017년 1월, http://www.eurekahedge.com/Research/News/1614/Artificial-Intelligence-AI-Hedge-Fund-Index-Strategy-Profile.

6 바클레이헤지의 헤지펀드 심리 설문조사, '대부분의 헤지펀드 프로들은 투자 전략 수립에 AI 머신러닝을 사용한다', 바클레이헤지, 2018년 7월 17일, https://www.barclayhedge.

com/insider/majority-of-hedge-fund-pros-use-ai-machine-learning-in-investment-strategies.

7   '지수들: 유레카헤지 AI 헤지펀드 지수' 항목에서 '2010-2022년 역대 월별 실적' 참조, 유레카헤지, 2023년 10월 17일 접속, https://www.eurekahedge.com/Indices/IndexView/Eurekahedge/683/Eurekahedge-AI-Hedge-fund-Index.

8   제레미 칸(Jeremy Kahn), '스통크 시장도 AI 알고리듬을 놀라게 했다', 「포춘」, 2021년 2월 11일, https://fortune.com/2021/02/11/stonks-stock-market-gamestop-reddit-wallstreetbets-ai-hedge-funds-losses-gme-amc/.

9   앵거스 휘틀리(Angus Whitley), 'AI는 당신이 항공권에 얼마를 지불할 용의가 있는지 당신보다 먼저 안다', 「블룸버그」, 2022년 10월 20일, https://www.bloomberg.com/news/articles/2022-10-20/artificial-intelligence-helps-airlines-find-the-right-prices-for-flight-tickets #xj4y7vzkg.

10 앵거스 휘틀리(Angus Whitley), 'AI는 당신이 항공권에 얼마를 지불할 용의가 있는지 당신보다 먼저 안다'.

11 브릿(Britt), '어떻게 AI는 티켓 재판매 시장의 수익성을 예측하는가', 박스오피스 폭스(Box Office Fox), 2021년 6월 4일, https://www.boxofficefox.com/how-the-ai-artificial-intelligence-ticket-reselling-predictions-work/.

12 벤저민 매캔(Benjamin McCann), 나딤 안줌(Nadeem Anjum), '구인 선호도 학습: 링크드인 구인구직 사이트 배후의 AI', 링크드인, 2019년 2월 12일, https://engineering.linkedin.com/blog/2019/02/learning-hiring-preferences--the-ai-behind-linkedin-jobs.

13 2023년 8월 9일, 렉스 브릭스가 재키 파스칼리스 클라크와 이메일로 인터뷰한 내용.

10장

1   캐시미어 힐(Kashmir Hill), '엉터리 얼굴 인식으로 인한 또 다른 체포, 그리고 징역형', 「뉴욕타임스」, 2021년 1월 6일, https://www.nytimes.com/2020/12/29/technology/facial-recognition-misidentify-jail.html. 기소율에 관한 자료는 미 법무부, 미국 연방 검사 연간 통계 보고서: 2021 회계 연도 참조, https://www.justice.gov/usao/page/file/1476856/download.

2   미국 국립표준기술연구소(NIST), '인종, 나이, 성별이 얼굴 인식 소프트웨어에 미치는 영향을 평가한 NIST의 연구', 2020년 5월 18일, https://www.nist.gov/news-events/news/2019/12/nist-study-evaluates-effects-race-age-sex-face-recognition-software.

3   '쓰레기를 넣으면 쓰레기가 나온다: 결함이 있는 데이터를 바탕으로 한 얼굴 인식', 조지타운 로스쿨, 2023년 4월 12일 접근, https://www.law.georgetown.edu/privacy-technology-center/publications/garbage-in-garbage-out-face-recognition-on-flawed-data/.

4   캐시미어 힐(Kashmir Hill), 라이언 맥(Ryan Mac), '나는 내가 하지 않은 일 때문에 수천 달러를 썼습니다', 「뉴욕타임스」, 2023년 4월 6일, https://www.nytimes.com/2023/03/31/technology/facial-recognition-false-arrests.html.

5   캐시미어 힐(Kashmir Hill), 라이언 맥(Ryan Mac), '나는 내가 하지 않은 일 때문에 수천 달러를 썼습니다'.

6   디에고 제미오(Diego Jemio), 알렉사 해거티(Alexa Hagerty), 플로렌시아 아란다(Florencia Aranda), "'십대 임신'을 예측한 으스스한 알고리듬의 사례", 「와이어드」, 2022년 2월 16일, https://www.wired.com/story/argentina-algorithms-pregnancy-prediction/.

7   미국 하원, '얼굴 인식 기술: 2부 정부 사용에서의 투명성 제고', 116차 하원 청문회, 2019년 6월 4일, https://www.c-span.org/video/?461370-1/hearing-facial-recognition-technology; '얼굴 인식 기술: FBI는 프라이버시와 보안을 더 공고히 해야 한다', 미 회계감사원(GAO), 2016년 6월 15일, 8월 3일 재발간, https://www.gao.gov/products/gao-16-267.

8   'AWS AI 서비스 카드, 아마존 레코그니션 페이스 매칭(Rekognition Face Matching)', 아마존 웹 서비스, 2023년 7월 25일 접속, https://aws.amazon.com/machine-learning/responsible-machine-learning/rekognition-face-matching/.

9   캐시미어 힐(Kashmir Hill), '알고리듬에 의한 부당한 기소', 「뉴욕타임스」, 2020년 6월 24일, 8월 3일 업데이트, https://www.nytimes.com/2020/06/24/technology/facial-recognition-arrest.html.

10 '스포트라이트는 아동들을 더 빨리 찾을 수 있도록 도와줍니다', 쏜(Thorn), 2023년 7월 26일 접속, https://www.thorn.org/spotlight/.

11 로렌 파이너(Lauren Feiner), '법무부 차별적 주택 광고 소송에서 페이스북과 합의', 「CNBC」, 2022년 6월 21일, https://www.cnbc.com/2022/06/21/doj-settles-with-facebook-over-allegedly-discriminatory-housing-ads.html.

12 글로벌 위트니스(Global Witness), "페이스북의 광고 타깃팅, 영국의 평등법과 개인정보 보호법 위반 혐의", 2021년 9월 9일, https://www.globalwitness.org/en/campaigns/digital-threats/how-facebooks-ad-targeting-may-be-in-breach-of-uk-equality-and-data-protection-laws/.

13 브라이언 크리스천(Brian Christian), 『인간적 AI를 위하여』(시공사, 2025)

14 베스 이건(Beth Egan), 이 책의 초교에 대한 코멘트, 2022년 1월.

15 '페이스북 파일, 팟캐스트 시리즈', 「월스트리트저널」, 2021년 12월 8일 업데이트, https://www.wsj.com/articles/the-facebook-files-a-podcast-series-11631744702.

16 렉스 브릭스, 『SIRFs Up – Catching the Next Wave in Marketing: The Story of How "Spend to Impact Response Functions" (SIRFS), Algorithms and Software Are Changing The Face of Marketing』(CreateSpace, 2012), pp. 90–93.

17 코트니 템플(Courtney Temple), 루비 황(Ruby Hoang), 로버트 G. 헨드릭슨(Robert G. Hendrickson), '코로나 바이러스 예방과 치료 목적의 이버멕틴 사용에 따른 독성 효과', 「뉴잉글랜드 의학저널(New England Journal of Medicine)」 385, no. 23 (2021): 2197-2198.

11장

1 매튜 스파크스(Matthew Sparkes), '마이크로소프트 챗GPT AI를 사용해 드론과 로봇 팔을 제어하다', 「뉴사이언티스트」, 2023년 3월 5일, https://www.newscientist.com/article/2361382-microsoft-uses-chatgpt-ai-to-control-flying-drones-and-robot-arms/.

2 용량 셴 외(Yongliang Shen et al.), 「허깅GPT(HuggingGPT): AI 직무를 챗GPT와 허깅 페이스 안의 친구들과 해결하다」, arXiv, 2023년 5월 25일 최종 개정, https://arxiv.org/abs/2303.17580.

3 타누쉬리 셴와이(Tanushree Shenwai), '오토-GPT(Auto-GPT)를 소개합니다: LLM의 위력을 보여주는 실험적 오픈소스 애플리케이션으로 다양한 작업을 자율적으로 개발하고 관리합니다', 마크테크포스트(MarkTechPost), 2023년 7월 17일, https://www.marktechpost.com/2023/07/17/meet-auto-gpt-an-experimental-open-source-application-showing-the-power-of-llms-like-gpt-4-to-autonomously-develop-and-manage-different-kinds-of-tasks/.

4 호세 안토니오 란츠(Jose Antonio Lanz), '카오스GPT를 소개합니다: 인류 파괴를 추구하는 AI 툴', 「디크립트(Decrypt)」, 2023년 4월 13일, https://decrypt.co/126122/meet-chaos-gpt-ai-tool-destroy-humanity.

5 오픈AI(OpenAI), GPT-4 기술보고서(GPT-4 Technical Report), 2023년, https://cdn.openai.com/papers/gpt-4.pdf.

6 에밀리 H. 소이스 외(Emily H. Soice et al.), 「거대 언어 모델은 이중 용도의 바이오 기술을 확산할 수 있는가?」, arXiv, 2023년 6월 6일, https://arxiv.org/abs/2306.03809.

7 애런 멀그루(Aaron Mulgrew), '나는 챗GPT 프롬프트만을 사용해 침투 탐지가 불가능한 제로 데이 바이러스를 만들었다', 포스포인트(Forcepoint), 2023년 4월 4일, https://www.forcepoint.com/blog/x-labs/zero-day-exfiltration-using-chatgpt-prompts.

8 니마 싱 굴리아니(Neema Singh Guliani), 'FBI, 얼굴 인식 데이터베이스를 통해 6억 4천만 장 이상의 미국민 사진에 접근하고 있다', 미국 시민자유연맹(ACLU), 2019년 6월 7일, https://www.aclu.org/news/privacy-technology/fbi-has-access-over-640-million-photos-us-through.

9 제니퍼 발렌티노-드브리스(Jennifer Valentino-DeVries), '경찰은 어떻게 얼굴 인식을 사용하며, 무엇이 문제인가', 「뉴욕타임스」, 2020년 1월 12일, https://www.nytimes.com/2020/01/12/technology/facial-recognition-police.html.

10 에리카 키네츠(Erika Kinetz), '대규모 가짜 팬이 중국의 트위터 메시징 띄워', 「AP통신」, 2021년 5월 28일, https://apnews.com/article/asia-pacific-china-europe-middle-east-government-and-politics-62b13895aa6665ae4d887dcc8d196dfc; 애슐리 골드(Ashley Gold), '중국 관영 미디어, 러시아의 전쟁 메시지 확산 위해 메타 광고 매입', 악시오스(Axios), 2022년 3월 9일, https://www.axios.com/2022/03/09/chinas-state-media-meta-facebook-ads-russia.

11 데이비드 드 크레머(David De Cremer), 게리 카스파로프(Garry Kasparov), 'AI는 인간 지능을 대체하는 것이 아니라 강화해야 한다', 하버드 비즈니스 리뷰, 2021년 3월 18일, https://hbr.org/2021/03/ai-should-augment-human-intelligence-not-replace-it.

12 존 빌라스너(John Villasenor), '거대 AI 시스템 학습의 일시 중단 주장의 문제점', 브루킹스 연구소 블로그, 2023년 4월 11일, https://www.brookings.edu/blog/techtank/2023/04/11/the-problems-with-a-moratorium-on-training-large-ai-systems/.

찾아보기

ㄱ

가중치 78, 97, 107
감정 분석 141
강건하다 69
강화 학습 43
개방형 환경 161
갤럭티카 224
거대 언어 모델 59, 133
거래적 시장 241
거버넌스 42, 291, 295
게임스톱 245
결정의 논리적 근거 162
경계 사례 113, 119
경사 하강법 21, 43
경험 27
고차원 공간 82
공동화 224
관습 단위계 147
교란 163
구별되지만 비교 가능한 241
국소 최솟값 105
국소 최저점 113
국제가전박람회 49
그레이엄 롤린슨 145
근접 확대 273
글로벌 위트니스 275
기각 오류 263
깊이 지도 131

ㄴ

노엄 촘스키 136
노 코드 방식 26
논리성 306
닉 빌턴 231

ㄷ

다비데 조콜란 126
다항 회귀 78
대상 영속성 66
대화형광고협회 16
댄 보네 122
더글러스 호프스태터 61
데이터가 코드다 142
데이터 분류 43
데이터 정제 270
도로교통안전국 176
동일한 241
듀플렉스 235
딥러닝 195
딥마인드 34

ㄹ

라이언 랜다조 232
라임병 120
람다 223

찾아보기 323

랜덤 포레스트 머신러닝 모델 195
랭크브레인 161
러다이트주의자 230
레드 팀 운용 220
레딧 247
레온 더친스키 108
레이블 100
레이블 된 데이터 170
레이시 프레임워크 299
르네 마그리트 115
리스프 34

ㅁ

마크 고렌버그 34
매니폴드 102
매킨지앤컴퍼니 225
머신러닝 270
메타데이터 170
멱법칙 22
멱함수 분포 119
모니카 30
모멘텀 효과 281
미국운송노동조합 230
미국트럭화물운송협회 226
미드저니 195
미디어랩 210
미세 조정 124, 173, 197

ㅂ

박스오피스 폭스 249
반복성 148
범용 지식 305
베리톤 214
베스 이건 278
벤처 스캐너 191
변이형 자동 인코더 129
병목화 129

보편적 근사값 출력기 19
보편적 근사치 생성기 79, 88
부합성 306
분권형 자율 조직 304
분류 경계 매니폴드 122
불변성 66
불변성 문제 126
불변적 표현 능력 127
브라이언 발레타 214
블랙스톤 비율 263
비강건한 84, 85
비강건한 관계 86
비용-편익 분석 171
비정밀도 146
비지도 클러스터링 199
빌헬름 폰 훔볼트 136

ㅅ

사일런스 160
샘 알트만 229
생성형 적대적 네트워크 43, 150
생성형 AI 195
샤오슈안 리우 89
서비스 지향 아키텍처 294
서비스형 소프트웨어 60
선형 회귀 73
설명 가능한 AI 260
소수 샷 학습 142
소프트웨어 재단 210
숏스퀴즈 62, 245
수도오그먼트 181
수용 오류 263
순전파 82
스타트업 펫처 249
스통크 245
스티븐 스트로가츠 35
스포트라이트 272
식스 시그마 품질 263

신경 네트워크 43
신경망 29
신뢰성 306
심층 신경망 70, 82, 83
쌍둥이 지구 논증 58

ㅇ

아츠AI 32, 198
알고리듬 워치 276
알파고 34
알파고 제로 108
알파제로 35
알파폴드2 35
압축 121
에고4D 132
에드워드 아델슨 55
에이다 러브레이스 연구원 210
엔트로피 129
역선택 254
역전파 96
연관성 284
연관 지능 41, 136
연관지능 141
연방거래위원회 219
영리한 한스 88
예외 사례 121
오토파일럿 177
오픈AI 26, 59, 92
옵트인 270
와이어드 29
외부 검증 90
요나탄 비스크 141
우버 174
원격 조망 273
웨이모 174
위험 분석 체크리스트 42
위험 분석 프레임워크 168
유레카헤지 244

유사한 241
유한한 수단으로 무한한 사용 136
의미 외재주의 58
의인화 41, 51, 54
이뮤나이즈 네바다 32
이미지넷 101, 182
이미지의 배반 115
이질동형성 61
인간 중심 AI 210
인간 피드백을 통한 강화 학습 135
인공일반지능 304
인공지능 15, 25, 141
인공지능 발전 협회 210
인공지능 ID 301
입력 제어 155

ㅈ

자기공명영상법 216
자연적 변동성 73
적대적 공격 114, 159
적대적 픽셀 공격 87, 133
전미광고주협회 30
전방 예측 출력 60
정규 분포 22
정렬 207
정밀도 136, 175
제로 데이 290
제미나이 92, 195
제스티메이트 239
제임스 디카를로 126
제프리 힌튼 86
제한된 대리성 288, 307
존 매카시 34
주성분 분석 127
지도 학습 194
질로우 239

ㅊ

책임성 42, 291, 298
챗GPT 60
초지능 307
최소제곱 선형 회귀 기법 80
최소 제곱 회귀 73
최적 대안 173, 178, 270, 293, 296
최적 대안 분석 172
취약하다 69

ㅋ

카오스GPT 288
카운터 스트라이크: 글로벌 오펜시브 38
카이 푸 리 182
카일 맥도날드 151
커스텐의 대실수 146, 147
케빈 래커 137
코비드 컬래버러티브 32
쿼라 36
클라리타스 194, 206
클러스터링 43
클레오 나르도 147
클레이튼 크리스텐슨 165
클리어뷰 AI 266

ㅌ

탐욕 알고리듬 111
테로 카라스 150
테슬라 177
테이 160, 209
통제 어휘 32
투명성 234, 269
트랜스포머 43, 195

ㅍ

파괴적 혁신 165

퍼셉트론 91
페이크스파터 152
편향 22, 107, 133
편향성 278
폴 슈와이처 58
퓨샷 학습 43
프랭크 로젠블랫 91
프레이저 스미스는 146
피드백 루프 281
피자게이트 280
피카소 문제 85
필립 K. 딕 49

ㅎ

학습 27, 78
한 송 132
합성곱 심층 신경망 84
허깅 페이스 288
허깅GPT 288
허위 기각 21, 172
허위 상관관계 65
허위 수용 21, 172
협력적 시장 241
확산 모델 195
회귀 43
훈련 78, 291
힐러리 퍼트넘 58

A

AGI 305
AI 감사관 300
AI 공정성 360 203
AI 리더십 연합 210
AI 선순환 34
AI 얼굴 인식 기술 266
AI 얼굴 인식 소프트웨어 265
AI 위험 관리 프레임워크 12, 200

AI 위험 분석 프레임워크 166
AI의 근본적 한계 33
AI 인증 ID 306
AI 중심 비즈니스 192
AI 환각 139

D

DALL-E 153
Dan Boneh 122

E

Ego4D 132

G

Global Witness 275
GPT-3 59, 60, 82, 108
GPT-4 139, 195

M

Media Lab 210
MIT 북부 캘리포니아 인공지능 컨퍼런스 28

P

PseudoAugment 181

S

StyleGan2 152

번호

1종 오류 263
2종 오류 263

두 얼굴의 신기술 : AI 딜레마
수익과 안전, 두 마리 토끼를 잡는 AI 활용법

발행 · 2025년 5월 29일

지은이 · 케일럽 브릭스, 렉스 브릭스
옮긴이 · 김상현

발행인 · 옥경석
펴낸곳 · 주식회사 에이콘온

주소 · 서울시 양천구 국회대로 287 (목동)
전화 · 02)2653-7600 | **팩스** · 02)2653-0433
홈페이지 · www.acornpub.co.kr | **독자문의** · www.acornpub.co.kr/contact/errata

부사장 · 황영주 | **편집장** · 임채성 | **책임편집** · 임승경 | **편집** · 강승훈, 임지원 | **디자인** · 윤서빈
마케팅 · 노선희 | **홍보** · 박혜경, 백경화 | **관리** · 최하늘, 김희지

함께 만든 사람들
본문편집 · 임승경 | **전산편집** · 공종욱

에이콘온(ACON-ON) – 에이콘온은 'ON'이라는 단어처럼,
사람의 가능성에 불을 켜는 콘텐츠를 지향합니다.

인스타그램 · instagram.com/acorn_pub
페이스북 · facebook.com/acornpub
유튜브 · youtube.com/@acornpub_official

Copyright ⓒ 주식회사 에이콘온, 2025, Printed in Korea.
ISBN 979-11-9440-927-4
http://www.acornpub.co.kr/book/9791194409274

책값은 뒤표지에 있습니다.